Alejandro Dumas contaba con varios negros *que le escribían las novelas. Un día, se encontró con su hijo y le preguntó: «¿Has leído mi última novela?». «No, padre. ¿Y tú?», replicó el hijo.*

Napoleón pasaba revista en compañía de un capitán, que le dijo: «Sire, aunque sólo soy un oficial de baja graduación, sabed que hay en mí madera de general». «Quedo enterado; cuando necesite generales de madera no dudaré en recurrir a vos».

Paseaba Narciso Serra con un amigo y le preguntó: «¿Cuántos cornudos crees tú que viven en esta calle, sin contarte a ti?». «¿Cómo que sin contarme a mí?». «Vale, no te enfades, contándote a ti, ¿cuántos te parece que hay?».

EL PEQUEÑO LIBRO DE LAS GRANDES ANÉCDOTAS

Las 1.000 anécdotas más divertidas y curiosas de todos los tiempos

Gregorio Doval

alienta
EDITORIAL

Alienta es un sello editorial de Centro Libros PAPF, S. L. U.
Grupo Planeta
Av. Diagonal, 662-664
08034 Barcelona

www.planetadelibros.com

ISBN: 978-84-16928-07-1
Depósito legal: B. 1.289-2017
Primera edición: febrero de 2017
Preimpresión: Pleka
Impreso por Egedsa

Impreso en España - *Printed in Spain*

SUMARIO

PROEMIO

Una anécdota vale por un volumen de biografía.

William E. Channing (1780-1842),
líder estadounidense de la Iglesia unitaria

Se podría decir que toda recopilación de anécdotas, sea cual sea su fin, su método y su fórmula, es una especie de tienda al por menor de la historia y la filosofía, un almacén minorista en el que se expenden pequeños artículos de lujo, una joyería al detalle especializada en miniaturas y filigranas. No se trata de un almacén de baratijas, un *outlet* o una tienda de saldos, ni tampoco de un todo a cien, sino de un «rincón del gourmet» en el que se ponen a disposición de quienes lo deseen ciertas delicatesen para paladares refinados, exquisiteces que, si bien no quitan el hambre de conocimiento, sí satisfacen el primer apetito y, sobre todo, estimulan el gusto. Se podría decir que, si la historia dibuja con todo detalle el cuadro general, las anécdotas aportan el juego de luces y sombras, de brillos y velos, que termina por componer en todo su esplendor el fresco del devenir humano, ese jardín de las delicias que divierte y, a la vez, preocupa.

Alguien señaló que los recopiladores de anécdotas somos como los comedores de fresas, que empezamos escogiendo las mejores, pero acabamos dándolas todas por buenas. Sin embargo, el pequeño formato de esta colección es idóneo porque, en su brevedad, permite escoger siempre las mejores piezas, sin rellenos. No todo hecho vale para ser incluido en un anecdotario que se precie; es preciso que ese hecho sorprenda por mostrar una reacción notable a un hecho común (o viceversa); es imprescindible que esté formulado de manera ingeniosa y concisa; y es aconsejable que atienda minuciosamente al detalle, porque ni lo pequeño es despreciable ni hay cosa más seria que lo cómico. En la historia, como en la vida, lo pequeño puede dar una idea muy aproximada y certera de lo grande. Toda constante humana se manifiesta en los más pequeños sucesos; todo anhelo, todo desvelo, todo miedo y todo deseo…, lo mejor y lo peor, en pequeñas dosis, queda patente en las anécdotas.

El lector quizá se acerque a este libro con la idea de encontrar en él una divertida colección de chistes y chascarrillos que provoquen su risa o que, al menos, despierten a la hermana inteligente de ésta: la sonrisa. Si eso espera, creo que se verá satisfecho, pero algo más encontrará. Esta colección de respuestas ingeniosas, preguntas embarazosas, agudezas y meteduras de pata, desplantes y sarcasmos, frases lapidarias e historietas de todo tipo es más que una mera sucesión de hechos memorables o simpáticos. Sobre ella planea una mirada crítica hacia el mundo circundante, hacia los modos ridículos de nuestras sociedades y de nuestros comportamientos individuales, hacia la hipocresía, la maledicencia o la afectación. De este anecdotario se deriva una constante evaluación de las personas, de la historia, de la economía, de los negocios y la empresa, de la política, del arte, de la ciencia… Se podrá sacar una rica y ecléctica impresión del talento individual, de sus reacciones sutiles, vivaces, defensivas u ofensivas, de sus argucias y astucias, de sus miserias y debilidades… En fin, los que ya conocen alguno o algunos de mis otros libros,* saben que primo el humor sobre la seriedad y la gravedad, que me rindo —envidioso— ante el ingenio. Por ello, una vez más, espero que los lectores —además de instruirse y dirigirse a esos otros objetivos tan nobles— se diviertan tanto como yo escribiéndolo. Si a ratos lo consiguen, mi objetivo estará cumplido con creces. Gracias.

G. D.

* Por ejemplo, los dos previos a éste: *El pequeño libro de las grandes citas: 1.750 frases motivadoras para emprendedores de la propia vida* y *El pequeño libro de las grandes citas de humor*, publicados en 2014 y 2016, respectivamente, en esta misma editorial.

I. GENTE DE DINERO Y GENTE SIN DINERO

1. Se cuenta que el general y estadista ateniense Temístocles II (525-460 a. C.) prefirió para marido de su hija a un ciudadano pobre, pero instruido, antes que a uno rico, pero de notoria ignorancia. Cuando le preguntaron el porqué, él respondió con claridad de ideas:

   —Me satisface; prefiero un hombre que necesite riquezas a riquezas que necesiten un hombre.

2. Sócrates (470-399 a. C.) solía visitar a un hombre muy rico, y un discípulo se atrevió a afeárselo:

   —Si visitas a los ricos es porque te gusta la riqueza.

   —Tus deducciones son como las de un niño que no ha llegado a la edad de la razón —le respondió el filósofo—. ¿Qué me dices de los médicos que visitan a los enfermos? ¿Significa esto que les gustan las enfermedades?

3. El filósofo griego Aristipo de Cirene (c. 435-c. 360 a. C.) era muy criticado por su excesiva afición al dinero, sobre todo por Platón (c. 427-347 a. C.). Por eso, apenas supo que Dionisio I el Viejo, el tirano de Siracusa, había obsequiado a Platón con un libro, comentó:

   —Platón ha recibido un libro, y yo una suma de dinero. Los libros encierran la sabiduría: es evidente que tanto Platón como yo hemos recibido lo que más necesitábamos.

4. En cierta ocasión le preguntaron a Diógenes el Cínico (413-327 a. C.) a qué se debía que los hombres ricos dieran limosna a los pobres y nunca ayudaran con su dinero a los filósofos.

   —La razón es que los ricos tiene miedo de llegar a ser pobres, pero ninguno teme a llegar a ser filósofo, cosa que no ha ocurrido nunca.

5. En otra ocasión le pidieron opinión a Diógenes sobre cuál era la mejor hora para comer, a lo cual el filósofo contestó:

   —La mejor hora para los ricos es cuando quieren, y para los pobres, cuando pueden.

6. Se cuenta que el prestamista y senador romano Marco Licinio Craso (c. 115-53 a. C.) —que ha pasado a la historia porque, en el año 60 a. C., formó el primer triunvirato, junto con Pompeyo y Julio César— tenía, además, otras ocupaciones mucho más lucrativas. Según parece, Craso organizó lo que se ha considerado el primer servicio de bomberos en la ciudad de Roma. Esto sería positivo si, además, no hubiera organizado simultáneamente un grupo de incendiarios que le procurase trabajo al otro grupo, así como pingües beneficios a él. Sus servicios estaban condicionados por una extraña norma: cuando se le notificaba que una casa estaba ardiendo, en primer lugar se la compraba al dueño, y después apagaba el fuego. Si el propietario no quería vendérsela, dejaba que la casa se quemara. Llegó a ser tan proverbial la avaricia de Craso que murió en la batalla de Carras, asesinado de un modo atroz por sus enemigos partos, que le capturaron cuando él iba a parlamentar, introduciéndole por la garganta oro fundido, en alusión precisamente a su codicia.

7. Un tal Pacuvio, que intentaba pedir algún dinero al primer emperador de Roma, Augusto (63 a. C.-14), ingenió la siguiente estratagema:

   —Señor —le dijo—, corren voces de que me habéis dado una crecida gratificación. Todos me dan la enhorabuena; apenas hay quien no hable de ello.

   —Déjalos hablar —repuso Augusto—, pero tú no lo creas.

8. Cuentan las crónicas que el príncipe de Orange, Filiberto de Chalôns (1502-1530), que también ostentaba el título de virrey de Nápoles, viendo los grandes gastos que le ocasionaba el sostenimiento de su casa, decidió hacer ciertos recortes drásticos en su presupuesto doméstico. A tal fin, el aristócrata flamenco tomó una dolorosa decisión: despidió de golpe a nada menos que veintiocho de los numerosos jefes de cocina que tenía a su servicio.

9. Al tomar posesión de su cargo, al sucesor del duque de Vendôme (1654-1712) en el gobierno de cierta provincia francesa le presentaron, por mera costumbre, una bolsa con mil monedas de oro, al tiempo que le decían:

—Vuestro ilustre antecesor no quiso aceptarla.

—¡Oh! —contestó el sucesor, embolsándose el dinero—. El duque de Vendôme era un hombre inimitable.

10. El político, científico e inventor estadounidense Benjamin Franklin (1706-1790) estaba enseñando la ciudad de Filadelfia a unos visitantes extranjeros cuando un grupo de gente extrañamente vestida pasó junto al grupo. Uno de los visitantes le preguntó:

—¿Quiénes son esas personas?

—Pertenecen a una secta religiosa y se llaman cuáqueros —contestó el improvisado guía.

—¿Y en qué creen?

—Creen en el seis por ciento de interés compuesto.

11. El político inglés John Elwes (1714-1789) es conocido por inspirar a Charles Dickens el personaje del quizá más famoso avaro de la historia de la literatura, Ebenezer Scrooge, de su obra *Canción de Navidad* (*A Christmas Carol*). Elwes, miembro del Parlamento británico, aunque poseía una gran fortuna, vivía como un pobre: llevaba la ropa raída, casi hecho un harapo, y se iba a la cama al caer la noche para evitar gastar en velas. Se negaba a comprarse un carro, pues montar a caballo era más barato, y más si cabalgaba por tierra blanda, para no tener que comprar herraduras a sus caballos. Si viajaba de noche, buscaba un lugar con hierba para que el caballo pudiera comer gratis, y él dormía bajo un árbol para ahorrar el precio de una habitación en una posada. Su casa se caía casi literalmente a trozos, era una auténtica ruina.

Pero es que cuando dejó la política, su tacañería se intensificó. En las raras ocasiones que compraba carne, adquiría el animal entero para conseguir un mejor precio, y luego lo comía poco a poco, estuviera como estuviese. Elwes había heredado varias propiedades en Londres, y compró alguna más, hasta llegar a poseer más de un centenar. Pero todas las tenía en alquiler. Elwes y la vieja que le servía de cocinera y doncella se quedaban en alguna de sus propiedades desocupadas. Su mobiliario se componía de una cama para él y otra para la criada, una mesa y un par de sillas.

Sus constantes mudanzas estuvieron a punto de costarle una vez la vida. En una ocasión, Elwes cayó muy enfermo, pero nadie sabía dónde estaba. Por suerte para él, su sobrino fue a buscarlo. Sobrevivió, pero su estado mental empeoró aún más. Su locura por el dinero le llevaba a envolver cada moneda que tenía en un pedazo de papel y esconderla. Aterrorizado de morir sin un centavo, se despertaba en medio de la noche ahuyentando a ladrones imaginarios. En noviembre de 1789, Elwes murió. No le quedó, lógicamente, más remedio que dejar toda su fortuna, casi intacta, a sus dos hijos nacidos fuera del matrimonio, en cuya manutención nunca había colaborado.

12. A pesar de la sonora oratoria del revolucionario y propagandista francés Honoré Gabriel Riquetti, conde de Mirabeau (1749-1791), durante la Revolución francesa muchos (injustamente o no) desconfiaban de sus verdaderos móviles, especialmente aquellos que supieron de su secreta alianza con el rey, que le pasó una renta en sus últimos años. Un contemporáneo llegó a afirmar:

—Es capaz de cualquier cosa por dinero. Incluso de hacer una buena acción.

13. La cosecha agrícola francesa de 1783 fue muy pobre, pero, pese a ello, los vasallos de las tierras del militar y estadista francés marqués de Lafayette (1757-1834) en Chavaniac habían conseguido llenar los graneros de trigo.

—La mala cosecha ha elevado el precio del trigo —le dijo al marqués uno de los administradores—. Es el momento de vender.

Lafayette pensó en los hambrientos lugareños de las localidades cercanas y dijo:

—No; es el momento de dar.

14. Cierto día, jugaban al ecarté el hacendado James Rothschild (1792-1868) y el príncipe Charles-Maurice de Talleyrand-Périgord (1754-1838). En el momento de pagar la apuesta se le cayó a Rothschild

una moneda de veinte francos, que rodó por el suelo. En su ansiosa búsqueda, apartó la silla, se inclinó y miró concienzudamente debajo de todos y cada uno de los muebles. Talleyrand, harto de que una persona tan rica se mostrase tan ruin, sacó de su cartera un billete de quinientos francos, lo dobló, lo encendió en una vela que había sobre la mesa y dijo sencillamente:

—¿Permite usted que le alumbre?

15. Uno de los yernos del magnate naviero y ferroviario estadounidense Cornelius Vanderbilt (1794-1877) necesitaba cincuenta mil dólares para montar un negocio y pensó en su suegro para conseguir financiación. El anciano le preguntó cuánto esperaba sacar de esa inversión.

—Cerca de cinco mil al año —fue la respuesta del yerno.

—Ya sé cómo ahorrarme quince mil dólares —dijo Vanderbilt.

—Dígame cómo.

—Te pagaré cinco mil al año de aquí en adelante durante siete años, y tú, durante ese tiempo, te considerarás empleado mío por ese salario.

16. El magnate naviero y ferroviario Cornelius Vanderbilt (1794-1877) tenía un estilo único. Cuando Charles Morgan y C. K. Garrison, también dos grandes empresarios estadounidenses de la época, aprovecharon su ausencia para hacerse con el control de la línea de ferrocarriles de California, Vanderbilt les dirigió una carta tan corta como sincera y contundente:

—Caballeros: ustedes se han propuesto estafarme. Han jugado deslealmente y eso se paga caro. No entablaré juicio contra ustedes, porque la ley se demora mucho. Pero me he propuesto arruinarlos. Sinceramente suyo, Cornelius.

17. El papel tan activo que Cornelius Vanderbilt jugó en el desarrollo inicial del ferrocarril le llevó a ser víctima de uno de los primeros accidentes ferroviarios ocurridos en Estados Unidos. El 11 de noviembre de 1833, Vanderbilt viajaba como pasajero en un tren de la línea de ferrocarriles Camden & Amboy que descarriló en unos prados próximos a Hightstown, en Nueva Jersey, debido a la rotura

de un eje de carro. Se rompió dos costillas y se perforó un pulmón. Pasó un mes recuperándose de las heridas. En el mismo accidente resultó ileso el presidente de Estados Unidos John Quincy Adams, quien viajaba un vagón por delante del descarrilado.

18. Como es sabido, el escritor francés Honoré de Balzac (1799-1850) estaba siempre abrumado por las deudas, y, para salir de ellas, su rica imaginación ideaba constantemente los más diversos proyectos a fin de hacerse con dinero. Un día se encontró con el escritor, dibujante y abogado Henri Monnier (1805-1877), a quien estimaba mucho, y le explicó el proyecto de un negocio magnífico que, según sus cálculos, les daría siete millones de francos a cada uno. Monnier, que le escuchaba con gran atención, le contestó enseguida:

—Me parece magnífico tu proyecto: adelántame veinticinco francos.

19. Honoré de Balzac andaba siempre mal de dinero. Un buen amigo le prestó una vez mil francos, pero con una condición:

—Me los devolverás con el producto de tu primer libro.

—Con el de mi próximo libro, no —repuso Balzac, que le propuso otro trato—; con el mejor de mis libros, mi obra maestra que pronto aparecerá.

El amigo aceptó. Apareció una obra de Balzac, y el acreedor fue a cobrar su dinero, pero éste le dijo que aquélla no era su obra maestra, y que, con seguridad, la próxima sí lo sería. Y lo mismo le contestó tras ir publicando todos sus restantes libros, con lo que la deuda quedó siempre sin pagar.

20. Durante sus años de pobreza, Honoré de Balzac vivió en una buhardilla sin calefacción y semiamueblada. Tenía una larga lista de deudas, lo que hacía que constantemente estuviera rodeado de acreedores. En cierta ocasión uno de ellos, harto de no cobrar lo que le debía el novelista francés, se le acercó y le dijo:

—Mire usted, *monsieur*, mañana debo pagar una deuda muy importante y le agradeceré mucho que tenga a bien pagarme usted hoy.

Balzac fingió estupefacción y replicó a su acreedor:

—¡Muy bonito, usted se dedica a contraer deudas y viene a mi casa con la intención de que yo se las pague!

21. Honoré de Balzac notificaba a los presentes la defunción de su tío, el cual le había dejado en herencia todos sus bienes.
—Ayer al anochecer —dijo—, mi tío y yo pasamos a mejor vida.

22. Una noche, en una de aquellas épocas de ruina que se abatían periódicamente sobre la vida del escritor francés Honoré de Balzac, un ladrón se coló en su casa y se puso manos a la obra, tratando de forzar la cerradura del escritorio. Estaba totalmente absorto en su labor cuando oyó una risa sarcástica procedente del dormitorio. Era Balzac, que se suponía que tenía que estar durmiendo.
—¿De qué te ríes? —le preguntó el ladrón.
—Me río porque me hace gracia el riesgo que corres entrando aquí de noche para intentar encontrar dinero en un sitio donde ni su legítimo dueño encuentra ni una moneda a plena luz del día.

23. A uno de los miembros de la rama francesa de la familia Rothschild le hicieron unas preguntas sobre su familia, entre ellas, la siguiente:
—¿Cómo se las ingeniaron en su familia para amasar tan vasta fortuna?
—Siempre vendiendo demasiado pronto —contestó el barón.

24. En cierta ocasión, el escritor francés Alejandro Dumas, hijo (1824-1895) se encontró en la calle con un gran amigo suyo.
—No sabes cuánto me alegro de tropezarme contigo —le dijo éste— porque necesito algo de ti. Me hacen falta con toda urgencia cincuenta francos.
—En este momento no llevo encima más que veinte francos —le respondió Dumas—; pero no te preocupes. Aquí cerca vive mi padre, subiré a su casa y le pediré que me preste los restantes.
Subió y al cabo de unos momentos bajó con aspecto alicaído.
—¿Qué? —le preguntó el otro ansiosamente.
—Que ahora no me quedan más que cinco francos —respondió Dumas.

25. El dramaturgo francés Victorien Sardou (1831-1908) dio a un mendigo una moneda de diez céntimos. El pobre se enfadó ante lo exiguo de la limosna y le dijo desafiante:

—¿Qué quiere usted que haga con esto?

—Puedo sugerirle que dé esa moneda a un pobre —le contestó Sardou.

26. A pesar de que desde 1831 dejó prácticamente de componer, Gioacchino Rossini (1792-1868) gozaba de tal fama en Francia que, cierta vez, se organizó en la ciudad de París (en la que residió desde 1823 hasta su muerte) una cuestación popular para allegar fondos con que erigirle un estatua. Enterado del asunto, el propio Rossini quiso precisar algunos extremos con los promotores de la idea, para lo que les hizo visitarle y les preguntó:

—¿Y cuánto dinero se ha reunido ya para este fin?

—Cerca de ochenta mil francos —le contestaron.

—Miren ustedes —dijo Rossini—, cuando la cifra aumente a cien mil, díganmelo. No gasten el dinero en la estatua, será mejor que me lo den a mí, y yo iré todos los días a ponerme un ratito sobre el pedestal.

27. Cierto día le preguntaron durante una comida al abogado, diplomático y multimillonario estadounidense Joseph Hodges Choate (1832-1917), que fue durante muchos años embajador estadounidense en el Reino Unido, quién le habría gustado ser, de no ser él mismo, y él respondió sin dudar:

—Mi heredero.

28. Un hipócrita tiburón de los negocios se creyó en la necesidad de decirle un día al escritor y humorista estadounidense Mark Twain (1835-1910):

—Antes de mi muerte pienso hacer una peregrinación a Tierra Santa; quiero subir a lo alto del monte Sinaí para leer en voz alta los Diez Mandamientos.

—Podría hacer usted una cosa mejor todavía —replicó Mark Twain—: quedarse en su casa de Boston y cumplirlos.

29. El magnate del acero estadounidense de origen escocés Andrew Carnegie (1835-1919), uno de los norteamericanos más ricos de la historia, se fue haciendo más y más alérgico al dinero a medida que crecía en riqueza y en años. Decía que le ofendía su simple vista y el contacto con él, y nunca lo llevaba encima. Hasta el punto de que, en una ocasión, según se cuenta, Carnegie fue obligado a bajar de un tranvía en Londres, porque no llevaba dinero para pagar el pasaje.

30. Carnegie, gran enamorado de Francia y de todo lo francés, solía decir en público: «Daría un millón de dólares por saber hablar en francés». Un día, al oírle, un periodista parisiense le propuso que, por mucho menos dinero, él se lo enseñaría, asegurándole que lograría aprenderlo en menos de un año. Carnegie sonrió y rechazó la propuesta:

—Mire usted, yo doy un millón por hablarlo, pero por hablarlo sin necesidad de tener que estudiarlo y aprenderlo.

31. Sin embargo, o precisamente por lo mismo, en la segunda fase de su vida, Andrew Carnegie dio un vuelco sorprendente a su filosofía y trató de vivir de acuerdo a su nuevo lema: «El hombre que muere rico muere desgraciado». Así que dedicó los últimos dieciocho años de su vida a la filantropía. Donó sustanciosas cantidades a cerca de tres mil causas, tales como bibliotecas, parques, educación, artes e incluso a la paz mundial. Creyó entonces que debía usar su fortuna para beneficiar a los demás y dedicarse a algo más que a ganar dinero. En sus palabras:

—Me propongo asignarme un sueldo no mayor de cincuenta mil dólares al año. Aparte de esto no haré ningún esfuerzo por incrementar mi fortuna y gastaré el superávit anual en causas nobles. Dejemos a un lado los negocios para siempre, excepto para los demás. Vayámonos a Oxford a obtener una educación concienzuda, adquiriendo el conocimiento de un hombre de letras. Me imagino que esto me llevará tres años de duro trabajo. [...] El hombre debe tener un ídolo, ¡y amasar fortunas es una de las peores especies de idolatrías! ¡Ningún ídolo es más envilecedor que la adoración del dinero! [...] Si sigo preocupándome tanto por mis negocios y pasando la mayor parte del tiempo pensando única y exclusivamente en cómo hacer dinero, me degradaré más allá de perder toda esperanza de recuperarme para siempre...

32. A partir de entonces, Carnegie fue, por ejemplo, un generoso patrocinador de la Sociedad Filarmónica de Nueva York, a la que hacía una generosa contribución anual. En ese afán, un año más, el secretario de la sociedad fue a su mansión, como era costumbre, a pedirle la cantidad que necesitaba para financiar las actividades de la sociedad, esta vez sesenta mil dólares. Carnegie estaba a punto de firmar un cheque cuando se detuvo y dijo:

—No; he cambiado de opinión. Seguramente habrá otras personas a las que le guste lo bastante la música como para ayudar con su propio dinero.

Le dijo al secretario que se marchara y reuniese la mitad de la cantidad que se necesitaba, prometiéndole aportar la otra mitad cuando eso hubiera ocurrido. Al día siguiente, el secretario regresó a la mansión de Carnegie, anunciando que había conseguido reunir el dinero requerido. Carnegie lo comprobó, extendió un cheque por treinta mil dólares y lo firmó. Dándoselo, le dijo:

—¿Le importaría decirme quién le dio la otra mitad?

—No, en absoluto. Fue la señora Carnegie.

33. Según la leyenda, un día, su cuñada le comentó a Andrew Carnegie que, por más que lo intentaba, le era imposible conseguir que sus dos hijos, que cursaban estudios en la Universidad de Yale, contestaran a las muchas cartas que les escribía. Para tratar de tranquilizarla, ya que la mujer estaba convencida de que les había ocurrido algo malo, Carnegie le aseguró que él podría conseguir que atendieran a sus requerimientos en menos de un mes. Ante la incredulidad de su cuñada, apostaron cien dólares a que conseguiría una respuesta a su carta sin necesidad de pedirla expresamente. Curtido en una larga carrera empresarial, Carnegie era un hombre de muchos recursos y poderoso ingenio. Lo que hizo fue escribir una breve nota a sus sobrinos en la que, tras la firma, indicaba que había incluido en el sobre dos billetes de cinco dólares para sus gastos. Por supuesto, el industrial no adjuntó ningún dinero a la carta. Por ello, la res-

puesta de sus dos sobrinos no se hizo esperar, dando cuenta de su vida y agradeciendo el gesto de su tío, a la vez que reclamaban el dinero extraviado.

34. En 1900, la empresa principal de Andrew Carnegie, Carnegie Steel, producía más acero que todo el Reino Unido. Pero, un año después, en 1901, Carnegie, de sesenta y seis años de edad, le vendió su compañía de acero a su colega J. P. Morgan por 480 millones de dólares. La nueva compañía pasó a llamarse United States Steel Corporation. La mitad de esa cantidad fue para Carnegie.

—Felicidades, señor Carnegie, ahora es el hombre más rico del mundo —le dijo Morgan.

—Me pregunto —reflexionó Carnegie— si podría haber conseguido cien millones de dólares más. Probablemente debería haber pedido eso.

—Si lo hubieras hecho —apostilló Morgan—, lo hubieras conseguido.

35. Se asegura que treinta de los colaboradores de Andrew Carnegie llegaron también a millonarios. Cuando le preguntaban el secreto de su éxito, Carnegie decía:

—He sabido elegir a mis colaboradores.

Y alguna vez dijo que le gustaría tener en su tumba un epitafio que dijera así:

—Aquí yace uno que supo rodearse de otros hombres más capaces que él.

36. En 1908, el multimillonario Carnegie, viejo ya, asistió a un banquete. Le pidieron que dijera algo de sí mismo, que explicara alguno de sus buenos recuerdos. Carnegie se levantó y dijo:

—Nací en una familia pobre, y no cambiaría los buenos recuerdos de mi infancia por los de ningún hijo de millonario. ¿Qué saben ellos de las tertulias familiares y del inolvidable recuerdo de una madre que es el mejor refugio de muchos hijos, la mejor cocinera, la mejor maestra, la mejor lavandera y, a la vez, la mujer más bonita, más ahorradora, más angelical y más santa de cuantas ha conocido un hombre en su larga vida?

37. Cuando a Andrew Carnegie alguien le hablaba de su mucho dinero, decía:

—No; no paso de ser un pobre bienhechor de la humildad.

—¿Pobre?

—Sí, y de un tipo de pobreza que sólo conocen los que invierten su dinero en el bien de los otros.

38. Se cuenta que Carnegie tenía un perro al que quería mucho. Una vez que pasaba unos días de vacaciones en el lago Míchigan, el perro desapareció. De inmediato, Carnegie puso un anuncio en el periódico local, *Morning Herald,* que decía: «Perdido un fox terrier blanco que responde al nombre de *Billy*. Se ofrecen mil dólares a quien lo encuentre y lo devuelva a su dueño en Star-Palace». Sin embargo, el anuncio no se publicó, y Carnegie fue a la redacción a protestar. No había nadie. Llamó a voces y, al fin, le atendió una mujer que estaba limpiando el local.

—¿Es que no hay nadie? —preguntó airado.

—No; se han ido todos señor —respondió la mujer sin dejar de limpiar—. Por lo que he oído, me parece que han ido en busca de un perrito blanco llamado *Billy*.

39. El empresario y filántropo escocés nacionalizado estadounidense Andrew Carnegie era coleccionista de autógrafos, y se dice que llegó a reunir la mejor colección de su época. Sin embargo, le faltaba el del naturalista alemán Ernest Haeckel (1834-1919) y se lo pidió a través de un alumno de éste, al que conocía. Haeckel accedió enseguida, y en el álbum de Carnegie escribió: «Ernest Haeckel agradece, conmovido, a Andrew Carnegie el microscopio que ha regalado al laboratorio de biología de la universidad». Carnegie regaló el microscopio. Tiempo después diría:

—No sé si Haeckel es el personaje más importante entre aquellos cuyos autógrafos tengo, pero el suyo es el que me ha costado más caro.

40. Durante un viaje en tren a Londres, Andrew Carnegie se había instalado en uno de los vagones donde estaba prohibido fumar cuando uno de los pasajeros encendió una pipa.

—Aquí está prohibido fumar —le dijo Carnegie.

—Está bien, señor —le respondió el hombre—. Fumaré esta pipa y nada más.

Pero, al cabo de unos minutos, no bien hubo acabado su pipa, volvió a llenarla.

—Si usted insiste en seguir fumando —le dijo Carnegie—, avisaré al revisor en la próxima estación.

Acto seguido, Carnegie le entregó su tarjeta para que supiera a quién estaba fastidiando. El desconocido le echó una ojeada, se la guardó en el bolsillo y llevó un fósforo encendido a su pipa. Sin embargo, en la siguiente estación cambió de coche. Carnegie, realmente molesto por la insolencia del desconocido, le contó el incidente al revisor y le pidió que tomara alguna medida. El revisor se alejó apresuradamente y volvió al cabo de unos minutos con una tarjeta en la mano.

—Si yo estuviera en su caso —le aconsejó—, no haría nada contra ese hombre. Acaba de entregarme su tarjeta: es Andrew Carnegie.

41. Andrew Carnegie era hijo de unos humildes tejedores. A los diez años, antes de dejar Escocia hacia el Nuevo Mundo, iba a la escuela dominical.

—¿Qué enseñanza se puede sacar de la Biblia? —le preguntó el ministro al joven.

Inmediatamente, Carnegie echó mano de un proverbio escocés:

—Cuida de tus peniques y las libras cuidarán de sí mismas.

—No quiero avergonzarte, muchacho —dijo el religioso—, pero no parece que ese dicho aparezca en la Biblia.

—Pues debería aparecer —replicó el futuro industrial.

42. Aunque Andrew Carnegie fue conocido como «el rey del acero», no es que él supiera mucho de dicha producción. Pero sí que sabía cómo manejar a la gente, y fue su talento para la organización y el liderazgo lo que le hizo rico. Cuando era aún un muchacho, en Escocia, el pequeño Andrew se encontró a una coneja embarazada y, de pronto, se vio con una camada completa de pequeños gazapos peludos, pero nada con que alimentarlos. Y tuvo una brillante idea.

Pidió a todos los chicos que conocía en el vecindario que reunieran todos los tréboles y dientes de león que pudieran para alimentarlos y que él, a cambio, les prometía dar el nombre de cada uno de ellos a uno de los conejitos. Más tarde en su vida, Carnegie confesaría que a su conciencia le preocupaba haber explotado a sus compañeros de juego de esta manera, pero que les dio la única recompensa de la que disponía. Sin embargo, la lección quedó bien aprendida. Cuando Carnegie quería vender su acero a los Ferrocarriles de Pensilvania, construyó una vasta nueva acería en Pittsburgh y la llamó J. Edgar Thomson Steel Works. Sucedía que Edgar Thomson era el presidente de los Ferrocarriles de Pensilvania, y el hombre estuvo tan satisfecho de que la nueva instalación llevase su nombre que no necesitó más persuasión para ordenar todo el acero que necesitaba a Carnegie.

43. John Pierpont (J. P.) Morgan (1837-1913) jamás concedía entrevistas a los periodistas. Una vez en Londres, un joven periodista le solicitó una entrevista. Morgan le hizo llegar la acostumbrada negativa, pero el periodista insistió una y otra vez, hasta que Morgan le hizo llegar esta contestación.

—Cada minuto de la vida del señor Morgan vale cien libras.

—Por favor —insistió el periodista—, dígale al señor Morgan que mis minutos valen mucho más y, sin embargo, se los estoy dedicando.

Por curiosidad ante tanta insistencia, el multimillonario le hizo pasar y, sin ofrecerle asiento, le preguntó:

—Pues bien, ¿qué desea de mí?

—Sólo pagarle las doscientas libras por los dos minutos que le haré perder.

—Bien, pero usted ha dicho que sus minutos valen más que los míos y quiero que me lo explique.

—Efectivamente, he apostado con mis compañeros de redacción quinientas libras a que usted me recibirá y que conversaríamos. Como es evidente, he ganado la apuesta —dijo tomándose tiempo y actuando con frialdad pasmosa. Le pago a usted sus doscientas libras y yo me gano trescientos. ¿No es acaso mi tiempo más valioso que el suyo?

44. En su niñez, J. P. Morgan era un buen alumno de matemáticas. Un día, su profesor le dijo:

—Si sigues estudiando matemáticas podrás ser un magnífico profesor.

—Me gustaría tanto…, pero quizá mi padre prefiera que lo ayude en sus negocios.

—Sería lamentable que no te dedicaras a esta materia en la que tanto destacas.

Morgan recordando aquella conversación entre un grupo de amigos, comentaba años después.

—Si hubiera seguido los consejos de mi maestro, habría vivido mucho más tranquilo.

—Quizá, pero con mucho menos dinero —repuso un amigo.

—Por supuesto. Pero con el dinero no he podido comprar la tranquilidad que tanto he anhelado siempre.

45. El banquero y multimillonario estadounidense John Pierpont Morgan acudía con cierta frecuencia a un bar y pedía siempre lo mismo: un whisky de malta del país. Cierto día, Morgan entró y le sirvieron su whisky, y él levantó la copa como si brindara con todos los presentes, mientras decía:

—Cuando Morgan bebe, todo el mundo bebe.

Todos se acercaron a la barra, al reclamo de la invitación, contentos de beber con (y a costa de) Morgan y el barman les sirvió whisky a todos, que brindaron alegremente a la salud del banquero. Sin más, Morgan dejó sobre el mostrador una moneda, el precio de un solo whisky, y dijo:

—Cuando Morgan paga, todo el mundo paga.

Y se fue.

46. J. P. Morgan tenía una peculiar y muy directa forma de repartir consejos, especialmente los financieros. Cuando alguien le preguntaba cómo iba a marchar el mercado de valores, se cuenta que él solía contestar lacónicamente:

—Fluctuará.

47. En una reunión en que se hablaba de yates y de sus precios, uno de los presentes se acercó a J. P. Morgan y le dijo:

—Yo también estoy pensando en comprarme un yate. Dígame, señor Morgan, ¿usted sabe a cuánto sale una mensualidad media?

—No sé exactamente —le respondió el banquero—. Pero de lo que sí estoy seguro es de que quien tenga que preguntar cuánto vale la cuota mensual no está en condiciones de comprar un yate.

48. A comienzos del siglo XX, el empresario estadounidense Charles Flint (1850-1934), pese a sus muchos negocios y su gran patrimonio, estaba en dificultades financieras. Como mantenía una cierta amistad con el banquero y multimillonario John Pierpont Morgan (1837-1913), decidió pedirle un préstamo. Morgan le invitó a dar un paseo por los alrededores de Battery Park, en el bajo Manhattan. Después de hablar aproximadamente durante una hora del tiempo y de otros temas insustanciales, el desesperado Flint exclamó:

—Pero, señor Morgan, ¿qué hay del millón de dólares que necesito que me preste?

—Oh, señor Flint —le dijo mientras le estrechaba la mano para irse—, no creo que tenga ningún problema para obtenerlo ahora que nos han visto juntos.

Y se fue.

49. Un comerciante rico le pidió al estadista británico Benjamin Disraeli (1804-1881) un título nobiliario. Disraeli, tras comprobar que en su linaje no había la más mínima gota de nobleza que permitiera concederle ese favor, le citó y le dijo:

—Lo siento mucho, pero me ha sido imposible complacerle. Sin embargo, puedo hacer por usted algo mejor que concederle un título.

—¿Algo mejor?

—Sí. Lo siguiente: le autorizo a que diga a sus amigos que le he ofrecido un título y que usted se ha negado a aceptarlo. Si lo dice y me preguntan, no le desmentiré.

50. El escritor irlandés Oscar Wilde (1854-1900) coincidió con un banquero en una reunión donde conversaba con un grupo de amigos. Wilde estaba, como otras veces, abrumado por las deudas. Y, sin conocer al banquero, lo saludó, y le dijo:

—Caballero, voy a dejarle asombrado. No le conozco y, a pesar de ello, le pido un préstamo de cincuenta libras.

—Caballero —respondió el banquero, con gran corrección—, yo también quiero dejarle asombrado. Le conozco bien y, a pesar de ello, le presto las cincuenta libras.

51. Pero como todo burlador es alguna vez burlado, hay que contar que, cierto día, el propio J. P. Morgan (1837-1913) recibió en su oficina al joven John Davidson Rockefeller, junior (1874-1960) y, tras los consabidos saludos, entrando en materia, le dijo:

—Me informan que ha venido porque su padre quiere venderme unas propiedades.

—Siento haber entendido mal —respondió Rockefeller—; creí que usted había mencionado que las quería comprar.

Y, dando media vuelta, se despidió educadamente y salió del despacho. Naturalmente, Morgan lo hizo llamar de vuelta y compró al precio que Rockefeller le pidió.

52. Al general español Valeriano Weyler y Nicolau (1838-1930), marqués de Tenerife, último capitán general de Cuba y Filipinas, siempre le andaba pidiendo dinero su hijo Fernando, a pesar de la bien ganada fama de tacaño del militar. Un día, el hijo le escribió pidiéndole quinientas pesetas. A vuelta de correo, el general le contestó:

—Ahí te envío las pesetas que me pides, pero pon más cuidado con la aritmética, que has puesto cincuenta con un cero de más.

53. En otra ocasión, el tacaño general Weyler, tras recibir una carta de su hijo pidiéndole dinero para comprarse unas camisas para dormir, le volvió a escribir, esta vez escandalizado:

—¿Qué es eso de comprar camisas para dormir?; para dormir sólo hace falta sueño...

54. De pequeño, el luego magnate estadounidense del petróleo John Davidson Rockefeller sénior (1839-1937) vendía a sus compañeros de escuela una mercancía tan simple como piedras de colores de formas variadas. Los ingresos de este curioso negocio infantil los iba acumulando en un tazón de color azul, al que al recordarlo denominó «mi primera caja fuerte». A partir de allí quedó demostrado su talento para las transacciones financieras.

Cierto día decidió contar su tesoro y se encontró con la suma de cincuenta dólares. Justamente, por esas cosas del destino, un granjero de los alrededores corrió la voz de que necesitaba exactamente esa suma para saldar una deuda de forma urgente, y ahí estaba el pequeño gran John, que se la facilitó a un interés del 7 por ciento anual, sabiendo que su pequeño capital retornaría a su bolsillo con 3,5 dólares de interés añadido. A partir de ese momento, su lema fue: «Decidí hacer trabajar el dinero en mi lugar», frase que se convirtió en el emblema de millones de emprendedores del mundo entero.

55. Ya de mayor, John D. Rockefeller era famoso, además de por otras muchas cosas, por su gran tacañería. Se le notaba ese rasgo de carácter, por ejemplo, a la hora de dar propinas. Una vez, el *maître* de un restaurante al que solía acudir el millonario, se atrevió a decirle:

—Señor Rockefeller, si yo fuese millonario como usted, no ahorraría en propinas.

—Le agradezco la información —repuso Rockefeller—, pero, si no hubiese ahorrado en propinas y en otras muchas cosas, acaso no sería ahora millonario.

56. Se cuenta que en el despacho de John D. Rockefeller sénior, se presentó cierto día un perturbado mental que, poniéndole una pistola en el pecho, gritó:

—¡Llegó la hora...! ¡Tiene que repartir toda su fortuna entre la humanidad!

Conservando la calma, apartó Rockefeller la pistola y se puso a hacer una operación aritmética. Al terminarla, le dijo al loco:

—Ya sabe que mi fortuna es de dos mil millones de dólares, y que los habitantes del mundo son aproximadamente mil ochocientos millones. Tocamos a un dólar y doce centavos cada uno. Tenga, pues, lo que le corresponde y déjeme seguir trabajando.

Sin más, Rockefeller le dio las monedas al desarbolado asaltante e hizo que le acompañaran a la puerta.

57. Un conocido en apuros económicos acudió en busca de consejo a John D. Rockefeller sénior. Su problema era que un individuo que le debía cincuenta mil dólares se había ido a Constantinopla, y él no tenía ningún comprobante o reconocimiento de deuda que le permitiera exigir su pago. Rockefeller le aconsejó:

—Escríbale una carta reclamándole los cien mil dólares que le debe. Seguro que él le contestará diciéndole que está en un error, que no son cien mil, que sólo son cincuenta mil. Y así ya tendrá usted su reconocimiento de deuda.

58. Nathan Mayer Rothschild (1840-1915), primer barón de Rothschild y patriarca de la famosa dinastía inglesa de banqueros, tomó una vez un taxi y, al finalizar la carrera, le dio al conductor lo que él consideraba una buena propina.

—Señor, su hijo siempre me da una propina bastante mejor que ésta —dijo el cochero, mientras miraba las monedas en su mano.

—Estoy seguro de que es así —contestó lord Rothschild—. Como usted sabe, mi hijo tiene un padre rico y yo no.

59. Cuando el escritor estadounidense Samuel Langhorne Clemens (1835-1910), más conocido por su seudónimo literario, «Mark Twain», era todavía un joven periodista que se ganaba la vida con dificultad en San Francisco, una amiga se lo encontró un día por la calle con una caja de cigarros bajo el brazo, y no pudo dejar de decirle:

—Parece que está usted fumando demasiado, señor Clemens.

—No es eso —le respondió Twain—. Es que estoy de mudanza.

60. El novelista y director de la Comédie Française a mediados del siglo XIX, Arsène Houssaye (1815-1896), contó la siguiente anécdota protagonizada por el barón Rothschild a quien se le acercó uno de

sus conocidos pidiéndole un préstamo. El hombre necesitaba dos mil francos hasta final de mes.

—Aquí tiene —dijo el barón—, pero recuerde que tengo por norma sólo prestar dinero a cabezas coronadas.

Rothschild daba ya por perdido el dinero y nunca soñó ver reaparecer al hombre a final de mes con la suma completa. Pero eso justamente fue lo que pasó. Rothschild no podía creerlo, pero enseguida comprendió que aquél no era el final de la relación. Como era de prever, un mes después, el conocido reapareció, pidiéndole esta vez un préstamo de cuatro mil francos.

—No, no, amigo mío —declinó el barón—, usted ya me ha disgustado una vez devolviendo la última cantidad. No quiero que me vuelva a disgustar.

61. El Banco de Inglaterra se negó a pagar billetes de la banca Rothschild porque a partir de ese momento ya no descontaría billetes de particulares, aunque fueran tan solventes como los de Rothschild. Éste se indignó y se propuso probar al banco lo que aquel particular podía. Tres semanas después, Rothschild, que había invertido este tiempo para reunir todos los billetes de cinco libras esterlinas que pudo procurarse en Inglaterra y en las demás plazas de Europa, se presentó en el Banco de Inglaterra nada más abrirse las oficinas y empezó por sacar de su cartera un billete de cinco libras que le cambiaron enseguida entregándole cinco soberanos, en medio de la sorpresa que ocasionaba observar que el señor barón en persona se tomaba tanta molestia por tan poca cosa. Rothschild examinó una a una las piezas de oro y las puso en un pequeño saco blanco; luego sacó un segundo billete de su cartera, después un tercero, un cuarto..., un centésimo y aún más; siempre, antes de ir al saco, las monedas sufrían un examen tan lento como escrupuloso, y su minuciosidad lo llevaba incluso a pesar algunas de ellas para ver si eran de buena ley. «Estoy en mi derecho», decía. Vaciada la primera cartera y lleno el primer saco, un lacayo entregó una segunda cartera repleta de billetes de cinco libras y un segundo saco vacío al señor barón, y la operación continuó de este modo hasta que se hubo cerrado el despacho. Rothschild había empleado siete horas para cobrar 525.000 francos. Pero como nueve empleados de su

casa habían ocupado con su mismo cometido las nueve oficinas de cambio durante la mañana, resultó que la casa Rothschild había retirado del banco 5.250.000 francos en oro, y que nadie más pudo obtener ni una sola moneda.

Aquel día la actitud de Rothschild causó cierta hilaridad, pero ningún reproche. La cosa cambió el día siguiente, cuando se le vio reaparecer, a primera hora, acompañado de sus nueve empleados y seguido esta vez de varios furgones, cargados unos de billetes de cinco libras y los demás destinados al transporte del numerario. La hilaridad cesó del todo cuando el banquero dijo con hipócrita sencillez:

—Estos señores no quieren pagar mis billetes…, he jurado no guardar los suyos; como gusten. Prevenirles tan sólo que tenemos ocupación para dos meses. Se han de retirar 320.250.000 francos en oro del Banco de Inglaterra, que jamás los tuvo.

El Banco de Inglaterra sintió miedo, y esa misma tarde pudo leerse en los diarios una nota del banco de que en lo sucesivo pagaría sin demora los efectos de la casa Rothschild, como si fueran suyos propios.

62. El político y escritor francés George Clemenceau (1841-1929) sabía apreciar a los interlocutores ingeniosos. Sabedor de ello, un prefecto se presentó en su despacho totalmente preparado para la ocasión, con el ingenio bien preparado y alerta. Clemenceau, previniendo un latoso discurso, tras saludarle, le dijo sin más preámbulos:

—Resuma lo que me pide en una sola palabra.

—¡Dinero! —dijo el prefecto por toda respuesta.

De esa forma, gracias a su concisión y a su ingenio, el prefecto obtuvo lo que pedía.

63. El célebre pintor James McNeill Whistler (1834-1903) trataba a sus muchos acreedores con la mayor de las habilidades, sorteándolos con golpes de ingenio. Uno de ellos se presentó en su casa para exigirle el abono de un pagaré a largo plazo. En eso estaba el buen hombre cuando el artista le interrumpió ofreciéndole una copa de champán con la mejor de sus sonrisas.

—¿Cómo puede permitirse el lujo del champán —le preguntó el indignado comerciante—, cuando no puede pagarme el pagaré?

—Querido señor, déjeme asegurarle —le dijo el pintor con la copa de champán en la mano— que tampoco esto lo he pagado.

64. Hetty Green (1834-1916) fue alguna vez la mujer más rica del mundo y tal vez, sin duda, la más avara. Tal era la avaricia de esta mujer, apodada «la Bruja de Wall Street», que *El libro Guinness de los récords* le otorgó el dudoso mérito de ser «oficialmente» la persona más tacaña de la historia.

Hetty especulaba principalmente en el sector inmobiliario, los ferrocarriles y los préstamos. Desde niña, aprendió de los negocios de su padre, que poseía una gran fortuna que ella heredó cuando tenía treinta años. Invirtió ese dinero y, en el momento de su muerte, llegó a poseer cerca de doscientos millones de dólares (lo que hoy serían aproximadamente unos cuatro mil millones de dólares). Como experta inversora, al principio muchos se le acercaban solicitándole consejo, pero ella solía despachar a todos aconsejándoles invertir «en el Otro Mundo».

Se casó a los treinta y tres años de edad, en 1867, con Edward Green, miembro de una acaudalada familia de Vermont. Pero, en 1885, su esposo se arruinó, y Hetty decidió abandonarlo, aunque en 1902, al caer él enfermo del corazón, se reconciliaron. Hetty crio a sus dos hijos en la mayor de las austeridades. Por ejemplo, los tres desayunaban copos de avena fríos, para ahorrar en gas o leña. Vivía en pequeñas habitaciones de míseros hoteles para gastar lo mínimo posible y pagar impuestos bajos. Usaba el mismo vestido para no gastar en ropa y se dice que lo lavaba sólo por la parte que rozaba el suelo para ahorrar jabón. Su comida era siempre la peor y más barata del mercado, y viajaba siempre por el medio más barato, o andando, sola, sin escolta ni compañía alguna. En una ocasión, su hijo Edward sufrió una herida en la rodilla y lo llevó a una clínica de beneficencia. Para desgracia del niño, el médico reconoció a Hetty y exigió que la mujer pagara la consulta, pero ella se negó y prefirió volverse a casa y atenderlo ella misma como pudo. Dos años después, el niño seguía malherido, la pierna se le había gangrenado y tuvo que serle amputada. Ya anciana, Hetty sufrió una apoplejía, y su hijo Edward (sí, el mismo de la herida en la rodilla) contrató enfermeras que vestían con ropas comunes para que su madre no protestara por los gastos. Poco después, comenzó a sufrir de una hernia, pero se negó a someterse a una operación, ya que costaba 150 dólares, por lo que a partir de entonces tuvo que depender de una silla de ruedas. Se dice que Hetty Green falleció cuando discutía con una criada sobre unas cuentas que le parecían excesivas. Tras su muerte, su único hijo varón heredó parte de la fortuna de su madre y, por despecho, se convirtió en un despilfarrador que gastaba dinero en fiestas, joyas, yates y diamantes.

65. Cierta vez, en Sitges (Barcelona), al pintor y escritor catalán Santiago Rusiñol (1861-1931) le pidió limosna un pobre que no podía ocultar las muestras de sus dos miserias: la económica y la alcohólica. Visto lo cual, Rusiñol le dio una peseta y un consejo:

—Toma, y ahora no la malgastes en pan.

66. El escritor francés Tristan Bernard (1866-1947) no quiso entrar nunca en la Academia. Su negativa se fundaba en diversas razones; entre ellas que no le sobraba el dinero —más bien, le faltaba— como para costearse unos uniformes tan caros como la institución requería. En cierta ocasión en que se le insistió en que presentara su candidatura, se le oyó defenderse:

—Demasiado complicado y caro para mí. No puedo costearme el uniforme. Tendré que esperar a que se muera algún académico de mi talla.

67. El productor cinematográfico estadounidense Samuel Goldwyn (1879-1974) trataba de comprar los derechos para el cine de una obra del dramaturgo irlandés George Bernard Shaw (1856-1950) y, para ello, le argumentaba con toda la sagacidad de la que era capaz:

—Quiero hacer una superproducción de una de sus obras. Gastaré los miles de dólares que sean necesarios. Gastaré una fortuna en trajes y decorado. Mi talonario de cheques estará a su disposición. Piense en las muchas personas que conocerán sus obras. Es una gran contribución que usted puede hacer al arte.

—Ése es el problema —le respondió Shaw—. Que usted sólo piensa en el arte y yo sólo pienso en el dinero.

68. En 1925, la Academia Sueca concedió a Bernard Shaw el Premio Nobel de Literatura. En lo económico, se trataba de nada menos que de ocho mil libras esterlinas. Shaw no se inmutó y dijo burlonamente:
—Sin duda han querido premiarme para que tenga dinero y no escriba más. Pero no lo conseguirán.

69. No obstante, G. B. Shaw aceptó el Premio Nobel, aunque no quiso cobrar el dinero correspondiente y lo donó para que se repartiera entre los escritores suecos que tuvieran necesidades económicas, mientras declaraba a la prensa:
—El dinero es como el salvavidas que se lanza al nadador cuando ha ganado ya la orilla sano y salvo.

70. Por ello, no es extraño que, en 1938, al serle concedido un Oscar por su guion de *Pygmalión*, Bernard Shaw afirmara:
—Es como si le diesen un premio al rey de Inglaterra por ser rey. Me parece insultante este honor.

71. En esa misma línea, G. B. Shaw también rechazó enérgicamente la concesión de la Orden del Mérito de la casa real británica, aduciendo:
—Sería superfluo, pues ya me he conferido yo mismo esta orden.

72. Un día, el financiero alemán Otto Kahn (1867-1934) pasó por delante de un modesto escaparate de Nueva York que mostraba un letrero que decía: ABRAHAM KAHN, PRIMO DE OTTO KAHN; lo cual no era ni por asomo cierto, pues la coincidencia de apellido era totalmente casual. El magnate llamó a su abogado, que amenazó al propietario de la tienda con una demanda a menos que retirase el letrero. No mucho después, Kahn le pidió a su chófer que pasase por la tienda de nuevo. Al detenerse la limosina, el financiero vio que el viejo letrero ya no estaba. En su lugar había uno recién pintado que decía: ABRAHAM KAHN, ANTES PRIMO DE OTTO KAHN.

73. El físico y químico alemán Walter Hermann Nernst (1864-1941) desarrolló una lámpara eléctrica incandescente, cuya patente vendió por una suma de dinero muy importante. Un colega, no sin despecho, le preguntó si su próximo proyecto sería hacer diamantes.

—No —replicó Nernst—, me puedo permitir comprarlos, así que no necesito hacerlos.

74. Tan pronto como regresó a Budapest, tras un largo viaje, el dramaturgo y novelista húngaro Ferenc Molnár (1878-1952) se encaminó hacia su habitual tertulia del café Central, deseoso de que le pusieran al día de las últimas novedades de la ciudad. Sin embargo, la noticia que le esperaba era de índole mucho más personal: su amante le había sido infiel y se había estado acostando con otros hombres mientras él había permanecido fuera. Sus amigos no le escondieron ni un solo detalle sobre las aventuras de la joven casquivana, y Molnár no tuvo más remedio que escuchar atentamente (haciendo de tripas corazón) sus relatos.

—Está bien —dijo finalmente, sobreponiéndose con una sonrisa—. Se acuesta con otros por amor. Pero, por dinero..., ¡sólo conmigo!

75. En uno de los seminarios que impartía el matemático español Rey Pastor (1888-1962) respondió a una cuestión sobre el infinito con estas palabras:

—Para mí, el infinito comienza a partir de mil pesetas.

76. Al promotor cultural Joaquim Borralleras, un tertuliano muy conocido de principios de siglo XX, se le reprochaba haberse casado por interés.

—¡Que me he casado por dinero! ¡Casado por dinero! Quien se ha casado por dinero es mi mujer, que si no llega a tenerlo no se casa.

77. En otro momento, se le preguntó a Borralleras en referencia a lo poco agraciada que era su esposa:

—Pero ¿cómo puedes estar en la cama con esa mujer tan fea?

—Como las águilas imperiales: los cuerpos unidos y las caras separadas —aclaró Borralleras con cinismo.

78. Le preguntó un periodista al popular compositor estadounidense Cole Porter (1891-1964) acerca de las musas y de las fuentes de inspiración de un artista creativo. Porter aseguró que muchas veces se sobrevalora ese tema, y, para reafirmar su argumento, llegó a decir:

—Mi única fuente de inspiración es una llamada de teléfono de un productor.

79. En cierta ocasión, el magnate del petróleo estadounidense Jean Paul Getty (1892-1976) respondió a los periodistas que le preguntaban sobre su condición de multimillonario:

—No se es multimillonario mientras se pueden contar los millones.

80. Insistiendo en el tema, en cierta ocasión, un periodista entrevistó a J. Paul Getty, por entonces el hombre más rico del mundo. Entre otras cosas, el reportero le preguntó al magnate si era cierto que su fortuna ascendía ya a más de mil millones de dólares de la época.

—Supongo que sí —respondió Getty, tras unos segundos de reflexión—, pero recuerde que mil millones no es ahora lo que era hace años.

81. J. Paul Getty asistía frecuentemente a ver los combates de entrenamiento del boxeador estadounidense Jack Dempsey (1895-1983), a la sazón campeón mundial de los pesos pesados. El propio Getty era un boxeador amateur, por lo que un día le pidió al campeón que le dejase ser su *sparring* aunque sólo fuese durante un único asalto. Dempsey aceptó a regañadientes, y ambos comenzaron a entrecruzar golpes de salón. Getty mantuvo bien el tipo hasta que cometió el error de decir:

—Golpéame un poco más fuerte, Jack.

Jack Dempsey así lo hizo..., y lo noqueó.

82. J. Paul Getty hizo su fortuna durante la Gran Depresión, y tuvo intereses en unas doscientas empresas, incluyendo la Getty Oil Com-

pany. Cuando murió, en 1976, contaba con una fortuna de unos dos mil millones de dólares de la época. Pero Getty era un tacaño de campeonato, tan avaro como rico. Esa reputación se la ganó gracias a anécdotas como la que afirma que tenía un teléfono público que funcionaba con monedas instalado en su mansión inglesa de Sutton Place. Además, Getty colocó un candado con combinación en todos los teléfonos convencionales, lo que limitaba su uso al personal autorizado; y el teléfono de monedas era para los demás. En su autobiografía, él contó sus razones:

—Durante meses tras comprar la casa de Sutton, muchas personas entraban y salían de la casa. Algunos eran empresarios de visita de negocios. Otros, los artesanos y obreros de la remodelación y restauración de la casa. Unos terceros eran comerciantes que pasaban a hacer sus entregas de mercancía. De repente, las facturas de teléfono de Sutton Place comenzaron a elevarse. La razón era obvia. Cada uno de los teléfonos de la casa tenía acceso directo a las líneas exteriores y, por lo tanto, a las llamadas a larga distancia a través de operadores, e incluso a las llamadas internacionales. Todos intentaban sacar provecho de una oportunidad muy infrecuente. Se pasaban por Sutton Place para llamar a sus novias de Ginebra o de Georgia, y a sus tías, tíos y primos terceros que se habían mudado a Caracas o Ciudad del Cabo. El coste de sus simpáticas charlas corría, por supuesto, a cargo de la factura de Sutton Place.

Durante una entrevista televisiva con Alan Whicker, en febrero de 1963, Getty dijo que él creyó que a sus invitados no les importaría usar un teléfono público de pago. Getty añadió que, después de dieciocho meses:

—El flujo de tráfico de entrada y de salida en Sutton se calmó. La gestión y explotación de la casa se asentó en una rutina razonable. Cuando eso fue así, quitamos el teléfono público y los candados de los teléfonos de la casa.

83. Pero el evento que inmortalizó su reputación de tacañería fue el secuestro, en 1973, de su nieto Jean Paul Getty III, por entonces un joven de dieciséis años que vivía en Roma. Una mañana de julio de ese año, su madre recibió una nota anunciando su secuestro y una

petición de diecisiete millones de dólares por su rescate. El multimillonario se negó a aportar un solo dólar. Argumentó que podía tratarse de un autosecuestro de su díscolo nieto para sacarle dinero, ya que su nieto tenía fama de juerguista. Y declaró a la prensa:

—Tengo catorce nietos. Si entrego el rescate de uno de ellos tendré catorce nietos secuestrados.

Así pasaron cinco meses, hasta que el multimillonario recibió un paquete que contenía un mechón de cabello y la oreja de su nieto. Entonces Getty accedió por fin a aportar el dinero del rescate, pero regateó: sólo accedió a pagar 2,2 millones de dólares (el máximo legal para poder deducirlo de los impuestos), y el resto hasta los 3 millones que fuera considerado un préstamo a su nieto pagadero con un interés del 4 por ciento. Paul III fue encontrado con vida en una estación de servicio de Lauria, en la provincia de Potenza, poco después de haber sido pagado el rescate. Tras su liberación, llamó a su abuelo para agradecerle el pago, pero Getty se negó a atender el teléfono. Tiempo después la policía detuvo a nueve personas, pero sólo dos fueron condenadas. Paul Getty III quedó permanentemente afectado por el trauma del secuestro y se convirtió en un drogadicto. En 1981, sufrió un accidente cerebrovascular tras haber ingerido un cóctel de drogas y alcohol, a causa de lo cual perdió el habla y casi quedó ciego y con parálisis para el resto de su vida. Murió treinta años más tarde, el 5 de febrero de 2011, a los cincuenta y cuatro años de edad.

84. Charles Fox había acumulado fuertes deudas de juego y de otros de sus extravagantes hábitos. Su aristócrata padre se lo reprochó más de una vez:

—No sé, señor, como puede dormir y disfrutar de las comodidades de la vida pensando en las grandes cantidades que usted debe a todos en la ciudad.

—Lo que yo no sé, señor —replicó el joven—, es cómo pueden dormir mis acreedores.

85. La escritora estadounidense Dorothy Parker (1893-1967) no ocultó nunca su afición al dinero y a todo tipo de lujos. Por eso no es extraño que llegara a decir en cierta ocasión:

—Las dos más importantes palabras del idioma inglés son: cheque adjunto.

86. Confesándose con la prensa, Dorothy Parker amplió en otra ocasión su punto de vista y sus objetivos profesionales:

—Me ha gustado tener dinero. Y me ha gustado ser una buena escritora. Las dos cosas pueden venir juntas, y espero que eso ocurra; pero, si eso es demasiado pedir, prefiero tener dinero.

87. El ladrón de bancos estadounidense Willie Sutton (1901-1980) había pasado la mayor parte de su vida de adulto en la cárcel. A pesar de que se había fugado más de una vez, sus cortos períodos de libertad siempre habían acabado con un nuevo arresto por robo. En un intento de comprender por qué proseguía con esta infructuosa carrera, un periodista le preguntó:

—Willie, ¿por qué sigue robando bancos?

—Porque es donde está el dinero —dijo Sutton con rotundidad.

88. El fundador de IKEA, Ingvar Kamprad (1926), es una de las personas más ricas del planeta, con una fortuna estimada en seis mil millones de dólares, que sigue aumentando. Pero el empresario sueco cambió su residencia al paraíso fiscal de Suiza en la década de 1970, conduce un Volvo de hace quince años, vuela en clase turista y recicla las bolsas de té. Este excéntrico personaje de noventa años de edad es también conocido por visitar el restaurante del IKEA de su ciudad, para comer un menú barato de albóndigas y patatas cocidas.

89. Cuando Jacqueline «Jackie» Kennedy (1929-1994) decidió casarse con el multimillonario griego Aristotelis Onassis (1906-1975), un periódico norteamericano decidió encabezar una noticia con el título «De la Callas a "la Dallas"». Alexander Onassis, hijo del armador griego, llegó a afirmar a la prensa, «explicando» esa sorprendente boda:

—Mi padre adora los apellidos, y Jackie, el dinero.

A la prensa estadounidense y, en general, norteamericana no pareció gustarle la boda, llegando alguna publicación incluso a titular así: «Jackie, ¿cómo has podido?» o «La bella y la bestia». La boda tampoco gustó a todo el mundo en el entorno de Jackie Kennedy. Su madre se negó a asistir a la boda, y una de sus mejores amigas llegó a decirle:

—¡Si te casas con ese rufián, caerás de tu pedestal!

—No tengo el menor interés en seguir siendo una estatua —respondió Jackie.

90. El actor Daniel Radcliffe (1989) describió al presentador Seth Meyer cómo, a sus once años de edad, se enfrentó a su primera entrevista televisada durante la promoción de la primera entrega de *Harry Potter.* Al parecer, allí, en el *backstage,* se encontró a Donald Trump (1946), que era otro de los entrevistados en ese mismo programa. Según contó el intérprete británico, alguien le dijo a Trump: «¿Quiere conocer al niño que interpreta a Harry Potter?». Trump, entonces empresario multimillonario y celebridad televisiva, pero todavía no candidato republicano a presidente de Estados Unidos, se acercó a Radcliffe y le preguntó qué tal estaba.

—Estoy muy nervioso. No sé qué voy a contar en el programa.

—Cuenta que has conocido a Donald Trump —le respondió Donald Trump.

2. EMPRENDEDORES Y EMPRESARIOS

91. Cuando Jean-Baptiste Colbert (1619-1683) se hizo cargo de las finanzas de Francia, hizo llamar a los principales hombres de negocios del reino. A fin de congraciarse con ellos y para ganar su confianza, les preguntó:

—Caballeros, qué puedo hacer por ustedes.

—Le rogamos, señor —le contestaron todos a una—, que no haga nada. Déjenos que lo hagamos nosotros.

92. La persona más rica de América durante la guerra de Independecia de Estados Unidos fue Robert Morris, junior (1734-1806), cuyo mayor logro fue el de haber trazado un plan para restablecer la solvencia financiera de Estados Unidos durante dicha contienda, a la vez que lograba crear una relación más cercana entre el gobierno y los negocios de la época. Morris fue el primer «hombre de negocios» de Estados Unidos, y su vida fue un modelo para millones de personas que obtuvieron el éxito en la economía norteamericana que él ayudó a crear.

93. La industrialización no se habría logrado sin la mecanización de la agricultura, y si ésta tiene un nombre propio que represente por sí solo su auge definitivo, ése es el de Cyrus McCormick (1809-1884), un descendiente de escoceses e irlandeses, hijo de un granjero e inventor nato de máquinas que facilitaran el cultivo de tierras. En 1830, su padre le regaló a Cyrus su invento de la segadora y, con ello, toda la tecnología asociada a dicho invento. En 1831, los granjeros tardaban un día en cosechar dos acres de trigo. Con su cosechadora mecánica se podían cultivar diez acres al día. Pero es que, además, implantó con ella un concepto que se propagaría y tendría aún más influencia que la propia máquina en la vida del norteame-

ricano medio y, en general, del occidental medio: el «pago a plazos», una idea revolucionaria para vender maquinaria a agricultores. Otra de sus grandes aportaciones fue el llamado «período de prueba», que daba al comprador la oportunidad de probar el producto, pudiendo asimismo devolverlo y recuperar su dinero siempre que no le gustara o no cumpliera sus expectativas.

94. Frente a los modelos de emprendedor habituales, digamos que «ortodoxos», el estadounidense Phineas Taylor Barnum (1810-1891) llegó a constituir el arquetipo de persona con buen olfato para los negocios, pero sin escrúpulos para llevarlos hasta sus últimas consecuencias. Hijo de un tabernero, desempeñó en la primera parte de su vida infinidad de oficios (entre ellos, mozo de labranza, abacero, buhonero, organizador de loterías y periodista), hasta que dio con el filón comercial de contratar y mostrar al público, previo pago, cuantas rarezas fue capaz de encontrar (o, llegado el caso, fabricar), siempre según sus dos conocidos lemas comerciales: «A la gente le gusta que la engañen» y «Cada minuto nace un primo».

Siendo aún muy joven, Barnum descubrió que el trabajo honesto no era lo suyo, por lo que, tras una estafa con cupones de lotería y el lanzamiento de un periódico llamado *The Herald of Freedom,* en el que la veracidad de las noticias era nula, terminó pronto en la cárcel. Sin desanimarse, allí aprendió todo tipo de estafas y tretas, y al salir decidió iniciarse como *showman* y embaucador de feria.

Un día, Barnum, que vivía modestamente en Nueva York con su esposa e hijos, trabó casualmente amistad con un tal Bartram, quien le contó que acababa de conocer a una anciana negra, Joyce Heth, a la que hacían pasar por nodriza del primer presidente de Estados Unidos, George Washington. Éste había nacido en 1732, es decir, casi doscientos años antes, lo cual hacía que, obviamente, fuese imposible que aún viviese tal nodriza. Barnum comprendió instantáneamente que en esa historia había un filón comercial, y rápidamente partió para Filadelfia, donde residía la supuesta nodriza, a la cual se le había enseñado a hablar de G. Washington con la familiaridad propia de quien lo había amamantado. Convencido

Barnum de las posibilidades comerciales del asunto, liquidó su pequeño negocio neoyorquino, reunió mil dólares, abandonó a la familia y comenzó una gira por Estados Unidos mostrando públicamente a «la Nodriza de Washington», sin importarle (e, incluso, avivando artificialmente) la polémica que su paso levantaba por todo el país.

Aprovechándose de este filón y aplicando a rajatabla la filosofía comercial derivada de sus citados lemas, Barnum puso en marcha un circo (una muestra de «rarezas»), para el que contrató a toda clase de artistas, animales exóticos y fenómenos y monstruos (verdaderos y falsos). Cuando su colección de curiosidades tomó un tamaño considerable, formó con ellos el American Museum, y lo abrió comercialmente al público. En él era posible admirar desde una reproducción a escala de las cataratas del Niágara hasta hombres de raza negra pero de color de piel blanco (textualmente), pasando por la llamada «Sirena de las islas Fiyi» (una mujer con una gran cola de pez adherida), el caballo lanudo y toda clase de fenómenos, y muy especialmente el enano Tom Pouce (Pulgarcito), verdadera figura estelar de su museo.

Poco después, este hombre puso en marcha, junto a su socio James Bailey, hasta entonces el más famoso circo de todos los tiempos: el Barnum & Bailey Circus. En 1858, Barnum contrató a la cantante de ópera Jenny Lind, para la que organizó una gran gira por Estados Unidos, en la que Barnum atesoró una gran fortuna. En 1881 adquirió a *Jumbo*, un enorme y famoso elefante exhibido en el Royal Zoo de Londres, considerado por los ingleses un símbolo nacional, cuyo embarque para Estados Unidos fue un acontecimiento sin igual, no exento de graves disturbios protagonizados por los ultranacionalistas ingleses que veían una afrenta en el hecho de que un yanqui les despojase del elefante. Otra de sus aventuras financieras fue el intento de compra de la casa natal de Shakespeare, que sobrevivía en pie milagrosamente, totalmente olvidada y abandonada por los ingleses. Pero, esta vez, cuando ya estaba todo dispuesto para su traslado a Estados Unidos, el rechazo popular fue tal que el gobierno británico reaccionó a tiempo y deshizo la operación. Sin embargo, en 1887, un incendio destruyó en pleno éxito su museo, que Barnum logró reconstruir con muchos esfuerzos, continuando su búsqueda de rarezas y su carrera de embaucador, charlatán y, sin duda, imaginativo empresario, cuyas vicisitudes conocemos de primera mano gracias a su libro de memorias personales, publicado en España en 1904 con el expresivo y revelador título de *El arte de hacer millones.*

95. Le preguntaron una vez al opulento magnate del acero estadounidense de origen escocés Andrew Carnegie (1835-1919):

—¿Qué es más importante para la industria: el trabajo, el cerebro o el capital?

—¿Cuál es el pie más importante en un trípode? —respondió sin dudarlo Carnegie.

96. Andrew Carnegie hacía una de sus habituales inspecciones por una de sus fábricas cuando se acercó a hablar con un empleado de cabellos grises y espalda encorvada por la edad.

—Dígame, Wilson —le preguntó—, ¿cuántos años lleva trabajando para mí exactamente?

—Treinta y nueve años, señor —contestó Wilson—, y puedo añadir que en todos estos treinta y nueve años sólo he cometido un insignificante error.

—Buen trabajo —comentó el magnate del acero—, pero a partir de ahora, por favor, intente ser más cuidadoso.

97. El banquero John Pierpont Morgan (1837-1913) obtuvo una excelente educación en finanzas. A finales del siglo XIX, había demostrado ya en varias oportunidades su capacidad de imponer el orden en situaciones caóticas. Su intervención más memorable en la economía estadounidense fue en 1907, cuando el futuro del sistema financiero se tambaleaba por la especulación financiera. Muchos retiraban su dinero de los bancos para salvar sus ahorros, haciendo que la bolsa de Nueva York contara con menos dinero disponible para sus operaciones. La única persona que podía salvar esta situación era J. P. Morgan, quien reunió a banqueros prominentes de la ciudad y al secretario del Tesoro de Estados Unidos para revisar los libros de las compañías financieras en problemas. Convenció a presidentes de bancos locales de recaudar veinticinco millones de dó-

lares para que no cerrara la bolsa por falta de liquidez, lo que causaría mayor pánico financiero. Tomó las medidas financieras necesarias para detener la pérdida de confianza por parte de los inversores. La intervención de Morgan evitó una crisis financiera en la ciudad de Nueva York y dio lugar a la creación de la Reserva Federal en 1913. Luego del abortado pánico financiero, Morgan decidió retirarse, dejando claro a políticos y banqueros el rol que debía desempeñar el gobierno para mantener el sistema financiero en buen funcionamiento.

98. El empresario e industrial estadounidense John Davison Rockefeller sénior (1839-1937) destacó principalmente en el sector petrolero, llegando al punto de crear el primer gran monopolio mundial de la historia moderna: la Standard Oil. Aquella gigantesca empresa que Rockefeller levantó a lo largo de cuarenta años llegó a controlar más del 90 por ciento del petróleo estadounidense y sostuvo extraordinarias inversiones y monopolios enteros en el extranjero. Rockefeller se convirtió en la leyenda viva del capitalismo como el hombre más acaudalado del mundo. Sobre él se cimentó la mítica dinastía familiar de multimillonarios que aún permanece vigente. Para varias generaciones, el nombre de Rockefeller fue un paradigma de inmensas riquezas, convirtiéndose en un fenómeno parecido, aunque de mayores dimensiones, al que después supuso en Europa Aristotelis Onassis, o al que representa hoy Bill Gates para las generaciones actuales.

Pero, a finales de la década de 1880, el gobierno estadounidense comenzó a fijar su atención en el desmesurado desarrollo del sector privado del país, y se decidió a reglamentarlo para favorecer un desarrollo más equilibrado y justo de las inversiones y las compañías, en defensa de la libre competencia, en un país donde tal cosa hasta entonces no existía. Por supuesto, para llevar a cabo tal reforma era necesario demostrar que no se permitirían monopolios, y la única forma de probarlo era suprimiendo al más grande y poderoso de todos, la Standard Oil.

A tal fin, el gobierno debió enfrentarse judicialmente a Rockefeller. Al gobierno le resultó muy difícil hacer frente al poderoso magnate y a su imperio. Fueron años enteros de litigios sólo para llevarle ante los tribunales, pues John D. Rockefeller dispuso de su ejército de abogados para defender sus intereses. Finalmente, se planteó el caso ante el Tribunal Superior de Justicia de Ohio, que declaró a la Standard Oil Trust un monopolio ilegal y ordenó su disolución. La decisión fue apelada por Rockefeller, pero perdió. En 1911, por fin, la compañía Standard Oil se dividió en 37 diferentes corporaciones por orden de la Corte Suprema de Estados Unidos. Aun así, Rockefeller continuó manteniendo el 30 por ciento de las acciones de todas esas compañías, y su familia continuó conservando la mayoría del resto de las acciones, por lo que su fortuna no se vio afectada. Por cierto, en el curso de aquellos juicios en la Corte Suprema, Rockefeller se defendió diciendo:

—Cuando entré en la industria petrolera existía un caos, y yo traje orden; tomé un ineficiente mercado de segunda y construí una industria. Lo hice de esa manera porque así tenía que hacerse. Nadie se quejó cuando yo proporcioné luz a todos los hogares, nadie se quejó cuando yo proporcioné miles de empleos, millones de puestos con las exportaciones. El petróleo es lo que mueve a este país. Usted lo llama monopolio; yo lo llamo empresa. Ahora, dígame: ¿Por qué estoy aquí?

99. Cuando John D. Rockefeller tenía siete años de edad puso en marcha su primer negocio lucrativo: la crianza y venta de pavos.

100. En cierta ocasión, el inventor estadounidense Thomas Alva Edison (1847-1931) se presentó ante el presidente de una gran empresa para intentar venderle uno de sus primeros inventos: un tablero automático (eléctrico) de cotizaciones de bolsa. Llegado el momento de fijar el precio, Edison dudaba de si pedir tres mil dólares o arriesgarse y pedir cinco mil. Ante la duda, le rogó a aquel hombre de negocios que le hiciera una oferta. El ejecutivo lo consideró y le dijo:

—¿Qué le parecen cuarenta mil dólares?

101. Henry Ford (1863-1947) desmontó y trasladó el edificio del laboratorio eléctrico de Thomas Alva Edison de Menlo Park (Nueva Jersey) a Dearborn (Míchigan). Una vez vuelto a ensamblar, el

edificio fue inaugurado el 29 de octubre de 1929. Tras la ceremonia, Ford preguntó a Edison qué le parecía.

—Es noventa y nueve y medio por ciento perfecto —contestó Edison.

—Vaya, ¿qué es lo que está equivocado? —preguntó Ford, que hasta entonces estaba plenamente orgulloso de la reconstrucción.

—Bueno, no solíamos tener el sitio tan limpio —le aclaró Edison.

102. Una noche tormentosa, un distinguido hombre de mediana edad y su esposa entraron en un lujoso hotel de la ciudad estadounidense de Filadelfia, fueron a la recepción y preguntaron si tenían alguna habitación libre. El conserje, de modales muy educados, se excusó con una sonrisa en los labios:

—Lo siento, señores. Hay tres convenciones simultáneas en Filadelfia. Todas las habitaciones, las de nuestro hotel y las de los demás, están ocupadas.

Ante la evidente angustia de la pareja, el empleado añadió:

—Ahora bien, como no puedo enviarlos fuera con esta lluvia, si ustedes aceptan la incomodidad, puedo ofrecerles mi propio cuarto. Yo me arreglaré en un sillón de la oficina.

El matrimonio rechazó el amable ofrecimiento, pero el conserje insistió y, finalmente, terminaron por ocupar su cuarto. A la mañana siguiente, al pagar la cuenta, el hombre pidió hablar con el conserje de la noche y le dijo:

—Usted es el tipo de gerente que yo tendría en mi propio hotel. Quizá algún día construya un hotel para devolverle el favor que nos ha hecho.

El conserje tomó la frase como un simple cumplido, y todos se despidieron amistosamente. Dos años después, en 1890, el conserje recibió una carta de aquel hombre, en la que le enviaba un pasaje de ida y vuelta a Nueva York y le solicitaba que les visitase. Movido por la curiosidad, el conserje acudió a la cita. Una vez reunidos, el antiguo cliente lo llevó a la esquina de la Quinta Avenida y la calle Treinta y cuatro, señaló con el dedo un imponente edificio de piedra rojiza y le dijo:

—Éste es el hotel que he construido para usted. El conserje sólo acertó a balbucear:

—¿Es una broma, verdad?

—Le aseguro que no —le contestó sonriente el señor.

Así se cuenta que fue como William Waldorf Astor (1848-1919) construyó el Waldorf Hotel de Nueva York en el solar que posteriormente ocuparía en parte el Empire State Building, y que dos años después daría origen al famoso Waldorf-Astoria, y contrató a George C. Boldt (1851-1916), como su primer gerente propietario.

103. Cuando Franklin Winfield Woolworth (1852-1919) abrió su primera tienda, un comerciante de la misma calle trató de ganar la partida a la nueva competencia y colgó en su establecimiento un gran letrero: «Haciendo negocios en este mismo lugar desde hace más de quince años». Al día siguiente, Woolworh colgó su propio letrero: «Establecido hace una semana; no quedan artículos en existencias».

104. Desde pequeño, el neoyorquino Franklin W. Woolworth (1852-1919) aspiraba a ser comerciante. En 1873, a los veintiún años de edad, comenzó a trabajar en una tienda de tejidos de Watertown, en Nueva York. Durante los primeros tres meses, trabajó gratis, ya que, como explicó el dueño: «¿Por qué debo pagarle si le enseñaré sobre el negocio?». Ya con un pequeño sueldo, trabajó allí seis años más.

Un día, viendo que el almacén estaba repleto y era conveniente renovar el inventario, convenció a su jefe para proceder a un saldo de todos los artículos sobrantes a un precio fijo de cinco centavos. El jefe estuvo de acuerdo, y la idea fue un éxito rotundo. Esto inspiró a Woolworth a abrir sus propias tiendas con un precio fijo por artículo de cinco centavos («todo a 1 nickel»). Como necesitaba un capital con que iniciar su empresa, le pidió a su jefe que le prestase trescientos dólares a interés. Pero el jefe se lo negó, aduciendo que:

—La idea es demasiado arriesgada. No hay suficientes artículos para vender a sólo cinco centavos.

Sin embargo, Woolworth siguió adelante con su proyecto y abrió la F. W. Woolworth Company. Además, promovió la práctica, ahora común, de comprar la mercancía directamente a los fabricantes y de dar precios fijos a los artículos. Estableció su primera tienda en Utica (Nueva York), el 22 de febrero de 1879, pero, tal y como había pronosticado su jefe, fracasó a las pocas semanas.

Tampoco esto le arredró. Al abrir su segunda tienda, en Lancaster (Pensilvania), en abril de 1879, amplió el concepto e incluyó mercancías a diez centavos. Esta vez sí que fue un éxito, y en poco tiempo Woolworth abrió numerosas tiendas de «todo a 5 y 10 centavos». En 1911, la F. W. Woolworth contaba con 586 almacenes fundados por los hermanos Woolworth o con sus mismos conceptos.

La riqueza de Woolworth era tal que, en 1913, construyó en Nueva York el edificio Woolworth, por entonces el edificio más alto del mundo con una altura de 241,4 metros y una inversión de 13,5 millones de dólares. En 1916, también construyó una suntuosa mansión en Nueva York, de cuyo lujo da idea que sólo para el cuidado del jardín se requería a más de setenta jardineros a tiempo completo. La mansión tenía 56 habitaciones y era atendida por docenas de criados, y su decoración reflejaba la fascinación de Woolworth por la egiptología, Napoleón y el espiritualismo. Sólo la gran escalera central de mármol rosado le costó dos millones de dólares. Fue tal su prosperidad que su antiguo jefe llegó a afirmar:

—Por los cálculos que he hecho, cada una de las palabras con que traté de hacer desistir a Woolworth me costó alrededor de un millón de dólares.

105. En cierta ocasión, el presidente y consejero delegado de General Motors, Alfred P. Sloan (1875-1966), sorprendió a su consejo de dirección, diciéndoles:

—Si todos estamos de acuerdo con la decisión, yo les propongo que aplacemos la discusión de este tema hasta la próxima junta, para así darnos tiempo de desarrollar puntos de desacuerdo y quizá de este modo entender mejor de qué se trata esta decisión.

Aunque pareciera contraintuitivo, Sloan tenía claro que la toma de decisiones exitosas conlleva posicionamientos, argumentación, discusión, análisis, convencimiento y, finalmente, decisiones en sí. Para él, una decisión que se toma sin discusión significa que no ha sido pensada lo suficientemente bien. Sloan no estaba en contra de tomar decisiones, sino que estaba en contra del consenso sin una discusión que lleve a ese consenso.

106. En 1901, el diplomático y empresario austrohúngaro Emil Jellinek (1853-1918) encargó a la empresa Daimler un coche que superase la por entonces increíble velocidad de 40 km/h, un bólido con el que poder vencer en las carreras con que la alta sociedad se divertía en la Costa Azul. Cuando aquel automóvil comenzó a hacerse famoso en aquel ambiente alguien le preguntó por su nombre. Jellinek no supo qué decir y, para ganar tiempo, llamó a su hija de diez años para que ella, con su ingenuidad, le ayudara a bautizarlo: «¡Mercedes!». Quienes le rodeaban pensaron que esa era su respuesta y él, encantado con la confusión, no deshizo el malentendido; así que el coche fue a partir de entonces el Mercedes 35 HP. Tres años después, el propio Jellinek cambió su apellido a Jellinek-Mercedes, comentando que «ésta es probablemente la primera vez que un padre toma el nombre de su hija». En adelante, firmaría como «E. J. Mercedes». En 1926, la empresa se fusionaría con Benz & Cie., dando origen a la mítica Mercedes-Benz.

107. Con cuarenta años, King Camp Gillette (1855-1932) era un simple comercial de tapones para botellas, aunque, eso sí, no había perdido su ilusión de llegar a hacer algo que le permitiera ser recordado por la posteridad. Por entonces, los hombres se afeitaban con una cuchilla que continuamente había que afilar frotándola contra una correa de cuero. Gillete pensó que como él estaba harto de tener que afilar continuamente su cuchilla de afeitar, como ya existía la hoja de afeitar de doble filo y como la necesidad de afeitarse iba a ser una constante, sería un buen negocio fabricar un artilugio para afeitarse con mango y cuchilla desechable. Gillete fue haciendo prototipos de navajas seguras de acero e introdujo un estampado en el filo para personalizar su diseño. Al final le

costaría seis años fabricar un prototipo que pudiera patentar. Aunque ya existían varios modelos en el mercado parecidos a lo que él había pensado, su gran innovación fue incorporar una hoja delgada y de bajo costo de acero estampado y desechable. El primer año de comercialización, 1903, fue realmente decepcionante: vendió 51 maquinillas y 168 cuchillas desechables. Pero perseveró, y, probando todas las estrategias de marketing habidas y por haber, y con una política de precios bajos, al año siguiente ya vendió más de noventa mil maquinillas; diez años más tarde vendía ya setenta millones en todo el mundo.

108. En sus últimos años de vida, King Camp Gillette, el primer comercializador de una maquinilla de afeitar desechable, viajó extensamente y fue universalmente reconocido por su retrato en los paquetes de hojas de afeitar. La gente no paraba de saludarlo y agasajarlo, pues se sorprendía de que fuera una personal real la de la imagen de la propaganda.

109. El empresario periodístico estadounidense William Randolph Hearst (1863-1951) ofreció al columnista Arthur Brisbane (1864-1936) unas vacaciones pagadas de seis meses como premio por su dedicado y exitoso trabajo como editor en su periódico, *The New York Journal*. Cuando Brisbane lo rehusó, Hearst le preguntó por qué, y el columnista le dio dos razones:

—La primera es que si dejo de escribir durante seis meses eso dañará la tirada de sus periódicos. —Hizo una pausa y añadió—: La segunda razón es que no la dañará.

110. En 1897, días antes de que se desatara la guerra de Cuba entre España y Estados Unidos, el magnate de la prensa William Randolph Hearst, inventor de la llamada «prensa sensacionalista», o «prensa amarilla», protagonizó una anécdota reveladora de sus métodos empresariales. Se cuenta que, a finales de año, Hearst envió a La Habana al artista Frederic Remington (1861-1909) para que hiciera unos dibujos *patrióticos* de la campaña que enardecieran el espíritu belicista de los lectores de su periódico, *The New York Journal*. El acorazado norteamericano *Maine* acababa de ser hundido

en el puerto de La Habana, y se esperaba una declaración inmediata de guerra. Pero como ésta no acababa de llegar, el dibujante, tras varios días de infructuosa estancia en La Habana a la espera de acontecimientos, envió un cable al empresario, preguntando si debía regresar:

—Todo está en calma. No hay problemas. No habrá guerra.

—Por favor, continúe en su puesto —contestó tajante Hearst—. Si usted me suministra las ilustraciones, yo le suministraré la guerra.

Así pues, a nadie le extrañará que Hearst afirmara en más de una ocasión:

—Si no pasa nada, tendremos que hacer algo para remediarlo: inventar la realidad.

111. Las dos primeras empresas automovilísticas de Henry Ford (1863-1947) fracasaron, pero eso no le impidió crear después la Ford Motor Company, ser el primero en aplicar la línea de montaje de fabricación para la producción de automóviles asequibles en el mundo y dar el espaldarazo definitivo a la industria automovilística.

En 1899, junto con otros inversores, Ford formó la Detroit Automobile Company, compañía que pronto acabó en bancarrota debido a que Ford no paraba de mejorar los prototipos en lugar de fijar un modelo y comenzar a venderlo. Tras el fracaso, siguió haciendo carreras entre su coche y los de otros fabricantes para demostrar la superioridad de su diseño, y pronto creó la Henry Ford Company. Pero, en 1902, Ford aún seguía trabajando en su coche de carreras, con el consecuente perjuicio para sus inversores, que querían ya un modelo preparado para la venta; así que estos últimos trajeron a Henry M. Leland para que lo llevase a cabo. Ford renunció ante este menoscabo de su autoridad, y así lo explicó:

—Dimití determinado a no volver nunca jamás a ponerme bajo las órdenes de nadie.

La compañía fue reorganizada bajo el nuevo nombre de Cadillac.

112. Pese a su poco afán innovador, Ford y su equipo estudiaban a fondo cada coche de la competencia que salía al mercado. Querían descubrir si alguno tenía características o prestaciones interesantes que incorporar. De manera que lo compraban, lo probaban en carretera y lo desmontaban para ver cómo y de qué estaba hecho. De esta manera, Ford se hizo con unos cuantos automóviles para uso personal, y la prensa empezó a acusarle de no hacer uso de la marca Ford. En cierta ocasión, pasando por Nueva York y conduciendo un vehículo de otra marca, los reporteros se le acercaron a preguntarle por qué no iba en un Ford. Su respuesta fue, no muy convincente, pero cuando menos, ingeniosa:

—Verá usted..., en realidad es que estoy de vacaciones. Y como voy sin prisa, ésa es la razón por la que no me importa mucho la hora a la que voy a llegar a casa. Ése es el motivo por el que no voy en el Ford.

113. Preguntado sobre la mejor forma de configurar el organigrama y de definir el liderazgo en cualquier organización, el empresario estadounidense Henry Ford contestó:

—La pregunta de «¿quién debe ser el jefe?» es como aquella otra de «¿quién debe ser el tenor en el cuarteto?». Obviamente, el que tenga voz de tenor.

114. Henry Ford descubrió una buena manera de ahorrar tiempo. Mejor que hacer que sus gerentes le visitaran en su despacho cuando tuvieran un problema que discutir, Ford prefería ir él a sus despachos a tratarlo. Ford decía que desarrolló este método cuando descubrió lo mucho más fácil que era para él abandonar el despacho de cualquier otro que conseguir que esa misma persona se fuera del suyo.

115. La secretaria del productor de cine estadounidense de origen polaco Samuel Goldwyn (1879-1974) trataba de hacer hueco en sus atestados archivos y le pidió permiso a su jefe para destruir las carpetas de documentos que llevaran inactivas más de diez años.

—¡Adelante! —le dijo el superproductor—, pero asegúrate antes de sacar copias.

116. En los primeros años de la década de 1920, el modelo tradicional de eficiencia operativa y bajos precios implantado por Henry Ford en su empresa comenzaba a manifestar su agotamiento. Pronto se volvió evidente para todos (menos para Ford) que estaban quedando atrás sus tiempos. Estaba claro que los clientes querían modelos de otros colores y mejor equipados. El público pedía diseño y confort. Pero Ford veía las cosas de manera diferente. Si bien sus ejecutivos de ventas le comentaban las nuevas peticiones de los clientes, Henry se resistía. Desde su perspectiva, el Modelo T tenía todo lo que una persona podía necesitar («¿Para qué quiere el público un sistema de ignición eléctrico?», se preguntaba).

En lugar de ir mejorando gradualmente su modelo de acuerdo con las variaciones en las preferencias del mercado, Ford creía que había que diseñar «el automóvil correcto» y venderlo indefinidamente. Así, tardó una eternidad en introducir cambios radicales en el modelo. General Motors y Chrysler, con sus vehículos de mayor confort y estética, crecían vertiginosamente mientras declinaba la cuota de mercado de Ford. Sólo en 1927, mucho después de advertirse los primeros síntomas de problemas de comercialización de sus vehículos, Henry Ford aceptó que necesitaba un cambio. Así, dejó de fabricar el Modelo T y lanzó el Modelo A, con mayores opciones de diseño y personalización. En el camino, había perdido el liderazgo absoluto del mercado automotriz de Estados Unidos.

117. Como muestra de la terquedad de Henry Ford a la hora de modernizar sus automóviles, se cuenta que, en 1912, al regresar el magnate de la industria automovilística estadounidense de un viaje por Europa, llegó a su factoría y se encontró con una sorpresa: sus ingenieros habían construido una versión mejorada de su buque insignia, el Modelo T. Tras unos segundos de inspección, Ford sacó las manos de los bolsillos y comenzó a destruir a golpes, personalmente, el vehículo, gritando a los cuatro vientos algo así como:

—El Modelo T es mi creación personal y es lo que los americanos quieren. Jamás morirá, nadie tiene derecho a modificar mi invento.

Y, efectivamente, durante una década, así fue: el Modelo T no tuvo competidor y mantuvo la primacía de Ford en el mercado. Sin embargo, la competencia trabajó mucho en I+D, todo lo contrario que Ford, que básicamente se limitó, con muchas reticencias, a cambiar la gama de colores de la carrocería, y eso sólo hasta que, al instaurar la cadena de montaje en todas sus fábricas, se optó por reducir la gama al negro, color que secaba antes. A partir de entonces, en famosas palabras del propio Ford:

—Cualquier cliente puede tener el coche del color que quiera, siempre y cuando sea negro.

Pero, efectivamente, en 1925, Chevrolet sacó al mercado un nuevo modelo que inmediatamente acaparó la atención de los compradores y desbancó a Ford, marca que redujo sus ventas prácticamente a la mitad. Ford dejó de fabricar el Modelo T en 1927, pero jamás recuperó la posición de vanguardia.

118. Durante la primera guerra mundial, un periódico publicó ciertos editoriales en los que se decía que Henry Ford era «un pacifista ignorante». Ford los demandó por injurias. En el juicio, los abogados del periódico trataron de demostrar que, si bien tenía una preparación muy especializada en su sector, Ford en realidad carecía de conocimientos generales. Y, para demostrar que era un ignorante, le hicieron una serie de preguntas del tipo: ¿Quién fue Benedict Arnold? o ¿cuántos soldados británicos se enviaron a América para sofocar la rebelión de 1776? En respuesta a la última pregunta, Ford respondió:

—No sé el número exacto de soldados británicos enviados a América, pero he oído decir que era un número considerablemente mayor del que regresó.

119. Ya en el ambiente previo a la segunda guerra mundial, los vínculos de Henry Ford con Hitler y el apoyo a las ideas nazis nunca se le perdonarían al creador del imperio del automóvil. Se le acusó de hacer propaganda del antisemitismo en Estados Unidos desde las páginas de su periódico *Dearborn Independent.* Además, Ford apoyó al Partido Nacional Socialista alemán durante la segunda guerra mundial, y su fábrica en Francia produjo automóviles y motores de aviones que se vendieron al ejército de la Wehrmacht.

120. En 1921, Henry Ford llegó a afirmar que «la vaca debe desaparecer». El industrial, siempre iconoclasta y muy original en sus ideas, propuso que la leche fuera fabricada sintéticamente, ya que consideraba que las vacas eran unos animales inútiles y sucios, como bien sabía él, que las había tenido que ordeñar durante años en la granja de su padre, en la que se crio. Para él, la vaca simbolizaba la pereza, y una vez la describió como «la máquina más tosca del mundo». Los científicos de los laboratorios de Ford fueron instruidos para encontrar sustitutos de los productos cotidianos porque el jefe estaba convencido, aunque fuera irracionalmente, de que si desaparecieran todas las vacas no volvería a haber guerras en el mundo.

121. Como prueba suplementaria de su originalidad de pensamiento, Henry Ford también estaba convencido de que la soja era una materia prima muy prometedora. Tan seguro estaba Ford de que la soja podía ser convertida en un gran rango de productos con valor comercial que apareció una vez en una convención con todos sus atavíos, excepto sus zapatos, producidos a partir de la soja.

122. Henry Ford hizo que su tempranamente malogrado hijo Edsel Bryant Ford (1893-1943) estudiara ingeniería, dentro de su plan general de que heredara su negocio. Un amigo le preguntó:

—¿Usted cree que su hijo necesita ser ingeniero para dirigir este negocio?

—No lo necesita —respondió Ford—. Aunque el hombre que sabe, si hace bien las cosas, siempre encuentra trabajo, en el caso de la elección de un jefe siempre se elige al hombre que sabe por qué se hacen, aunque no las sepa hacer.

123. El fundador y presidente de IBM, Tom Watson sénior (1874-1956), fue el responsable del crecimiento de la empresa hasta convertirla en una poderosa multinacional (entre los años veinte y los años cincuenta del siglo pasado). Desarrolló su efectivo estilo de dirección, y convirtió IBM en una de las empresas de más éxito en ventas gracias a las tarjetas perforadas que fabricaba. Pues bien,

se cuenta de él que cuando, en el curso en una reunión del consejo de su empresa, todos estaban de acuerdo con lo que él proponía, tenía por costumbre abandonar la reunión durante al menos quince minutos, advirtiendo antes de irse:

—¡Y cuando regrese espero que alguien me lleve la contraria!

124. El perfumero francés de origen corso François Coty (1874-1934) se hizo rico de la noche a la mañana, aunque le costó. Tras crear un perfume muy original, no conseguía colocarlo en ningún comercio, hasta que un día, harto de tantos desprecios, en un arrebato de ira, comenzó a romper contra el suelo frascos de su perfume en la sección de perfumería de los Grandes Almacenes del Louvre. Todas las clientas que había en el establecimiento, atraídas tanto por el escándalo como por el agradable aroma, siguieron su rastro hasta topar con el indignado Coty. Al preguntarle aquellas damas de dónde provenía tan agradable efluvio, Coty cambió de expresión y amablemente les explicó que se debía a la rosa Jacqueminot. Sedujo tanto su explicación y su perfume, que fue un éxito de ventas abrumador ese día y los siguientes.

125. Coty se enriqueció inmensamente gracias a la perfumería, pero su proyecto vital iba mucho más lejos. No se conformaba con ser uno de los magnates de los perfumes, y quería poder llegar a influir en toda la sociedad, además de albergar sueños de dictador. A tal fin, en 1922, compró el periódico *Le Figaro* para difundir su ideario político y su filosofía comercial. En 1931, fue elegido alcalde de su ciudad natal. Finalmente, Coty, que había financiado movimientos y organizaciones de extrema derecha como Le Faisceau, Action Française o la Croix-de-Feu, fundó, en la primavera de 1933, su propio partido: Solidarité Française. Para su desgracia, el negocio comenzó a tener problemas y, entre 1921 a 1933, se arruinó. A finales de 1933, sus problemas económicos le condujeron a vender *Le Figaro*, y, posteriormente, poco antes de su muerte, también vendió *L'Ami du Peuple*, diario fundado en 1928 por él mismo. Murió solo, pobre y olvidado. Antes había confesado a un amigo que moriría sin haber conseguido crear el olor de la flor de madreselva, uno de sus grandes sueños.

126. Charles Merrill (1885-1956) fue quien dio a conocer a las clases medias las ventajas de invertir su dinero en la bolsa de valores. Tras levantar un sólido entramado empresarial en la industria maderera y en los bienes raíces, y tras acumular un inmensa fortuna en diversos estados del Medio Oeste, llegó a Nueva York en 1907, justo en pleno pánico económico. Conoció a Edmund Lynch, con quien formó Merill, Lynch & Co. Su idea fue buscar nuevos clientes para la bolsa de Nueva York, centrándose, en las clases medias. En pocos años, Merrill consiguió muchos pequeños accionistas de clase media para las cadenas de tiendas que cotizaban en el mercado de valores mediante una novedosa arma mercantil: la publicidad. Gracias a una campaña informativa en vallas, avisos en prensa y artículos de revista, el público norteamericano comenzó a conocer la bolsa de valores, dedicando por primera vez sus ahorros a comprar acciones de estas cadenas de tiendas.

127. La historia de los dos hermanos fundadores de las dos mayores marcas de indumentaria deportiva del mundo, Adidas y Puma, es digna de ser contada. Alemanes, hijos de un zapatero, comenzaron juntos su carrera empresarial. El joven Adolf «Adi» Dassler (1900-1978) comenzó a producir su propio calzado deportivo en la cocina de su madre, a su vuelta de la primera guerra mundial. Decidió utilizar su apodo y la primera sílaba de su apellido para darle nombre a su gran emprendimiento: Adidas. En 1924, su hermano Rudolf Dassler (1898-1974) se sumó al negocio. Al principio, los hermanos Dassler confeccionaban zapatillas y pantuflas sin marca, especialmente calzado con clavos para los que gustaban de correr al aire libre con las rigurosas temperaturas del invierno alemán, y pronto lo hicieron también para el equipo de atletismo alemán. Buena calidad en los materiales, perfecta manufactura, resistencia extrema... Con Adi en el papel de artista introvertido, y Rudolf como experto en relaciones públicas, la pareja de hermanos logró comercializar sus productos en la villa olímpica en los Juegos Olímpicos de Berlín de 1936. El advenimiento del nazismo (del cual eran partidarios) les supuso una ventaja económica, al ser el deporte utilizado por los nazis como espejo perfecto para mostrar al mundo la perfección aria.

Pero el clima entre los hermanos comenzó a tensarse durante la segunda guerra mundial. Por orden del Tercer Reich, la fábrica de calzado se reconvirtió en taller de tanques y repuestos de lanzamisiles. Adi se libró de empuñar armas para hacerse cargo del bélico rumbo que había tomado su empresa. Rudolf, convencido de la causa nazi y espía de las SS, se unió a las tropas en Sajonia, desde donde escribió una misiva a su hermano que indicaba ya el origen de sus desavenencias:

—No dudaré en pedir el cierre de la fábrica para que tengas que asumir una ocupación que te permita jugar a ser jefe y, como deportista de élite que eres, tengas que llevar un arma.

Terminada la guerra, Rudolf dejó la empresa para crear la suya propia, la competidora Puma. Y ahí comenzó una batalla comercial fratricida sin demasiados escrúpulos. La disputa se extendió más allá de ellos, pasando a los hijos y, en la actualidad, los nietos de ambos. Adolf Dassler (Adidas) y Rudolf Dassler (Puma) crearon dos emporios de calzado deportivo y patrocinaron a las mejores estrellas del siglo XX. Murió cada uno odiando al otro, quizá convencidos ambos de que la suya propia era la mejor manera de vivir.

128. Ray Kroc (1902-1984), el magnate dueño de McDonald's, dijo en cierta ocasión:

—Es fácil tener principios cuando eres rico. Lo importante es tener principios cuando eres pobre.

129. La firma Toyota desestimó contratar como ingeniero al joven Soichiro Honda (1906-1991) porque no lo creyeron capaz para dicho puesto. Él no perdió su ilusión y su amor por los motores, y empezó a hacer motos por su cuenta. Fundó la firma Honda Motors, y llegó a ser multimillonario. Hoy, su empresa es quizá incluso más importante que la propia Toyota.

130. La familia del senador republicano por Arizona Barry Goldwater (1909-1998) poseía uno de los más antiguos grandes almacenes de Phoenix (Arizona). Una vez, el senador apareció en una fiesta de Washington con un esmoquin de lujo con solapas de muaré que formaban un dibujo de flores.

—Una de las cosas que tiene ser propietario de unos grandes almacenes —dijo Goldwater— es que tienes que vestir con lo que no se vende.

131. Ferruccio Lamborghini (1916-1993) era un próspero fabricante de tractores, máquinas de aire acondicionado y sistemas de unidades calentadoras. Dado su poder adquisitivo y sus aficiones, después de la segunda guerra mundial, adquirió varios coches deportivos, incluido uno de la marca Ferrari. Sin embargo, el Ferrari le empezó a dar problemas.

—Mi ferrari tenía problemas con el embrague. Mientras se conducía normalmente, todo iba bien, pero cuando se intentaba ir más fuerte, el embrague patinaba al acelerar... Simplemente, no hacía su trabajo.

Como buen mecánico que era, trató de solucionar el problema por su cuenta. Y así descubrió que su Ferrari, un coche de superlujo, tenía el mismo embrague que uno de sus tractores. Como es lógico, Ferruccio se enfadó porque entendía que un modelo deportivo como el Ferrari necesitaba piezas de mayor calidad que las que usaba un modesto tractor agrícola. Ferruccio acudió repetidamente al servicio técnico de Ferrari para que le cambiaran el embrague; y en cada ocasión se llevaban el coche varias horas sin permitirle observar cómo lo reparaban. Pero el problema con el embrague no desaparecía, por lo que Ferruccio decidió hablar directamente con Enzo Ferrari. Tuvo que esperar mucho tiempo a que éste le recibiera, pero al fin pudo hablar con él. La conversación no fue por buenos derroteros y acabó con Lamborghini diciéndole a Ferrari:

—¡Tus coches son una basura!

—Lamborghini —respondió de muy malos modos Ferrari—, usted puede ser capaz de conducir un tractor, pero nunca será capaz de conducir como debe ser un Ferrari.

Ferruccio se sintió insultado. Tanta fue su impotencia y rabia que se juramentó para darle una lección a Ferrari y fabricar por su cuenta un coche mejor que cualquiera de los suyos, demostrándole de paso que los supercoches no deberían ser tan poco fiables como eran los Ferrari de entonces.

Para alcanzar su objetivo, Ferruccio fundó su propia fábrica de coches deportivos y contrató a dos exingenieros de Ferrari, Gianpaolo Dallara y Robert Wallace, para que le ayudaran. Su primer coche de producción, el Lamborghini 350 GT, era superior en todo lo que Lamborghini había criticado a Ferrari. Su tercer modelo, el Lamborghini Miura, era un coche innovador que pronto se haría legendario y que vino a dar comienzo al tipo de los superdeportivos con el motor en el eje trasero. Desde entonces, Lamborghini desarrolló muchos diseños únicos: automóviles lujosos, atractivos y seguros.

Pero, en 1972, Lamborghini realizó fuertes inversiones para el aumento de la capacidad de su fábrica de tractores y poder atender un pedido hecho por una nación sudamericana. Sin embargo, el pedido fue cancelado, y las pérdidas lo forzaron a vender parte de su fábrica. Ferruccio vendió parte de Lamborghini Automobili un año más tarde, se retiró y se dedicó a la vida de agricultor, viviendo en un viñedo que había comprado antes.

132. El símbolo de la empresa Lamborghini, un toro, fue tomado del signo zodiacal de su propietario Ferruccio Lamborghini, Tauro. Pero, además, él era un apasionado de la fiesta taurina española. El Lamborghini Miura fue llamado así por el ganadero de toros bravos español Eduardo Miura. El Lamborghini Islero recordó al toro *Islero*, de Miura, que mató el 28 de agosto de 1947 al célebre torero español Manolete. El Lamborghini Espada recordaba el arma de los toreros. El Lamborghini Jarama tenía una ambigüedad interesante: «Jarama» es un topónimo relacionado tanto con la crianza de toros bravos como con un circuito español. El Lamborghini Countach, el último modelo desarrollado bajo la propiedad de Ferruccio Lamborghini, rompió con esta tradición, ya que el nombre no tiene ninguna base en la tauromaquia. Durante años, se pensó que era un equivalente verbal a un aullido de lobo en italiano, sin embargo, *countach* es una expresión italiana utilizada cuando algo (generalmente una mujer) resalta sobremanera. Los posteriores propietarios de la empresa volvieron a la tradición, nombrando a los modelos Diablo (en recuerdo del mítico y fiero toro *Diablo*), Murciélago (en homenaje al famoso toro *Mur-*

ciélago, que generó una de las castas más apreciadas de Eduardo Miura) y Gallardo (nombre de otra de las castas más laureada de la ganadería Miura).

133. Como fabricante de automóviles deportivos, Ferruccio Lamborghini era único en su trabajo. Mientras otros procuraron demostrar la velocidad, fiabilidad y superioridad técnica de sus coches mediante su participación (a poder ser victoriosa) en las carreras deportivas, Lamborghini declaró tajantemente que su empresa no participaría ni apoyaría los motores de carreras. Eso contrastaba con la política de Ferrari, para quien el objetivo principal de sus coches de producción era el de generar ingresos para financiar su participación en las carreras. La política de Lamborghini causó tensión entre él y sus ingenieros, que compartían opinión con Ferrari. Varios de ellos comenzaron a desarrollar un coche con el motor en el eje trasero y con el potencial de un motor de carreras. Lamborghini descubrió el proyecto en la etapa de prototipo y, tras no pocas tensiones, finalmente les permitió seguir con él, pero insistió en que no habría ninguna versión de carreras. El modelo sería llamado Lamborghini Miura.

134. El creador de la mayor cadena minorista del mundo, Walmart, Sam Walton (1918-1992), comenzó su trayectoria empresarial con un error que estuvo a punto de arruinar su negocio. Para abrir su primera tienda suscribió un contrato de alquiler de un local por cinco años, sin pensar en la necesidad de incluir una cláusula para la renovación o ampliación del plazo del arrendamiento. Cuando el contrato expiró, el dueño recuperó el local de Walton, a pesar de sus súplicas, y entregó el que se había convertido en un próspero negocio a su hijo, para que éste aprovechara el tirón comercial del negocio de Walton. Éste no pudo encontrar otro lugar adecuado para el comercio en la misma ciudad. Sin embargo, no cayó en la desesperación y se fue a buscar fortuna a otro lugar. Tras recorrer varias ciudades, se ubicó en Bentonville (Arkansas), ciudad donde comenzó la exitosa historia de Walmart.

135. Sam Walton, el fundador de la cadena minorista de supermercados Walmart, viajó sólo una vez en primera clase, siempre se ajustaba a la política de la compañía e incluso compartía la habitación en los hoteles, como los demás. Aún se recuerda lo sucedido en una reunión, en la que, orgulloso, se puso de pie para mostrarles a todos la marca de su cazadora:

—Walmart, cincuenta dólares; ¿y los pantalones? Walmart, por dieciséis dólares —exclamó Walton.

136. Lee Iacocca (1924) logró llegar a la cima de Ford Motor Company, pero, después de unas cuantas malas ideas, fue despedido de la compañía por sus continuas discrepancias con Henry Ford II (1917-1987), nieto del fundador y presidente de la compañía. Pronto fue captado por Chrysler, que por entonces estaba en una situación bastante comprometida. Gracias a un préstamo del gobierno que consiguió, Iacocca resucitó a la compañía, aportó algunas ideas que habían sido ignoradas en Ford y ocupó el puesto de presidente y consejero delegado de Chrysler, con gran éxito, hasta 1992.

137. El empresario estadounidense John Ferolito, fundador de la empresa fabricante de té helado embotellado AriZona Green Tea, fue objeto de una demanda que afirmaba que había sido negligente al repetir el golpe de salida en una partida informal de golf (lo que en el lenguaje de este deporte se llama un «*mulligan*») y golpear a otro golfista con su bola, dejándolo inconsciente. El incidente ocurrió en el hoyo dieciséis del campo de golf de East Orange, donde Ferolito y su compañero jugaban contra otro par de jugadores aficionados. Aunque en estos casos el principio general es que los accidentes y las lesiones son el resultado previsible de la actividad deportiva y que los jugadores asumen ese riesgo cuando participan, el abogado de la persona afectada por el tiro desviado de Ferolito argumentó que:

—Anticipar que alguien va a golpear un *mulligan* a quemarropa no es una parte estándar del juego.

138. Parece ser que los fundadores de la compañía Intel, Gordon Moore (1929) y Robert Noyce (1927-1990), antes de decidirse por el

nombre comercial de su empresa, barajaron otros, como Digicom. Este mismo nombre fue utilizado veinticinco años después por el escritor Michael Crichton (1942-2008) en una de sus afamadas novelas, cuya historia se desarrollaba en el ambiente de una empresa dedicada a la fabricación de chips informáticos. La novela sirvió además como base para el guion de la película *Acoso*, dirigida por Barry Levinson y protagonizada por Michael Douglas y Demi Moore.

139. Según parece cuando Gordon Moore y Robert Noyce, fundadores de la compañía Intel, eligieron ese nombre para su empresa y fueron a registrarlo se encontraron con la sorpresa de que ya estaba registrado. Una pequeña cadena de moteles llevaban varios años utilizándolo. Tanto les interesaba el nombre a los dos empresarios que no dudaron en buscar al propietario de la cadena hotelera y hacerle una gran oferta por los derechos del nombre. Evidentemente, la oferta debió de ser muy buena, ya que poco tiempo después comercializaron sus productos informáticos con ese nombre.

140. Ronald M. «Ron» Popeil (1935) es un inventor y vendedor estadounidense (versión moderna del antiguo vendedor de feria) de gran popularidad por su enfoque directo del marketing, por sus apariciones en informativos comerciales y teletiendas y por el uso de frases ya proverbiales como: «Pero, espere, ¡que aún hay más!» o «Sólo enciéndalo y olvídese». Ron Popeil es un inveterado inventor de utensilios de dudosa necesidad, pero de curiosa eficacia, un perpetuo animador de la televisión nocturna estadounidense, que creó indudablemente escuela y dio lugar a una ingente cantidad de imitadores y seguidores entusiastas, además de dar alas a la revolución industrial y al hogar moderno con dispositivos tan útiles (o no tanto) como el «Verduromatic», la «Caña de pescar de bolsillo», el «Revientagorras», el «Señor micrófono» o el «Batidor de huevos desde dentro de la cáscara». A medio camino del inventor excéntrico, pero sincero y autoconvencido, y del entusiasta y vocinglero maestro de ceremonias de circo, Popeil no sólo se hizo popular, sino también rico. Su gran peculiaridad es

que no es un presentador de televisión ni un actor; él no sólo inventa los productos, si no que los vende personalmente, siempre en defensa de su filosofía personal:

—Lo más fácil que se puede hacer en el mundo es vender un producto en el que se cree.

Por medio de la televisión, Popeil hacía sus demostraciones en vivo del producto, con las que lograba captar la imaginación y los dólares de generaciones enteras de consumidores.

141. En 1965, mientras asistía a la Universidad de Yale, Frederick W. Smith (1944) realizó como parte de las tareas académicas un estudio económico que exploraba la forma en la que las mercancías eran transportadas en Estados Unidos. En aquella época, los transportistas centraban sus esfuerzos en el transporte de grandes paquetes y, a tal fin, usaban principalmente camiones y aviones de pasajeros de líneas aéreas domésticas. Smith pensó que una empresa que llevara paquetes pequeños, pero igual de esenciales (en importancia y en urgencia) podía constituirse en un transportista más eficiente y rentable. Smith redactó este estudio económico universitario con prisas y en el último minuto, por lo que no le dio tiempo a entrar en detalles de cómo poner en práctica un proyecto de este tipo. Por ello, su profesor de Yale le dio una calificación baja, con la siguiente valoración:

—El concepto es interesante y está bien planteado, pero, para recibir una nota mayor que un bien, la idea ha de ser practicable.

Sin embargo, ese concepto de entrega casi inmediata de mercancías tan revolucionario era practicable y permaneció en la mente de Smith. En 1971, seis años después, plasmó por fin su idea en la compañía de transporte Federal Express, más tarde conocida como FedEx (en la actualidad la mayor empresa de paquetería urgente del mundo). No obstante, tres años después, el rápido aumento del precio de los combustibles llevó a que las pérdidas fueran elevándose hasta alcanzar un ritmo de más de un millón de dólares al mes. En su punto más bajo, la compañía sólo disponía de cinco mil dólares, cantidad notoriamente insuficiente para afrontar los gastos de combustible. Smith intentó obtener sin éxito financiación adicional de empresas. Como último recurso desesperado, Smith tomó los cinco mil dólares, voló a Las Vegas y jugó al *black jack* todo ese fin de semana con esos fondos. El lunes siguiente, para sorpresa del resto de altos directivos, «aparecieron» como por arte de magia 32.000 dólares en la cuenta bancaria de la compañía, cantidad suficiente para cubrir el gasto de combustible durante unos pocos días más. Sobre esa base, FedEx fue capaz de recaudar una importante cantidad de dinero y remontar el vuelo. Ya en 1976, la empresa generó sus primeros beneficios. Desde entonces no han mirado hacia atrás. Ni, que se sepa, han tenido que volver a jugárselo todo al *black jack*.

142. No todos los emprendedores parten de cero. Fred W. Smith, el fundador de Federal Express (FedEx), se graduó en la Universidad de Yale, y su padre puso en marcha la línea de autobuses regional Dixie Greyhound, en el sur de Estados Unidos. También se sirvió de los cuatro millones de dólares que le dio su padre para poner en marcha su compañía.

143. Independientemente de su éxito empresarial, en lo personal, Larry Ellison (1944), fundador de la empresa Oracle, es considerado un excéntrico por sus suntuosos y extravagantes caprichos. Es dueño del yate de lujo *Rising Sun*, considerado el tercero más grande del mundo, y también posee un jet Gulfstream Aerospace G-5 privado, valorado en unos 38 millones de dólares, el velero *Sayonara*, uno de los más veloces del mundo, con el que consiguió el título de campeón del mundo, de un MiG-29 ruso, que le costó alrededor de 20 millones de dólares, y de una finca en Woodside inspirada en un palacio imperial japonés del siglo XVI, con un valor aproximado de unos 70 millones de dólares.

144. Antes de dar con el diseño definitivo de su innovadora aspiradora sin bolsa Dual Cyclone, el inventor y diseñador británico sir James Dyson (1947) realizó 5.126 prototipos fallidos, en los que gastó casi por completo sus ahorros de más de quince años. Pero llegó el día en que el prototipo 5.127 funcionó, y ahora la marca Dyson tiene una de las aspiradoras más innovadoras y vendidas en Estados Unidos.

145. La reconocida editora de la edición norteamericana de *Vogue*, Anna Wintour (1949), empezó su carrera en Nueva York como editora de moda junior en *Harper's Bazaar*. Los problemas empezaron cuando Wintour decidió introducir cambios innovadores, pero que el redactor jefe Tony Mazalla consideró demasiado atrevidos. Después de nueve meses en su puesto, fue despedida. Pero lejos de sentirse derrotada, eso fue para ella una gran experiencia de aprendizaje, y no perdió por ello su propio estilo personal. Poco después de ser despedida de *Harper's Bazaar*, fue nombrada editora de moda de *Viva*.

—Les recomiendo a todos que sean despedidos —comentó Wintour en cierta ocasión a un grupo de estudiantes.

146. En 1971, el luego empresario de éxito británico Richard Branson (1950) cometió uno de los principales errores de su vida. Tenía diecinueve años y abrió una tienda en la londinense Oxford Street, ya con el nombre de Virgin, donde vendía discos de música por los que no pagaba impuestos. Branson fue interrogado por comercio ilícito de productos de exportación, aunque el asunto nunca fue llevado ante un tribunal debido a que Branson acordó abonar cualquier impuesto no pagado más la fuerte multa que le correspondiese. La madre de Branson, Eve, tuvo que conseguir una segunda hipoteca sobre la casa familiar para ayudar a pagar ese arreglo extrajudicial.

147. El consejero delegado de una gran y muy conocida corporación tenía colgada las siguientes frases inspiradoras en su sala de reuniones: «La inteligencia no sustituye a la información»; «El entusiasmo no sustituye a la capacidad»; y «La complacencia no sustituye a la experiencia». Un día, las frases desaparecieron después de que alguien hubiera garabateado debajo: «Una reunión no sustituye al progreso».

148. A los veintinueve años de edad, cuando era un vendedor de la empresa Hammarplast, propiedad de la compañía sueca Perstorp, cuyo negocio era la venta de pequeños electrodomésticos y artículos para el hogar, el empresario estadounidense Howard

Schultz (1953) tuvo el primer contacto con una pequeña empresa llamada Starbucks, dueña de tres tiendas en Seattle dedicadas a la venta de café a particulares. A Schultz le llamó la atención cuando le pidieron un número inusual de cafeteras, quiso conocer a los dueños de aquella empresa y se quedó sorprendido de la pasión que aquellos hombres tenían por su producto: el café gourmet. Schultz persuadió a uno de los socios para que le contratara como director de operaciones, ventas y marketing.

El destino de Schultz cambió para siempre cuando le enviaron a visitar a un proveedor de Milán (Italia). Allí conoció de primera mano la pasión italiana por el buen café. Volvió de Italia con muchas ideas para aplicar a la compañía y revolucionar así el sector de las cafeterías en Estados Unidos.

—Mi conclusión fue que no solamente serviríamos cafés, sino que crearíamos un ambiente en el que la intimidad de la relación con el espacio y la experiencia del café pudiera cobrar vida —afirmaría en su autobiografía.

Pero los fundadores no compartieron sus sueños y, en 1985, Schultz decidió crear su propia cafetería, a la que llamó Il Giornale. Sus habilidades para la negociación hicieron posible que consiguiera recaudar más de 1,6 millones de dólares de financiación con que comenzar su propio negocio, aunque reconoce que tuvo que hablar con más de 242 personas para lograrlo, 217 de las cuales le dijeron que no. Schultz estuvo dos años centrado en la apertura de varios establecimientos Il Giornale, inspirados en la cultura italiana del café, algo que sin duda era muy innovador en Estados Unidos. El éxito de Schultz fue tal que, en agosto de 1987, Il Giornale compró Starbucks por 3,8 millones de dólares. Transformó radicalmente las tiendas de café Starbucks en verdaderas cafeterías y sentó las bases de lo que muy pronto se convertiría en todo un imperio. Por un lado, incorporó diversos productos más al gusto de la tradición europea (capuchinos, mocas, *lattes, macchiatos*, etc.), y por otro, apostó por dotar a sus locales de una identidad propia. Así, diseñó un interior que cautivara al público por su proximidad y una sensación de «segundo hogar». El éxito del modelo creado por Schultz no se hizo esperar.

149. En 1994, las cartas personales del activista fascista Per Engdahl (1909-1994) fueron publicadas tras su muerte, y se descubrió que Ingvar Kamprad (1926), el fundador y propietario de IKEA, se había unido años atrás al grupo pronazi de Engdahl. No se sabe cuándo se dio de baja en el grupo, pero sí que fue amigo personal de Engdahl hasta principios de los años cincuenta. Kamprad se refirió a estos detalles de su pasado como «su mayor error» y, posteriormente, escribió cartas pidiendo disculpas a todos los empleados judíos de IKEA. En ese mismo orden de confesiones personales, también ha reconocido haber sido alcohólico.

150. La presentadora de televisión Oprah Winfrey (1954) es una de las mujeres que mejor representa el llamado «sueño americano». Vivió una infancia complicada, marcada por la pobreza extrema y los abusos sexuales, pero logró sobreponerse y fundar un imperio mediático valorado hoy en miles de millones de dólares.

Nació de madre soltera en un pueblo pobre y rural del estado de Misisipi llamado Kosciusko, y luego fue criada en Milwaukee (Wisconsin), ciudad a orillas del lago Míchigan. Pasó los primeros seis años de su vida en Kosciusko viviendo muy humildemente con su abuela y vistiendo ropa hecha, según se cuenta, con sacos de patatas. Ya en Milwaukee, tras ser víctima de abusos sexuales por parte de dos familiares y por un amigo de la familia, huyó de casa a los trece años. Por entonces, como se describiría ella misma tiempo después, era una adolescente promiscua víctima de abuso sexual y violación. A los catorce años dio a luz a un niño prematuro que murió poco después. Volvió a vivir con su madre, pero todo continuó marchando mal hasta que su madre la mandó a vivir con el que ella llama su padre, un barbero de Tennessee. Entonces todo comenzó a cambiar para bien.

Oprah consiguió una beca para la universidad y ganó un concurso de belleza en cuyo transcurso fue descubierta por una emisora de radio, que le ofreció trabajo. Empezó a cubrir las noticias locales a los diecinueve años. Gracias a su entrega y su espontaneidad consiguió finalmente su fichaje por un programa de entrevistas diurno. Tras catapultarlo del tercer al primer puesto del ranking de audiencia, lanzó su propia compañía de producción y llegó a proyectarse internacionalmente. Hoy posee una productora, Harpo Entertainment Group, es cofundadora de Oxygen Media, ha escrito libros, dirige su propia web y tiene su propio canal de televisión por cable (OWN), además de haber ganado varias veces el Premio Emmy por su programa «The Oprah Winfrey Show», el programa de entrevistas más visto en la historia de la televisión. Además, Oprah es una influyente crítica de libros, actriz nominada a un Premio Oscar y editora de su propia revista.

151. Hoy es uno de los hombres más ricos del mundo, pero Bill Gates (1955) no ganó su fortuna inmediatamente ni se libró de ver cómo su primera empresa se derrumbaba. A los diecisiete años de edad, aún sin llegar a la universidad, Bill Gates formó, junto con su compañero de estudios y amigo Paul Allen, su primera aventura empresarial, Traf-O-Data, un negocio de computación que leía automáticamente los datos brutos de contadores de tráfico y permitía generar con ellos informes útiles para los técnicos de tráfico. Fue un completo fracaso porque la idea pronto se convirtió en obsoleta cuando el estado de Washington ofreció tabular los datos gratuitamente. En su negocio fallido, los dos emprendedores aprendieron cómo escribir *software* para un ordenador al que no tenían acceso y crearon, convencidos de que esta vez no fallarían, una nueva *startup* a la que llamaron Microsoft.

152. El ídolo de muchos aficionados a la tecnología, cofundador del gigante Apple, Steve Jobs (1955-2011), también conoció el fracaso, y de una forma que para muchos hubiera supuesto el fin de su carrera. Lo más sorprendente es que, en este caso, el momento dramático no ocurrió al inicio de su carrera, sino cuando ya dirigía su compañía, valorada en aquel momento en unos dos mil millones de dólares y que contaba con más de cuatro mil empleados.

A medida que Apple crecía, Jobs se dio cuenta de que no daba abasto para gestionar el gigante tecnológico que había creado y que, además, su estilo personal de dirigir, tan exigente e implacable, le generaba no pocos problemas personales. Así que decidió contratar a alguien capacitado para dirigir la compañía junto a él. A uno de los que intentó convencer fue al por entonces presidente de PepsiCo, John Sculley (1939). Un día, en mitad de esas negociaciones, Jobs le dijo concluyentemente:

—Es mejor ser pirata que alistarse en la marina de Estados Unidos. ¿Quieres vender agua azucarada el resto de tu vida o quieres hacer historia?

Y le convenció: el 8 de abril de 1983, Sculley pasó a ser el nuevo consejero delegado de Apple Computer, con un salario anual de quinientos mil dólares, empleo que mantendría hasta 1993. Pero, entre medias, su colaboración y su relación personal con Jobs se iría complicando.

153. Con su carisma y dinámica, Steve Jobs consiguió dar aliento a su equipo y a toda la empresa, pero su temperamento propició que surgieran tensiones internas que acabaron por explotar. Ahogados por la caída en las ventas debido a la firme competencia de IBM y Compaq, la relación entre Jobs y John Sculley se fue deteriorando, y sus respectivas visiones acerca del futuro comenzaron a diferir. Finalmente, terminaron por apartarse por completo.

Sculley y su ejecutiva lograron convencer a una mayoría de los accionistas para que prescindieran del que fuera cofundador de la empresa, y, en 1985, al cumplir treinta años de edad, Jobs fue despedido de la empresa que él mismo había creado después de una lucha de poder con el consejo de administración. La decisión, según confesión de Sculley, se debió a que Jobs deseaba bajar el precio de los equipos Mac y cambiar la inversión publicitaria, trasladando una parte de lo dedicado a marketing del Apple II al Mac. Sculley se negó a hacer tal cosa, ya que consideraba que las bajas ventas del Mac no se debían al precio, y pensaba que una bajada del mismo supondría pérdidas económicas. Jobs quiso forzar a seguir su plan a Sculley, y éste acabó acudiendo al consejo de administración de Apple, que decidió que Jobs no podía seguir al frente del negocio de Macintosh. Y Jobs se fue.

—Había sido rechazado, pero aún estaba enamorado. Así que decidí empezar de nuevo —recordó después el genio.

El tiempo se encargaría de demostrar que la decisión de despedirlo había sido muy desafortunada. Durante los once años que Apple estuvo sin Jobs a la cabeza, la empresa se vio sumida en un enorme pozo. La innovación desapareció y, pese a otros cambios de personas al frente de la compañía, los ingresos y la valoración en bolsa no hicieron más que bajar.

Mientras tanto, el propio Jobs, por separado, no se abatió, y ya había puesto en marcha nuevos proyectos, tan innovadores como todos los suyos. Tiempo después, Sculley reconoció que, aunque no se podía saber lo que hubiera sucedido si no hubiera habido ese enfrentamiento con Jobs, creía que seguramente el rumbo de la compañía hubiera sido diferente. Jobs creó rápidamente NeXT (que después sería adquirida por la propia Apple) y compró Pixar, antes de regresar triunfalmente a Apple como salvador y convertir a la empresa de la manzana en lo que es hoy. Por suerte, los directivos enmendaron su error y rescataron a Jobs para que asumiese el mando. Tras la muerte de Jobs, en 2011, y a pesar de sus conflictos en los despachos, John Sculley tan sólo tuvo palabras de elogio para la persona que apostó por él y a la que acabó por desterrar de su propio reino.

Años antes de fallecer, el propio Jobs comentaría:

—No me di cuenta entonces, pero resultó que el hecho de haber sido despedido de Apple fue lo mejor que jamás me pudo haber pasado. El peso del éxito fue reemplazado por la ligereza de convertirme de nuevo en un principiante, menos seguro de las cosas.

154. Preguntado en cierta ocasión sobre su filosofía vital, Steve Jobs contó:

—Cuando tenía diecisiete años, leí una cita que decía algo así como: «Si vives cada día como si fuera el último, algún día sin duda estarás en lo cierto». Causó una honda impresión en mí, y desde entonces, durante los últimos treinta y tres años, me miro en el espejo cada mañana y me pregunto: «Si hoy fuera el último día de mi vida, ¿querría hacer lo que voy a hacer hoy?». Si la respuesta es no durante demasiados días seguidos, sé que necesito cambiar algo.

155. Una vez se le preguntó a Steve Jobs cuánta investigación de mercados había hecho para decidir el lanzamiento del iPad. Su respuesta fue:

—Ninguna. No es el trabajo de los consumidores saber qué es lo que quieren. Es difícil que los consumidores te puedan decir qué quieren cuando nunca han visto nada ni remotamente parecido a lo que les ofreces.

En otra ocasión, remachó la cuestión diciendo:

—¿Acaso Alexander Graham Bell hizo una investigación de mercado antes de inventar el teléfono?

156. Contó en cierta ocasión Steve Jobs sus pasos y sus logros cuando estaban vendiendo su prototipo de ordenador personal Apple I a las grandes compañías del momento, hacia 1976:

—Así que nos dirigimos a Atari y les dijimos: «Mirad, tenemos esta cosa maravillosa que hemos construido con algunos de vuestros componentes, ¿qué os parece si nos financiáis? O bien os lo entregamos. Nosotros sólo queremos hacerlo. Pagad nuestro sueldo, haremos el trabajo por vosotros». Y ellos dijeron: «No». Luego nos fuimos a Hewlett-Packard, y allí nos dijeron: «Escuchad…, no os necesitamos. Ni siquiera habéis acabado la carrera».

157. En la obra dramática *Agonía y éxtasis de Steve Jobs*, de Mike Daisey (1976), se mostró el ambiente de terror de las empresas chinas donde se producen la mayoría de los componentes y aparatos electrónicos de empresas como Apple. Para el economista Vicenç Navarro López, el imperio de Apple y Steve Jobs se montó sobre la investigación y el desarrollo científico financiados con fondos públicos y la producción sobre la explotación de los trabajadores en condiciones infrahumanas, además de que Jobs era una persona claramente hostil a los trabajadores, y que, por ejemplo, despreciaba a Bill Gates por su «excesivo interés en ayudar a los pobres».

Eric Alterman (1960), en un artículo publicado en *The Nation* el 28 de noviembre de 2011, con el título «Steve Jobs: una vergüenza americana», señaló su insensibilidad hacia las condiciones laborales de los trabajadores y su gran hostilidad hacia la clase trabajadora. Jobs llegó a aconsejar al presidente Obama eliminar cualquier tipo de protección a los trabajadores o al medio ambiente.

En febrero de 2012, el FBI hizo públicos datos secretos de una investigación interna sobre Jobs realizada en 1991, cuando el empresario (por entonces presidente de la tecnológica NeXT) fue propuesto para un cargo como asesor de comercio internacional del expresidente George H. W. Bush. Esa investigación del FBI incluyó detalles del reportaje que le dedicó la revista *Time* en 1983 para describir su carácter como «superficial y cruel» en las relaciones personales. Otra fuente añadió que «no tenía vida personal debido a su narcisismo y su superficialidad» y que el éxito alcanzado en Apple le había costado su «integridad y honestidad y le hacía distorsionar la realidad».

Un amigo de Jobs llegó a afirmar que su ambición había enfadado a muchos trabajadores de la compañía, aunque eso no impedía que la mayoría alabase su inteligencia, su visión, su tenacidad y su capacidad de trabajo. De lo que no cabe ninguna duda es de que fue una de las grandes mentes empresariales de todos los tiempos. Según el registro de patentes de Estados Unidos, 317 patentes de Jobs figuran a nombre de Apple. Fue admirado por muchos por su gran capacidad innovadora, a la vez que conocido por no ser una persona fácil en el trato.

158. El emprendedor Jeff Bezos (1964) revolucionó las compras a través de internet con Amazon, una de las empresas pioneras en el comercio electrónico, cuya historia es bastante inspiradora. Tras graduarse en Princeton, Bezos trabajó en una compañía de fibra óptica, y luego, en 1986, empezó a hacerlo en Wall Street, donde llegó a convertirse en el vicepresidente sénior más joven de la firma de inversiones D. E. Shaw & Co. Pero, en un momento dado de su carrera, prefirió dejar la seguridad de un empleo bien remunerado y estable para lanzar su propia empresa. Lo dejó todo atrás y empezó a desarrollar la que ahora es la empresa más importante de comercio digital del mundo. Se cuenta que, cuando se le ocurrió la idea que se convertiría en Amazon, se fue a dar un paseo por Central Park con su jefe para compartir su inspiración y describirle su sueño de crear una empresa que vendiese libros en internet. Su jefe escuchó atentamente y le dio un pequeño consejo:

—Eso suena como una muy buena idea, pero sería una mejor idea para alguien que no tuviera ya un buen trabajo.

159. Una de las prácticas más interesantes y curiosas de Jeff Bezos, el creador de Amazon, es que al final de cada trimestre se toma un tiempo a solas, para alejarse un poco de la frenética vida empresarial y reflexionar. Como él mismo explica:

—No hay las distracciones de la oficina. No suenan los teléfonos. Es sólo porque con un poco de aislamiento me encuentro con que empiezo a ser más creativo. Puedo dedicarme un montón de tiempo a navegar por internet durante los dos o tres días y sólo mirar lo que los aficionados y los *hackers* están haciendo. ¿Qué tipos de cosas están en la vanguardia?

160. Se cuenta que uno de los mayores pavores entre los empleados de Apple en vida de Steve Jobs era toparse con él en el ascensor. Un hábil giro brusco en el pasillo o la súbita necesidad de atarse los zapatos, todo valía para evitar el cara a cara con él y no correr riesgos mayores. Si no, el encuentro podía acabar en un fulminante despido, o, cuanto menos, en serios problemas para el afectado. O se contestaba rápido y con consistencia a la «pregunta-bala» lanzada a bocajarro, o la mirada furibunda de Jobs podía ser el preludio de una tormenta de consecuencias impredecibles.

Pues bien, al parecer, lo mismo pasa con Jeff Bezos en Amazon. Bezos es puro nervio y, al igual que Jobs, muy impaciente: exige respuestas rápidas y resolutivas y, si te manda un email en el que el asunto sea un simple «?», más vale contestar rápido, coherente y convincentemente.

Este detalle tan significativo de la personalidad de Bezos aparece en la biografía no autorizada del multimillonario que hizo precisamente su mujer. El minucioso trabajo clandestino realizado por Brad Stone en su libro *La tienda de los sueños: Jeff Bezos y la era de Amazon* también recoge este detalle que refleja con claridad el carácter del exitoso emprendedor, al que algunos exempleados han calificado de «dictatorial» e «incapaz de delegar». Stone explica que la dirección de email de Bezos es pública, y que los clientes con frecuencia se ponen en contacto con él para protestar sobre pedidos que no han cubierto sus expectativas. Se podría pensar que Bezos no perderá ni diez segundos en atender las quejas de una jubilada de Nevada, pero lo hace. Si cree que el cliente tiene motivos para quejarse, lanza su temida interrogación al departamento afectado y aquí empieza la pequeña revolución interna. Stone describe gráficamente la escena: «Descubrir un correo de Bezos con una interrogación es como encontrar una bomba de relojería».

Businessweek reflejó una anécdota significativa a este respecto. En 2010, un cliente anónimo husmeó en el catálogo de lubricantes sexuales. Un vistazo rápido que no pasó desapercibido para el algoritmo del sistema, ese que genera tantos millones para la casa y que recomienda productos en base a lo ya comprado, e incluso a lo visitado. Pues bien, el cliente comenzó a recibir oleadas de correos de Amazon con productos para el disfrute sexual. El cliente apuntó alto y descargó su ira en el email personal de Bezos, quien al leerlo lo reenvió con su fatídico «?». Y se armó: llamadas, reuniones contrarreloj... Sin embargo, el tema era complejo: el algoritmo era un componente fundamental del negocio que reportaba muchos beneficios. ¿Qué hacer? No hubo una respuesta clara, y la explicación no satisfizo al fundador de la firma. Bezos descolgó el teléfono rojo y convocó con urgencia a varios directores de área, entre ellos a Steven Shure, responsable de marketing. Stone explica que entró en la sala como un rinoceronte: «Así que Steve (Shure) está enviando mails sobre lubricantes». Y hubo consecuencias: se terminó con esta práctica tras la frase «creo que podemos crear una empresa de cien mil millones de dólares sin enviar un jodido correo».

161. Uno de los primeros trabajos del inversor Mak Cuban (1958) después de dejar la universidad fue en una tienda de ordenadores como vendedor. Después de olvidarse de abrir la tienda porque estaba ocupado con un potencial cliente de la nueva empresa que estaba desarrollando, sus jefes le echaron. Fue la última vez que trabajaría para alguien, ya que después creó su propia compañía, MicroSolutions, con la que ha conseguido amasar una fortuna de más de 2.400 millones de dólares. Además, Cuban es dueño del equipo de baloncesto de los Mavericks de Dallas (de la NBA), de los cines Landmark y de Magnolia Pictures, así como presidente de la cadena de televisión por cable y satélite de alta definición AXS TV.

162. Ursula Burns (1958), presidenta y consejera delegada de Xerox, es la primera mujer afroestadounidense al frente de una empresa de la lista Fortune 500. La niñez de Burns transcurrió en un barrio pobre de viviendas públicas del Lower East de Manhattan, en el seno de una familia de ascendencia panameña. Como contó ella:

—[Mi madre] era una mujer soltera, que crio a tres hijos prácticamente sin nada; fue ella quien me infundió coraje y me dio fortaleza interior.

Y en 2009 añadió:

—Todavía la escucho decirme, «las circunstancias no definen a nadie». Solía repetirme constantemente, «el lugar donde estás no determina quién eres».

Durante un verano, Burns entró a trabajar como becaria en Xerox. Sus primeros años de esfuerzos se vieron recompensados con ascensos a puestos de gestión de categoría media. En 1990, durante una ronda de debates sobre trabajo en equipo, el contundente rechazo que Burns expresó ante la opinión de otro participante sobre la función de la mujer en puestos directivos impresionó a uno de los vicepresidentes, Wayland Hicks. Ella lo contó así:

—Mi contundencia le llamó la atención. Me pidió que me reuniera con él y, más tarde, me ofreció un puesto como su asistente ejecutiva, una oportunidad de tener un mentor con el que trabajar y comprender mejor cómo gestionar la empresa.

No mucho después, en 1991, Burns pasó a ser asistente ejecutiva del consejero delegado de Xerox, Paul Allaire, puesto que le permitió conocer a fondo las actividades cotidianas de la gerencia a nivel superior.

—Desde allí, se me abrió un camino en la gestión que me sacó del entorno al que estaba acostumbrada, pero me proporcionó una sensación de confianza totalmente nueva en el valor de lo que yo podía aportar a la empresa.

En 2000, Burns fue nombrada vicepresidenta sénior y comenzó a trabajar en estrecha colaboración con la por entonces consejera delegada de Xerox, Anne Mulcahy. Nueve años más tarde, en julio de 2009, fue nombrada consejera delegada, sucediendo a Mulcahy.

163. En su juventud, el empresario chino Jack Ma (1964), fundador y presidente ejecutivo de Alibaba Group, un consorcio de negocios de internet de enorme éxito en China, falló el examen de ingreso al colegio en tres ocasiones. Al final el empresario logró ingresar en una institución educativa, pero fue expulsado. Después del fracaso en los estudios, el joven trató de conseguir un trabajo, pero fue rechazado hasta en treinta ocasiones. Según sus propias palabras:

—Incluso fui a Kentucky Fried Chicken cuando llegó a mi ciudad. Veinticuatro personas pretendían conseguir ese trabajo, y veintitrés fueron aceptadas. Yo era el único hombre...

164. Se dice que la idea originaria de eBay le surgió a Pierre Omidyar (1967), empresario estadounidense de origen iraní nacido en París, estando con su entonces novia, Pamela Wesley (hoy su esposa), aficionada a coleccionar envoltorios de caramelos de la marca Pez con forma de personajes. Un día, ella le preguntó si sabía cómo podía interactuar con otros coleccionistas para intercambiar envoltorios, y fue en ese momento cuando comenzó a tomar forma la más brillante idea de Omidyar. Dando vueltas a la idea, se sentó durante un fin de semana largo para escribir el código original del sitio de subastas eBay.

165. Jim Reid dejó el estado de Oklahoma en 1971 para irse a vivir a Florida, donde consiguió un empleo de inspector en el parque de atracciones de Disneyworld, con una remuneración de unos 250 dólares a la semana. Fue allí donde conoció a Beverly, una chica que trabajaba para la compañía de teléfonos con la que se casó. Jim aprendió a bucear, afición que le servía, además de diversión, también para buscar pequeños tesoros hundidos y sacar algún sobresueldo. Cierto día, Jim se puso su traje de buzo y se zambulló en una de las trampas de agua de un campo de golf, sólo para ver qué encontraba. Lo que vio le sorprendió. El fondo estaba totalmente tapizado con miles de pelotas de golf. Sacó unas cuantas y las examinó a la luz del día. Tras comprobar que la mayoría estaban como nuevas, se las enseñó al administrador del campo de golf, quien le ofreció diez centavos por cada una en perfecto estado que le llevara. Jim no lo dudó y volvió a zambullirse. Ese día sacó

más de dos mil pelotas, que le supusieron una ganancia casi igual a su sueldo de una semana. Reid decidió dejar su empleo y dedicarse por entero al productivo negocio del rescate de pelotas de golf.

Enseguida corrió la noticia, y otros buzos comenzaron a interesarse por la actividad. Reid les compraba las pelotas que rescataban a ocho centavos la unidad. Uno de ellos, Dan Becher, rescató en 1993 652.000 pelotas, consiguiendo unos beneficios de unos sesenta mil dólares. Al poco tiempo, había un tráfico constante de camiones que llegaban a casa de Reid con pelotas cubiertas de fango y se iban con un cargamento de pelotas renovadas. Con el tiempo, la empresa de Reid, la Compañía Recicladora de Pelotas de Golf Segunda Oportunidad, recibió entre ochenta mil y cien mil pelotas al día, algunas procedentes de lugares tan lejanos como Hawai. En 1993 obtuvo unos ingresos brutos de más de un millón de dólares. En mayo de 1994, Reid vendió su empresa por 5,1 millones de dólares a Sport Supply Group, una potente compañía de Dallas. A los cincuenta años de edad, se jubiló y dedicó gran parte de su tiempo a realizar cruceros a bordo de su yate, llamado apropiadamente *El ladrón de pelotas*.

166. Larry Page (1973) es, junto a su socio y amigo Serguéi Brin, el creador del motor de búsquedas que revolucionó el mundo entero: Google. Para muchos, este buscador es hoy la única interfaz para acceder al mundo de internet. Page recuerda la noche de 1996, cuando tenía veintitrés años y había soñado vívidamente en la forma de conseguir la descarga de toda la web en los ordenadores personales:

—Cogí un bolígrafo y empecé a escribir. Pasé la mitad de esa noche garabateando los detalles y convenciéndome a mí mismo de que iba a funcionar.

Actualmente, Google ha dejado de ser sólo un gran buscador para convertirse en una de las empresas que está definiendo el futuro de internet y del mundo gracias al desarrollo de múltiples productos que abarcan desde aplicaciones web y herramientas empresariales hasta *software* y conectividad móvil. Page y Brin han creado toda una filosofía empresarial, orientada hacia la innovación y el aprovechamiento del potencial de cada miembro de la organización. Las cifras de Google son sorprendentes y estos dos emprendedores son un claro ejemplo de que, para tener éxito, lo fundamental es soñar con cambiar el mundo.

167. Cuando los fundadores de Google, Larry Page y Serguéi Brin se conocieron en el verano de 1995, ni el más visionario de los presentes podía imaginar el desenlace de la historia que uniría a ambos. Brin, de veintiún años de edad, realizaba un posgrado en la Universidad de Stanford y se había prestado circunstancialmente a mostrar las instalaciones del campus a los nuevos alumnos. Por cosas del azar, en el grupo que le tocó a Brin se encontraba un jovencísimo Larry Page. Con veintidós años, Page, el mayor del tándem, acababa de finalizar sus estudios en la Universidad de Míchigan y estaba de visita en Stanford para conocer de primera mano las instalaciones, los profesores y el ambiente, ya que iba a cursar allí su posgrado. La primera impresión no fue del todo buena, pues no tardó en enzarzarse en una discusión con el guía. Ante la atónita mirada del resto, Page y Brin mostraron sus puntos de vista diametralmente enfrentados acerca de la planificación urbana. Ambos dirían más tarde que la actitud del otro les resultó «desagradable». Después, quiso el destino que finalmente lograran entenderse. Si no fuese por eso, Google no existiría ahora mismo.

168. Mark Zuckerberg (1984), creador de Facebook, ingresó en Harvard en 2003 y empezó a desarrollar programas, como el Coursematch, que permitía a los estudiantes ver la lista de otros compañeros de clase, o una web, llamada Facemash, en la que se podía valorar a las estudiantes de la universidad. A causa de esta última aplicación, el Departamento de Servicios Informáticos de Harvard denunció a Zuckerberg ante la administración por infracción de la seguridad informática y violación de las políticas de privacidad y de propiedad intelectual. La Universidad de Harvard insistió en que Zuckerberg había hackeado la web de la universidad para alterar imágenes de los estudiantes sin autorización y para su propio beneficio, algo que era falso. En una biografía no autorizada sobre él, se sugiere que Zuckerberg, al sentirse rechazado como estudian-

te, hizo públicas las imágenes de sus compañeras universitarias, que extrajo del Directorio de Estudiantes. Zuckerberg se defendió diciendo que pensaba que la información debía ser libre y abierta al público. Las acciones tomadas por el consejo administrativo de Harvard en este asunto no se hicieron públicas.

169. La compra del servicio de mensajería instantánea WhatsApp por Facebook el 19 de febrero de 2014 fue una de las noticias más sonadas en el sector empresarial del año. Lo curioso es que, hace pocos años, la red social Facebook se negó a dar empleo a uno de los fundadores de la citada herramienta. A mediados de 2009, el ingeniero de *software* Brian Acton (1972), quien había estado por más de una década con Apple y Yahoo!, no podía encontrar trabajo. Entre otros, se dirigió a dos gigantes emergentes de internet, Twitter y Facebook, y ambos le rechazaron: Twitter, en mayo, y Facebook, tres meses después, en agosto. Sin poder encontrar empleo, Acton y su amigo y excolega de Yahoo! Jan Koum (1976) —por entonces director de operaciones de Yahoo! y a quien Facebook también había rechazado el año anterior—, pasaron un tiempo viajando. Finalmente, los dos encontraron una solución: sólo tres meses después, Koum lanzó WhatsApp Inc., una aplicación para móviles de mensajería instantánea, *startup* a la que Acton se uniría nueve meses más tarde. Para diciembre de 2013, WhatsApp ya contaba con cuatrocientos millones de usuarios activos por mes, y en enero de 2014 fue vendida a Facebook por 19.000 millones de dólares.

3. CLIENTES Y EMPLEADOS

170. Cuando vivía en Suiza, el escritor francés Victor Hugo (1802-1885) hizo una excursión a Schaffhausen para conocer las cataratas del Rin. Entró en un restaurante y, como no tenía ni idea de alemán, decidió pedir el plato más caro para asegurarse de que sería bueno, así que eligió un *Kalaische nach Rheinfall*. Al camarero le sorprendió bastante que el escritor no quisiera comer, sino tan sólo dar un paseo en calesa hasta las cataratas del Rin, atracción que, bajo ese título, también se ofrecía en la carta.

171. Una cliente, agradecida por la forma en que había llevado a buen puerto un caso complicado, le dijo al famoso abogado Clarence Seward Darrow (1857-1938):

—¿Cómo podría mostrarle mi agradecimiento, señor Darrow?

—Señora, desde que los fenicios inventaron la moneda —respondió éste—, eso no es ya un problema…

172. Mientras André-Gustave Citroën (1878-1935), fundador y propietario de la empresa automovilística francesa del mismo nombre, le enseñaba una de sus fábricas a un grupo de clientes, uno de ellos le preguntó qué tiempo era el mínimo requerido para ensamblar un automóvil. El industrial contestó:

—Depende: si corre mucha prisa se puede hacer en muy poco tiempo.

El visitante le pidió que precisara a cuánto se refería con eso de «poco tiempo».

—En una ocasión —precisó Citroën— se llegó a hacer en menos de una hora.

Entonces el visitante le cortó, divertido, diciendo:

—Señor, pues debe tratarse de mi coche, ya que apenas lo adquirí empezó a desintegrarse.

173. En 1981, Jan Carlzon (1941) se convirtió en presidente de la compañía aérea Scandinavian Airlines Systems (SAS), y en un año condujo a la compañía, que tenía unas pérdidas de 17 millones de dólares, a obtener unos beneficios de 54 millones de dólares. ¿Cómo lo hizo? Pues dando un vuelco completo al organigrama de la compañía y poniendo a la gente que hasta entonces trataba con los consumidores al cargo de la gestión de la empresa, y al resto de los empleados a su servicio.

174. En una acción promocional a la que sólo se le suponían ventajas, la compañía aérea estadounidense Eastern Airlines introdujo un descuento del 50 por ciento en el precio del billete de avión para las esposas que acompañasen a sus maridos en sus viajes de negocios. La campaña fue un éxito, hasta que a alguien se le ocurrió que quedaría muy bien ofrecer en la publicidad algún testimonio de las esposas que hubiesen utilizado este descuento, así que mandaron cartas a todas ellas, pidiéndoles que, con el incentivo de un premio, escribiesen una breve nota sobre su experiencia. Sin embargo, el inesperado resultado fue que estuvieron mucho tiempo recibiendo cartas preguntando: «¿Que viaje?».

175. En cierta ocasión la división de la empresa automovilística estadounidense General Motors encargada de fabricar el modelo Pontiac recibió una curiosa reclamación de un cliente:

—Ésta es la segunda vez que les envío una carta y no les culpo por no responder. Puedo parecerles un loco, pero el hecho es que tenemos una tradición en nuestra familia que es la de tomar helado después de cenar. Repetimos este hábito todas las noches, variando apenas el sabor del helado; y yo soy el encargado de ir a comprarlo. Recientemente compré un nuevo Pontiac y, desde entonces, las idas a la heladería se han transformado en un problema. Siempre que compro helado de vainilla, cuando me dispongo a regresar a casa, el coche no funciona. Si compro cualquier otro sabor, el coche funciona normalmente. Pensarán que estoy realmente loco y no importa lo tonta que pueda parecer mi reclamación, el hecho es que estoy muy molesto con mi Pontiac modelo 99.

La carta causó tanta gracia entre el personal que se convirtió en viral, y el presidente de la compañía acabó recibiendo una copia de ella. Pero él decidió tomárselo en serio y envió a un ingeniero a entrevistarse con el cliente. Ambos fueron juntos a la heladería en el Pontiac. El ingeniero sugirió sabor vainilla para verificar la reclamación, y el coche efectivamente no funcionó. Un empleado de General Motors volvió en los días siguientes, a la misma hora, hizo el mismo trayecto y sólo varió el sabor del helado. Nuevamente el auto sólo funcionaba de regreso cuando el sabor elegido no era vainilla. El asunto acabó convirtiéndose en una obsesión para el ingeniero, que terminó por hacer el mismo viaje cada noche, anotando todos los detalles posibles. Después de dos semanas, llegó al primer gran descubrimiento: cuando escogía vainilla, la compra llevaba menos tiempo porque ese tipo de helado estaba muy cerca. Examinando el coche, el ingeniero hizo un nuevo descubrimiento: dado que el tiempo de compra era muy reducido en el caso del helado de vainilla en comparación con otros sabores, el motor no llegaba a enfriarse, los vapores del combustible no se disipaban e impedían un nuevo arranque del motor. Tras sacar las conclusiones precisas, el Pontiac cambió su sistema de alimentación de combustible e introdujo una alteración en todos los modelos a partir de la línea 99. El autor de la reclamación obtuvo un coche nuevo, además del arreglo del que no funcionaba con el helado de vainilla. General Motors distribuyó un comunicado interno, exigiendo que sus empleados se tomaran en serio hasta las reclamaciones más extrañas, «porque puede ser que una gran innovación esté detrás de un helado de vainilla», decía aquel comunicado.

176. Durante la primera década del siglo XX —mucho antes de que hubiera expertos en eficiencia—, a alguien se le ocurrió que sería bueno motivar al personal colgando carteles por toda la oficina en los que se leyera: ¡HAZLO YA! El jefe de un gran negocio compró un gran número de estos carteles contra la procrastinación y los colgó en muchos sitios estratégicos de sus oficinas, para que

los viera su numeroso personal. Unos pocos días después, los resultados comenzaron a notarse: el cajero desapareció con veinte mil dólares, el jefe de contabilidad se fugó con su secretaria, tres oficinistas pidieron un ascenso y el chico para todo de la oficina se marchó al Oeste como salteador de caminos. Todos lo hicieron «ya».

177. El magnate de los medios de comunicación Robert Maxwell (1923-1991) odiaba los cigarrillos, y los tenía prohibidos en ciertas áreas de sus oficinas. Un día, mientras pasaba por una de esas zonas, vio a un hombre fumando sin tapujos. Maxwell inmediatamente lo recriminó, recordándole que todo el que incumplía su norma sería despedido fulminantemente.

—¿Cuánto gana? —le pregunto al infortunado individuo.

—Setenta y cinco libras a la semana —le contestó el fumador.

Maxwell se sacó la cartera y cogió trescientas libras.

—Aquí tiene la paga de un mes. Está despedido.

El hombre cogió el dinero y se fue sin rechistar. Alguien se atrevió a explicarle después a Maxwell que aquel hombre no era un empleado, sino un transportista que estaba esperando un recibo y que tuvo la fortuna de tropezarse con el jefe.

178. Una niña de tres años de edad, Lily Robinson, quedo algo confusa al ver uno de los productos de la marca Sainsbury's llamado Pan Tigre. En su opinión, el pan no se parecía a un tigre en absoluto; de hecho, se parecía mucho más a una jirafa. Con la ayuda de sus padres, la niña escribió una carta al departamento de atención al cliente de Sainsbury's y la firmó como «Lily Robinson, de tres años y medio». Para su sorpresa, Chris King, gerente de atención al cliente, le respondió a su demanda diciéndole que no podía estar más de acuerdo, y le explicaba a Lily lo siguiente:

—Creo que el cambio de nombre de Pan Tigre por Pan Jirafa es una idea brillante. Se parece mucho más a una jirafa por sus manchas que a las rayas de un tigre, ¿verdad? Se llama Pan Tigre porque la primera panadería que lo hizo hace muuuucho tiempo pensó que parecía rallado como un tigre. Tal vez estaban un poco tontos ese día…

En la carta, King adjuntaba una tarjeta regalo para que Lily comprase algunas chucherías (si sus padres se lo permitían) y firmó: «Chris King, de veintisiete años y un tercio». A la madre de Lily le encantaron ambas cartas, y acabó publicándolas en su blog. En poco tiempo, dicha correspondencia se hizo viral, y la presión sobre Sainsbury's para que cambiara el nombre del producto fue muy fuerte. Sabiendo que el cliente tenía toda la razón en este caso, detectaron una oportunidad poco común para hacer algo divertido y mejorar la imagen de marca de Sainsbury's, que cambió el nombre del pan y ahora pone dibujos dentro de sus tiendas que le dan un guiño humorístico a la idea original de Lily.

179. Hablando de jirafas... El hijo del cliente Chris Hurn se dejó olvidado su peluche favorito, una jirafa llamada *Joshie*, en la habitación de un hotel Ritz Carlton en que acababa de hospedarse su familia. Hurn aseguró a su angustiado hijo que *Joshie* estaba aprovechando unos días extra de vacaciones. Luego llamó al Ritz, repitió la historia que había improvisado a su hijo y pidió que si encontraban la jirafa, por favor, la mandasen de vuelta. Pero el personal del hotel hizo algo más que eso. Esforzándose por hacer las cosas bien para su cliente, encontraron el peluche y crearon una serie de fotografías en las que se incluían todas las actividades en las que *Joshie* había participado durante sus «largas vacaciones». Lo primero es que *Joshie* no estuviese vagando sin rumbo por el Ritz sin una tarjeta personal, así que le hicieron una. Después, llevaron a *Joshie* a la piscina para que se relajara, protegiéndola con unas gafas de sol. Ni un solo instante tuvo de aburrimiento. *Joshie* ayudó en el departamento de objetos perdidos, jugó al minigolf y decidió pasar un buen rato en el *spa* del hotel. Finalmente, el Ritz envió a Hurn y su hijo un dosier completo lleno de información sobre la estancia de *Joshie* en el hotel, así como una serie de imágenes que mostraban lo bien que la jirafa se lo había pasado durante su prolongada estancia allí. El padre del niño compartió la historia online y comunicó al hotel que podían contar con ellos como clientes habituales de su complejo hotelero.

180. Un día, después de llevar el vehículo profesional de su empresa a un taller de reparación en Streetsboro (Ohio), un cliente encontró al recogerlo una nota escrita a mano que contenía un mensaje y una tarjeta del establecimiento. El mensaje decía lo siguiente:

—Estimado Xander, gracias por darnos la oportunidad de trabajar en su vehículo. Aprecio realmente su empresa. Espero que esté satisfecho con el trabajo que hemos realizado en su vehículo. No dude en llamarnos para cualquier servicio que necesite, estamos a su entera disposición. Sinceramente, Jim Shukys.

El cliente lo compartió en las redes sociales y el asunto se hizo viral y fue compartido por muchísimas personas en internet, las cuales comentaron que ésta era la forma de hacer negocios. Algunos reafirmaron el valor profesional del mecánico Jim Shukys y su gran atención personalizada:

—Yo vivía en Streetsboro y sé exactamente quién es. Es un buen hombre, ¡quédate con él!

181. Bryce Long, un consumidor veinteañero de Minnesota, enojado por haber recibido una pizza que, entre otros defectos de elaboración, estaba totalmente pegada a la caja del envío a domicilio por el exceso de queso, hizo una foto y la subió a la web de Domino's Pizza. La reacción de la compañía fue ejemplar. Un mes después de que la fotografía de la malograda pizza fuera colgada en la red, Patrick Doyle, presidente de Domino's Pizza, apareció en un *spot* de televisión mostrando la imagen y diciendo que éste era un ejemplo de lo que la compañía no debería hacer. «No es aceptable», «Hacemos las cosas mejor» y «No deberías recibir algo así de Domino's» fueron algunas de las frases del presidente. Pero la estrategia no se quedó ahí: Sam Fauser, chef de la compañía, se desplazó hasta el domicilio de Long con dos pizzas elaboradas en el local más próximo de la marca, llevando también una carta del presidente y una tarjeta por valor de quinientos dólares. Por supuesto, la visita del chef al consumidor fue grabada en un vídeo, que fue subido al canal de YouTube y a la página de Facebook del anunciante. Fue otro éxito viral.

182. En junio de 2006, uno de los empleados de la compañía de televisión por cable Comcast llamó a la firma desde la casa de un cliente para pedir asistencia remota. Sin embargo, sus compañeros le dejaron en espera durante más de una hora y se quedó dormido en el sofá. El dueño de la casa grabó un vídeo, con banda sonora y comentarios, sobre el pobre servicio técnico de la empresa.

183. En mayo de 2000, un restaurante de Filadelfia tuvo que pagar a Amber Carson, de Lancaster (Pensilvania), 113.500 dólares como indemnización por haber resbalado en su establecimiento al pisar un charco de refresco en el suelo y romperse el coxis. Lo curioso del caso es que el refresco estaba en el suelo porque ella se lo había lanzado a su novio media hora antes durante una pelea.

184. En noviembre de 2000, Merv Grazinski, de Oklahoma City, se compró una autocaravana marca Winnebago. En su primer viaje por autopista, seleccionó una velocidad de crucero de 120 km/h y, absurdamente, dejó el volante y se fue hacia la parte de atrás a prepararse un café. A nadie, salvo a él, le sorprenderá el hecho de que la autocaravana se saliera de la carretera y colisionara. Contrariado por el accidente, Grazinski denunció a Winnebago por no advertirle en el manual de uso de que no podía hacer eso. Lo realmente sorprendente fue que recibió una indemnización de 1.750.000 dólares, más una autocaravana nueva. Desde entonces, Winnebago advierte de tal circunstancia en sus manuales, no vaya a ser que algún otro imbécil compre uno de sus vehículos.

185. Herb Kelleher (1931) es el fundador de Southwest Airlines, la compañía aérea más grande de Estados Unidos, que celebró su trigésimo noveno año consecutivo de rentabilidad en 2011. Para que ello fuera posible, Kelleher mantuvo los costes extraordinariamente bajos y se concentró en brindar un excelente servicio al cliente. Y entendió que el personal que trabaja en primera línea puede potenciar o hundir un negocio. Kelleher inició un programa a través de planes de reparto de beneficios y opciones de acciones que hicieron a los empleados sentirse y actuar como propietarios. Explicando esto, dijo una vez a un entrevistador:

—Hace años, las escuelas de negocios planteaban un enigma. Decían: «Bueno, ¿quién va primero: empleados, accionistas o clientes?». Pero no es un acertijo. Los clientes son lo primero. Y si usted trata a sus empleados correctamente, ¿adivinen qué?: ellos atienden bien y sus clientes se sienten satisfechos y vuelven, y esto hace felices a sus accionistas. Comience con los empleados y el resto vendrá por sí solo.

186. Stew Leonard's, o coloquialmente Stew's, es una pequeña cadena de supermercados situada en los estados de Connecticut y Nueva York y conocida como «la mayor lechería del mundo» o «la Disneylandia de los lácteos» por *The New York Times*, además de haber sido calificada como «una de las cien mejores compañías para trabajar» por la revista *Fortune*, así como de tener el récord Guinness en el capítulo de «supermercados con las mayores ventas por metro cuadrado en Estados Unidos». En la entrada de su sede central se alzan dos piedras que simulan ser las tablas de la ley de Moisés, de tres toneladas cada una, que llevan inscritas las reglas que rigen su cultura empresarial: «Regla número 1: "El cliente siempre tiene razón". Regla número 2: "Si el cliente está equivocado, vuelva a leer la regla número 1"».

187. Una vez, Apple Computer dio a cada uno de sus empleados un ordenador como medio para hacer una investigación de mercado. El fundador, Steve Jobs, dijo:

—Una vez, un grupo de empleados acababan de abrir una caja, y dijeron: «¡Hay seis manuales de usuario! Es totalmente intimidatorio y no sabemos ni por cuál empezar». Ese comentario valió por más de cien mil dólares de investigación de mercados.

188. Un estudiante firmó un cheque por una pequeña cantidad de 5,46 dólares. La cosa, como es lógico, no hubiera tenido mayor trascendencia si en el banco alguien no se hubiera equivocado y le hubieran deducido de su cuenta 5.460.000 dólares. Al cabo de unos días, el joven descubrió el error y fue al banco, donde rápidamente reconocieron que había sido una equivocación suya y, sin pegas ni dilaciones, lo arreglaron todo. O, al menos, eso creyeron. Sin

embargo, unos días después, el estudiante tuvo que volver porque los intereses que le quitaron de su cuenta por deber al banco los cinco millones de dólares ascendían a quince mil dólares. De nuevo el banco reconoció rápidamente su error. Bueno, parecía que ya estaba todo resuelto. Pero no, esos quince mil dólares de menos dejaron de darle los correspondientes intereses al estudiante, de forma que tuvo que volver al banco y reclamar unos cien dólares. De nuevo, los empleados del banco admitieron su culpa en el acto y le pidieron disculpas por tercera vez. Esta vez sí que todo parecía solucionado a satisfacción de todas las partes implicadas. Pero tampoco era así. El estudiante descubrió poco después que *sólo* le faltaba un dólar, correspondiente a los intereses que le hubieran producido los cien dólares durante todo ese tiempo...

189. En diciembre de 2003, el joyero holandés Johan de Boer decidió celebrar por todo lo alto el décimo aniversario de su tienda situada en la localidad de Apeldoorn e invirtió 60.000 dólares en comprar pequeños diamantes para hacer con ellos una promoción y regalárselos a algunos de sus mejores clientes. La promoción consistía en enviar por correo cuatro mil sobres, de los que doscientos contenían auténticos diamantes, y el resto, circonitas de escaso valor. Quienes los recibieran deberían pasar por la tienda para comprobar si eran unos u otros. Era una idea aparentemente ingeniosa, con un público objetivo cercano, ya que se trataba de sus propios clientes, y con una oferta difícil de rechazar: la posibilidad de tener un diamante totalmente gratis a cambio simplemente de pasar por la joyería. De Boer estaba muy contento al entrever los beneficios de todo tipo que le reportaría aquella campaña. Sin embargo, pasado un tiempo, sólo 35 «afortunados» (de los doscientos que habrían recibido la promoción) pasaron por la joyería para que les confirmaran la autenticidad del diamante, el resto (165) acabó probablemente en algún cubo de basura.

190. A la tienda de bicicletas Zane's Cycles de Branford (Connecticut), muy conocida por su devoción por los clientes, llegó en cierta ocasión un padre a recoger la bicicleta reparada de su hija, quien,

sin decírselo a él, había autorizado que se le cambiaran también ambas llantas (un servicio suplementario de cuarenta dólares). Aunque la empleada le explicó con paciencia y repetidamente que la compra fue aprobada por la chica, y ofreció comprobárselo, el cliente hizo le gritó enojado:

—Piensa que soy estúpido, pero la estúpida es usted. Está tratando de estafarme.

En ese momento entró Chris Zane, el dueño del negocio, se acercó al cliente y le dijo:

—Soy Chris Zane, márchese de mi tienda inmediatamente y cuénteselo a todos sus amigos.

Después de que el cliente se marchara, la asombrada empleada miró a Zane con cara de interrogación. Zane les explicó a ella y a otros empleados y clientes que se habían acercado al mostrador de la tienda que deseaba dejar claro que él valoraba a sus empleados infinitamente más que a un cliente grosero y malcriado. Y añadió:

—También expliqué que ésa era la primera vez que había echado a un cliente de la tienda y que no toleraría que mis empleados fueran maltratados por nadie. Creo que mis empleados necesitan saber que los respeto y que espero que ellos respeten a nuestros clientes. Simplemente, si estoy dispuesto a despedir a un empleado por maltratar a un cliente (y lo he tenido que hacer), entonces también debo estar dispuesto a despedir a un cliente por maltratar a un empleado.

191. En noviembre de 2011, mientras se encontraba en un aeropuerto, el autor, consultor y conferenciante Peter Shankman (1972) se dio cuenta de que cuando llegara a su destino iba a estar muerto de hambre. Tras desechar comer algo en un establecimiento de comida rápida del aeropuerto, decidió, medio en broma, tuitear a uno de sus restaurantes favoritos de la ciudad adonde se dirigía, el Morton's The Steakhouse de Hackensack (Nueva Jersey), preguntándoles si le podían entregar un buen bistec en el aeropuerto:

—Hola @Mortons, ¿podríamos quedar en el aeropuerto de Newark con un bistec de solomillo cuando aterrice dentro de dos horas? Gracias.

A pesar de ser un antiguo cliente, Shankman nunca tuvo esperanza alguna cuando se le ocurrió enviar aquel tuit. Sin embargo, para su incredulidad, un empleado de Morton condujo 37 kilómetros hasta el aeropuerto de Newark para darle la bienvenida con un menú completo. Shankman escribió en Twitter:

—¡Oh, Dios mío! No me lo creo… ¡Los de @Mortons se presentaron en el aeropuerto de Newark con un solomillo!

El alucinado Shankman compartió su experiencia en redes sociales, y durante semanas se estuvo hablando del local y de la iniciativa. Shankman contó lo siguiente:

—El empleado de Morton's se dirigió a mí para decirme que había oído que tenía hambre, llevaba una bolsa y en su interior había un solomillo de veinticuatro onzas, una ración gigante de langostinos, una guarnición de patatas —una de las especialidades más famosas de Morton's—, una rosca de pan, dos servilletas y cubiertos.

192. La noche del 3 de octubre de 2012, el *community manager* de la compañía KitchenAid, dedicada a la venta de pequeños electrodomésticos, durante el debate televisado entre Barack Obama y Mitt Romney, publicó un tuit supuestamente jocoso, pero ofensivo, sobre el presidente estadounidense desde la cuenta oficial de la empresa, aunque su intención era hacerlo desde su cuenta personal. El error salió caro. A él y a su empresa. El tuit decía:

—Ni la abuela de Obama sabía que iba a ser tan malo. Murió tres días antes de que él fuera presidente.

La abuela de Obama, Madelyn Dunham, falleció efectivamente en noviembre de 2008, cuando éste fue elegido presidente de Estados Unidos. Tras la publicación de este polémico tuit, muchos de los veinticuatro mil seguidores de @KitchenAidUSA reaccionaron con comentarios calificando el tuit como «de mal gusto» e «irrespetuoso». Algunos tuiteros se lamentaban incluso de que en su día hubieran comprado algún electrodoméstico de la marca KitchenAid. A las 1.50 horas de la madrugada, Cynthia Soledad, directora de KitchenAid, pedía perdón en Twitter, y a las 4.00 horas se disculpaba personalmente con la familia Obama. Además, aseguró que su empleado no volvería a tuitear en el futuro en nombre de KitchenAid. En un correo electrónico enviado a los medios de comunicación, Soledad calificó el suceso de una «broma de mal gusto» y se disculpó de nuevo con el presidente Obama. El tuit de la discordia ya había sido eliminado por la compañía, pero ello no impidió que siguiera viajando por la red, poniendo en entredicho la reputación de KitchenAid.

193. Conservado hoy en el Museo Egipcio de Turín (Italia), el llamado Papiro de la Huelga, datado hacia el año 1152 a. C., durante la XX dinastía, en los últimos años del reinado del faraón Ramsés III, documenta quizá el conflicto laboral más antiguo que se conoce. Por entonces, y según este papiro, dominados por la inflación y la crisis económica general, los aproximadamente sesenta artesanos sepultureros de Tebas (secundados por los de algunas otras ciudades del Antiguo Egipto) reclamaron mayores salarios y mejores condiciones de trabajo.

194. Por su parte, el director de orquesta griego Aristos protagonizó, en la Antigua Roma, hacia el año 300 a. C., la primera huelga personal que se recuerda. Aristos se negó a seguir trabajando si no se le concedía tiempo suficiente para poder comer. Al parecer, este primer huelguista de la historia conocida consiguió su objetivo.

195. Plutarco relató que un súbdito llegó al palacio de Alejandro (356-323 a. C.) con un mulo cargado de oro. Tanta era la carga que el mulo no pudo más y se desplomó. Entonces el emisario cargó el oro sobre sus hombros, y él mismo hizo de mulo. Muy despacio, casi agotado, el súbdito consiguió llegar al palacio. Cuando Alejandro lo vio aparecer, exhausto, le preguntó:

—¿Serías capaz de llevar este oro un poco más lejos?

—Por ti, Alejandro, soy capaz de todo.

—Pues si lo llevas hasta tu casa será tuyo.

196. En cierta ocasión, la zarina rusa Catalina II (1729-1796) afirmó respecto a sus relaciones con sus ministros:

—Estoy de acuerdo con ellos…, siempre que ellos estén previamente de acuerdo conmigo.

197. Al zar ruso Nicolás I (1796-1855) le preocupaba, y mucho, la excesiva complejidad del aparato administrativo y burocrático que estaba anquilosando su reino, muy extenso y muy difícil de gobernar. En cierta ocasión, definiendo su propia administración, confesó:

—Yo no gobierno Rusia; lo hacen diez mil funcionarios.

198. Por su parte, el todopoderoso emperador francés Napoleón Bonaparte (1769-1821) dijo en cierta ocasión algo parecido:

—La tiranía más insoportable es la tiranía de los subalternos.

199. Cierto día, en su acuartelamiento de la por entonces colonia francesa de Argelia, el general francés Aimable Pélissier (1794-1864), que sería mariscal de Francia y duque de Malakoff, se dejó llevar por un arrebato de ira y la emprendió a latigazos con uno de sus subordinados. Éste, también cegado por la ira, sacó la pistola, apuntó contra el general y apretó el gatillo. Afortunadamente para Pélissier, el arma se encasquilló. Entonces, el general gritó:

—Tres días en la celda de castigo por no tener el arma en perfecta condiciones.

200. En 1846, el ministro de Hacienda español, a la sazón, Alejandro Mon y Menéndez (1801-1882), trató de imponer una iniciativa por la cual los sueldos de los funcionarios públicos se abonarían a partir de aquel momento con periodicidad trimestral, y no mensualmente. Con ello intentaba, en sus propias palabras, «simplificar la contabilidad». Naturalmente, se elevó un clamor general de protesta, cuya intensidad hizo desistir en su empeño a tan «innovador» ministro.

201. En enero de 1914, once años después de haber montado su primera fábrica de automóviles, el empresario estadounidense Henry Ford (1863-1947) escandalizó a sus colegas capitalistas aumentando a más del doble los jornales de la mayor parte de sus trabajadores (pasaron de dos dólares y medio a cinco dólares al día). Sabía lo que estaba haciendo. Dados los problemas de rotación de personal que tenía, más las amenazas de los sindicatos, se

le ocurrió la brillante idea de pagar el doble a sus obreros en 1914, lo cual multiplicó la eficiencia y las ganancias en corto tiempo, aunque al principio fue duramente criticado por empresarios tradicionalistas. El poder de compra de sus trabajadores aumentó, y el incremento de su consumo estimuló las compras en otras partes. Ford llamó a esto el «incentivo del salario».

En febrero de 1914, se leyó en *The Wall Street Journal:* «Parece que Henry Ford, por influencia del filósofo idealista Ralph Waldo Emerson, y en particular de su ensayo *Compensation,* emprendió la mayor tontería que se haya intentado en el mundo industrial».

En la biografía del industrial, *Ford,* escrita por Robert Lacey, se lee: «*The Wall Street Journal* acusó a Henry Ford de "disparates económicos", si no crímenes, que muy pronto "volverían a atormentarlo a él y a la industria que representa, lo mismo que a la sociedad organizada"». Con su ingenuo deseo de mejora social, declaró el periódico, Ford había cometido el *horrible crimen* de inyectar «principios espirituales en un campo donde no tienen cabida», por lo que los dirigentes de la industria cerraron filas para condenarlo.

Lo cierto es que la iniciativa fue trascendental en su día. No sólo resolvió los problemas laborales de la compañía, sino que también les dio una clara ventaja competitiva que duró más de una década. La Ford redujo sus costes totales en lugar de aumentarlos. Los trabajadores acudían en multitud a las puertas de la empresa, y ésta podía seleccionar a los mejores obreros. Con la nueva política salarial, la administración ya no tuvo ningún problema al introducir métodos más eficientes y rápidos de producción.

202. En otra ocasión, Henry Ford contrató a un experto en eficiencia para que echara un vistazo por la fábrica y descubriera qué empleados y qué tareas no eran productivos. El experto hizo un recorrido, tomó muchas notas y, finalmente, regresó al despacho de Ford con su informe:

—He encontrado una persona improductiva. Cada vez que paso cerca de él, lo veo sentado sin hacer nada. Creo que usted debería considerar deshacerse de él.

—Imposible —respondió Ford al caer en la cuenta de a quién se refería el experto—. A ese hombre le pago para pensar y eso es precisamente lo que está haciendo.

203. Uno de los vicepresidentes financieros de una de las empresas de Henry Ford estaba mirando un concurso televisivo de preguntas y respuestas, junto a su jefe, en el que un concursante ganó todos los premios al responder correctamente todas las preguntas. Asombrado de la valía de ese hombre, el vicepresidente le preguntó a Ford:

—¿Cuánto le pagaría usted a este personaje?

—Unos dos mil dólares —contestó Ford.

—¿Diarios, semanales, mensuales? —preguntó el vicepresidente.

—No, por toda la vida, puesto que eso vale una enciclopedia.

204. Cierta vez se le preguntó al rey Leopoldo II de Bélgica (1835-1909) cuáles eran las grandes líneas directrices de su reinado y de su actuación democrática y constitucional. El monarca redujo su respuesta a esta sencilla fórmula:

—Que el pueblo está contento, me voy de paseo; que no lo está, mando de paseo a los ministros.

205. Georges Clemenceau (1841-1929) fundó en 1880 el periódico *La Justice*, del que durante un tiempo fue director. En cierta ocasión, Clemenceau, en vista de cómo brillaban los redactores por sus muchas ausencias y sus pocas presencias en la redacción, puso este aviso a la vista: «Se ruega a los señores redactores que tengan la amabilidad de no marcharse antes de llegar».

206. En 1901, cuando Álvaro de Figueroa y Torres (1863-1950), conde de Romanones, fue nombrado por primera vez ministro de Instrucción Pública y Bellas Artes, quiso comprobar por sí mismo la puntualidad y asiduidad del personal de su ministerio. A tal fin se presentó una mañana a las nueve en el ministerio acompañado de sus más próximos colaboradores. Entraron en una de las salas y comprobaron que no había nadie. Fueron visitando varias

salas una tras otra, y todas las hallaron desiertas, hasta que en una encontraron, por fortuna, a un funcionario..., aunque dormido. Uno de los acompañantes del nuevo ministro se aprestó a sacudirlo para despertarlo, pero Romanones le detuvo diciéndole:

—No le despiertes, porque, si lo haces, se marchará.

207. Albert Lebrun (1871-1950), que fue presidente de la República Francesa entre 1932 y 1940, no empezó bien su carrera años antes, ya que fue expulsado del cuerpo de funcionarios del Estado por culpa de una contestación ingeniosa. Un inspector visitaba la oficina donde trabajaba Lebrun y le preguntó a uno de los funcionarios:

—¿Cuál es su misión aquí?

—Corregir los errores, señor —contestó el interpelado.

El inspector se acercó entonces a Lebrun, que ocupaba la mesa inmediata, y le preguntó:

—¿Y la suya?

—Cometer errores para que mi compañero tenga trabajo —dijo Lebrun.

Aquella jocosa contestación le costó el puesto.

208. Para remediar en lo posible su mala situación económica crónica, el escritor español Emilio Carrère (1881-1947) aceptó una oferta para trabajar en el Tribunal de Cuentas. Pero, al poco tiempo, con más o menos razón, todo el mundo comenzó a hablar (mal) de sus continuas ausencias laborales. Se contaba que su jefe inmediato le llegó a decir:

—Mire usted, Carrère, con esa manía de retrasarse va a llegar el momento en que se presentará usted todos los días al día siguiente.

209. En junio de 1932, se quejaba el escritor y político francés Anatole de Monzie (1876-1947), a la sazón ministro de Instrucción Pública, del premioso maquinismo de la administración pública, que dificultaba, cuando no esterilizaba, la realización de las mejores iniciativas, y decía:

—¡Ah, la administración pública! Toda ella no es más que una lucha entre hombres que tienen ideas y jefes de negociados que tienen expedientes.

210. En referencia al ambiente de trabajo que le gustaba que dominara en su equipo de colaboradores, el productor de Hollywood Samuel Goldwyn (1879-1974) declaró en cierta ocasión:

—No quiero a ningún «sí, señor» a mi alrededor. Quiero que todos me digan la verdad..., aunque eso les cueste el trabajo.

211. La actriz estadounidense Hedy Lamarr (1913-2000), que siempre se distinguió en Hollywood por lo vivo de su genio y por sus reacciones apasionadas, confesó durante una conferencia de prensa algo parecido:

—Yo respeto sinceramente a todo el que me dice con entera franqueza que estoy equivocada.

A lo cual, un agente de publicidad que trabajaba con ella y que se hallaba presente hizo el siguiente comentario:

—Muy bien. Yo le digo francamente que está equivocada y ella me respeta..., pero ¿dónde consigo otro empleo?

212. El empresario operístico británico y de origen austríaco Rudolf Bing (1902-1997) odiaba que hubiera conflictos laborales o sindicales en sus teatros. Un día, en mitad de una huelga de sus empleados, cuando los miembros de un piquete se interpusieron en su camino gritándole sus consignas, él, conservando toda su calma, se acercó a ellos y les dijo serenamente:

—Lo lamento, señores, pero no entiendo sus reivindicaciones. ¿Serían tan amables de gritármelas otra vez?

213. Cuentan los que trabajaron con el cineasta aragonés Luis Buñuel (1900-1983) que, cuando iba a comenzar un rodaje, compraba en los mercadillos relojes de cadena baratos. Luego, en el plató, cuando las cosas iban mal, cogía una de esas baratijas y la estrellaba contra el decorado. Una vez calmado, y simulando tristeza, decía lo siguiente:

—Ha pasado por todos mis antepasados y me lo regaló mi

abuelo antes de morir... ¿Os dais cuenta de lo que me habéis hecho hacer?

Tras ello, todo iba como la seda. Al menos, eso se cuenta.

214. El Tribunal de Cuentas de Francia, máximo organismo público de control del país, y que supervisa las empresas estatales, reveló en su informe anual de 1983 que había habido un físico trabajando en el Centro Nacional de Investigaciones Científicas de Francia que se había declarado en huelga en 1969. Nadie se había dado cuenta de su ausencia hasta 1981.

215. Hacia 1985, los agentes del Tribunal de Cuentas de Estados Unidos descubrieron que el célebre Pato Donald estaba cobrando la cantidad de 99.999 dólares anuales como empleado de una secretaría de Estado. Se comprobó que un funcionario, habilísimo pirata informático, lo había introducido en la nómina del Estado, burlando todos los controles programados para detectar estafas. El funcionario se estaba enriqueciendo no sólo a costa del susodicho pato, sino también de otros «trabajadores» llamados Betty Boop, David Crockett y otros treinta personajes más de ficción, todos ellos incluidos en la nómina estatal.

216. Howard Schultz (1953), el fundador y consejero delegado de Starbucks, es uno de los empresarios multimillonarios mejor valorados por sus propios empleados. Pero hay razones objetivas para ello. Primero decidió contratar a más de diez mil veteranos de guerra y a sus cónyuges en un plan de contratación que durará hasta 2018. Él sabe bien por experiencia propia lo difícil que es para los veteranos de guerra incorporarse al mercado laboral. Asimismo, Starbucks es una empresa tan comprometida con sus empleados que es de las pocas que les paga las matrículas universitarias. Starbucks no sólo quiere que trabajen en la compañía temporalmente, sino que hagan carrera en ella. De hecho, cuando habla de sus trabajadores los llama «socios», otorgándoles opciones sobre acciones y atención médica completa. En 1988, con cierta reticencia del consejo de administración, Howard consiguió que Starbucks comenzara a asumir también el seguro médico de

los trabajadores a tiempo parcial (no sólo de los fijos), lo que supuso un gran golpe de efecto que, con el devenir de los años, se antojó clave en el desarrollo de la empresa. La insistencia de Schultz se debía a su propia historia familiar. A Schultz no se le olvida nunca la mala situación que atravesó su padre por no tener un seguro de salud (cayó enfermo, tuvo que dejar de trabajar y toda la familia lo pasó muy mal), y no quiere que ninguno de sus empleados pase por eso.

Con estas medidas, Schultz puso a Starbucks en el camino correcto. Poco después, en 1991, ya con rentabilidad positiva, estableció un nuevo plan en este sentido: opciones sobre acciones de la compañía para todos los empleados, convirtiéndolos así en socios y haciéndolos partícipes de la buena marcha de la empresa. Así lo defendió Schultz:

—Mi padre trabajó duro toda su vida y no consiguió nada. Era un hombre derrotado. Éste no es el sueño americano. Nuestros trabajadores están contribuyendo a generar un gran valor para la empresa, si ellos y ellas tienen una baja autoestima, esto tendrá un efecto negativo en la compañía.

217. En cierta ocasión, la empresa Starbucks mandó invitaciones de un café gratis a los familiares y amigos de los empleados. Lo hizo con la muy buena intención de fomentar los lazos personales de las familias de los trabajadores. Pero nunca esperó que su invitación se convirtiera en un correo reenviado e impreso tantas veces que, al final, la empresa tuvo que cancelar la oferta por abusos de muchos supuestos familiares, cancelación que le valió, además, una demanda por 114 millones de dólares.

218. Las ofertas de empleo de la cadena de tiendas de conveniencia Trader Joe's se anuncian con el siguiente reclamo: «Se busca persona simpática, amable, ambiciosa y responsable para trabajar en supermercado de moda. Los aspirantes deberán tener una gran sonrisa». Sus dependientes no son sonrientes sólo por naturaleza, sino también porque Trader Joe's paga unos salarios superiores a la media del sector y reparte generosas comisiones. Además, dicha cadena crea un fondo de jubilación para sus trabajadores y

ofrece seguros sanitarios, incluso para los de media jornada, algo casi inaudito en el mercado laboral estadounidense.

219. Un joven presentó su candidatura a un trabajo en una agencia de publicidad. Tras analizar atentamente su currículum, le dijeron:

—Su currículum está lleno de incoherencias, medias verdades y completas mentiras… ¡Bienvenido a bordo!

220. En marzo de 1998, el diario *Times* de Londres informó que un empleado del bufete jurídico James Beauchamp, de Edgbaston (Inglaterra), se acababa de suicidar y que la firma para la que trabajaba había presentado inmediatamente a su madre varias facturas de cerca de veinte mil dólares por los gastos derivados de terminar el trabajo pendiente del difunto. Entre las facturas había una de aproximadamente 2.300 dólares por haber mandado a alguien a su casa para averiguar por qué no se había presentado al trabajo (persona que, por cierto, había descubierto el cadáver), además de otra de cerca de 250 dólares por haber mandado a alguien a la casa de su madre, llamar a su puerta y decirle que su hijo había muerto. Aunque fue una decisión claramente insuficiente, nada más conocerse el hecho, la empresa trató de minimizar la mala publicidad anulando aquellas facturas. También se excusó.

221. En 2014, Jeff Bezos, consejero delegado de Amazon, fue elegido como el peor jefe del mundo en opinión de los sindicatos durante el tercer congreso de la Confederación Sindical Internacional (CSI), celebrado en Berlín. La votación fue hecha a través de internet. La secretaria general de esta confederación, la australiana Sharan Burrow (1954), indicó que Bezos representa la inhumanidad de los patronos que promueve el modelo empresarial estadounidense.

222. La compañía japonesa Matsushita Electric Industrial Co. Ltd. (desde 2008, Panasonic Corp.), preocupada por mejorar el ambiente laboral de sus distintos centros de trabajo, preparó a ese efecto una sala de esparcimiento para los trabajadores en la que se instalaron toda clase de servicios, incluyendo unos maniquíes con los

rasgos físicos de los jefes, que los empleados podían golpear con bastones puestos allí a su disposición, como desahogo de las posibles tensiones del trabajo diario.

223. El obrero Robert Williams fue el primer hombre asesinado por un robot. Sucedió el 25 de enero de 1979, en la planta fabril de la compañía automovilística Ford de Flat Rock (Míchigan). Williams se subió a la parte superior de un depósito de repuestos para volver a colocar una pieza en su lugar, ya que el robot encargado de esos menesteres estaba estropeado. Sin embargo, la máquina se reactivó súbitamente y lo golpeó con su brazo metálico, matándolo instantáneamente.

224. Desde 1972 (cuando Walmart comenzó a cotizar en bolsa) hasta 1990, las acciones de la compañía superaron con mucho los mejores sueños de quienes las compraron. Cien acciones adquiridas en 1970 por 1.650 dólares, tenían un valor de 2,6 millones doce años después. En 1971, Walton instrumentó un plan de participación en las ganancias para todos sus empleados. Con merecido orgullo, el empresario repitió varias veces que un camionero de Walmart que hubiera comenzado a trabajar en la empresa en 1972 habría terminado con más de setecientos mil dólares de participación de ganancias veinte años después.

225. Google cuenta con más de diez mil empleados en todo el mundo, a quienes pide utilizar una quinta parte de su tiempo laboral en pensar y desarrollar nuevos proyectos. Productos como Gmail, Google News y AdSense surgieron de esta iniciativa. Google asegura que la mitad de los productos que ha lanzado provienen de ese 20 por ciento de tiempo «libre» para los empleados. Además, la compañía gasta cerca de 72 millones de dólares al año para dar a sus trabajadores dos comidas gratuitas al día.

4. QUIEBRAS Y CRISIS

226. En la historia de las grandes compañías estadounidenses se han ido acumulando los ejemplos de altos directivos que destacaron por todo menos por su buena gestión, y que finalmente cayeron, aunque a un precio elevado y con graves consecuencias para sus empresas. Pongamos algunos ejemplos.

Es el caso de John F. Akers (1934-2014), presidente y consejero delegado de IBM, que llegó a la compañía en 1985 y la abandonó treinta y tres años más tarde. Cuando el resto del mundo se movía hacia los ordenadores personales, Akers se empecinó en mantener el negocio de las computadoras centrales, grandes, potentes y costosas, propias de los días de gloria de IBM y de su competencia, los llamados «siete enanitos», es decir: Burroughs, Control Data, General Electric, Honeywell, NCR, RCA y Univac. A IBM se la llamaba «Blancanieves».

227. A Gerald M. *Jerry* Levin (1939), presidente y consejero delegado de Time Warner, se le achaca un error que muchos califican de colosal: su impaciencia por convertirse en consejero delegado de una empresa de los nuevos medios le llevó a diseñar una fusión con una AOL (America Online Inc.) sobrevalorada, en lo que se conoce como uno de los peores acuerdos de adquisición que se recuerdan. De él se llegó a decir que había sufrido la peor «crisis de los cuarenta» de la historia del capitalismo estadounidense.

228. El triunfo de John Sculley (1939), consejero delegado de Apple, fue también su gran error. Steve Jobs favoreció su llegada a Apple ante la necesidad de disponer de un «experto» en gestión que pusiera orden en la maquinaria creativa. Finalmente, Sculley forzó la marcha de Jobs. Como vicepresidente de PepsiCo, Sculley fue

un gran vendedor y defensor de su marca, pero resultó desastroso como consejero delegado de una compañía tecnológica y demostró un grado mínimo de adecuación a este campo. Su mandato estuvo plagado de conflictos entre los principales directivos, así como repleto de proyectos caros y sin éxito. Sculley incrementó el precio del Macintosh cuando los ordenadores personales empezaron a ser más baratos. Por fin, el consejo de la compañía le destituyó en 1993, cuando Apple se deslizaba hacia la bancarrota.

229. Kenneth Lay (1942-2006), fundador y consejero delegado de Enron, el gigante energético, fue declarado en 2006 culpable de once cargos de fraude y conspiración que llevaron finalmente a la compañía al colapso. Cobraba doce millones de dólares anuales en 2001, y no sólo fue deshonesto, sino también inepto como director y totalmente desinteresado por las cuestiones relacionadas con la gestión diaria de la compañía, algo que aprovecharon algunos otros directivos para buscar su propio interés. Tendría que haber estado treinta años en prisión, pero murió de un ataque al corazón.

230. El antiguo piloto de las Fuerzas Aéreas de Estados Unidos Dick Fuld (1946), presidente y consejero delegado de Lehman Brothers, decidió ignorar las advertencias de los expertos y actuar por su cuenta, aunque el riesgo lo corrieran otros. En realidad, la asunción de ciertos riesgos fue típica de todo Wall Street, aunque no lo fue su empecinamiento al negarse a reconocer que su compañía tenía problemas serios. CNN lo incluyó en la lista de culpables del colapso financiero. Después, Fuld destacó por su falta de arrepentimiento, algo que sí mostró hasta el propio Bernard Madoff.

231. Robert Nardelli (1948), consejero delegado de compañías como The Home Depot y Chrysler, encadenó trabajos de altura sin demostrar absolutamente nada como directivo. Alcanzó la cima en The Home Depot en 2000, tras su salida de General Electric, y fue despedido en 2007, siendo considerado el principal responsable de la pérdida de cuota de mercado de la empresa. Se le acusó de maltrato a sus ejecutivos, de reducir los servicios a los clientes y

de negarse a recortar sus excesivos ingresos y privilegios. Su salida le costó a la empresa minorista de bricolaje y material de construcción 210 millones de dólares. Aún con ese bagaje a sus espaldas, Nardelli fue contratado por el grupo Cerberus, que lo puso al frente de Chrysler, donde estuvo hasta 2009.

232. A Stan O'Neal (1951), presidente y consejero delegado de Merrill Lynch, se le atribuye una personalidad dañina, y su obsesión por recortar costes le granjeó muchos enemigos. Su empeño en tomar riesgos innecesarios y su alta exposición a las *subprime* favorecieron su salida. Después de que Merrill Lynch reportara las peores pérdidas trimestrales en sus noventa y tres años de historia, y de que se descubriera la aproximación de O'Neal a la empresa de servicios financieros Wachovia para lograr una fusión sin la aprobación del consejo, fue finalmente despedido.

233. Carly Fiorina (1954), consejera delegada de Hewlett Packard, es el ejemplo de directivo dedicado casi por entero a la promoción personal. Su mayor ocupación y preocupación fue pontificar en los círculos de la elite intelectual y en los circuitos de conferencias, y aparecer en las portadas de las revistas, mientras su compañía avanzaba sin rumbo fijo. Se preocupó de percibir unos cuantiosos ingresos y bonus mientras la firma estaba embarcada en un plan de reducción de costes y despidos. La fusión con Compaq, que ella orquestó en 2002, fue considerada como un gran error. Salió de la compañía en 2005.

234. Martin J. Sullivan (1955), consejero delegado de American International Group (AIG), fue quien aprobó los llamados «bonus de retención» que la empresa pretendía pagar después de haberse quedado con 200.000 millones de dólares de los contribuyentes estadounidenses. Sullivan fue despedido antes del rescate de AIG, pero su inoperancia y falta de acción como consejero delegado contribuyeron a crear el gran desastre de AIG. Sullivan minusvaloró el riesgo y la exposición a las *subprime*, asegurando que eran fáciles de gestionar, mientras las anotaciones se amontonaban y la firma registraba sus segundos peores resultados trimestrales de la historia.

235. La compañía coreana de automóviles Daewoo, fundada el 22 de marzo de 1967 por Kim Woo-choong (1936), llegó a ser el sexto fabricante de coches del mundo gracias a sus modelos de bajo coste y a su internacionalización apoyada crediticiamente durante un tiempo por el gobierno surcoreano. Durante la década de 1990, el holding Daewoo se endeudó mucho para poder continuar su expansión y consiguió llegar a ser la segunda compañía de una emergente Corea del Sur. Pero, en 1997, la crisis financiera asiática estalló, y el nivel de endeudamiento de Daewoo ya era para entonces demasiado elevado. Pese a que todas las compañías tenían problemas, al contrario que otras como Hyundai y Samsung, Daewoo siguió comprando empresas y no se deshizo de activos deficitarios. La gran cantidad de deuda que soportaba y el desplome de las ventas hicieron imposible su recapitalización y, más tarde, en 1999, su inevitable bancarrota. El ejecutivo surcoreano desmanteló el grupo y vendió sus filiales a distintas empresas para evitar un colapso de la economía nacional. Woo-choong huyó de la justicia y no regresó a Corea hasta 2005, para ser condenado entonces a diez años de cárcel por fraude contable y evasión de capitales. La división más conocida de Daewoo a escala mundial, su marca de coches, fue rebautizada en 2002 como GM Daewoo, cuando General Motors se hizo con el control. Desapareció en 2011 después de que adquiriesen la última de sus unidades de negocio (Daewoo Motors) y la rebautizaran como GM Korea.

236. En 1970, Schlitz era la segunda cerveza más consumida de Estados Unidos. Había sido la primera hasta 1957, pero en ese momento fue superada por su gran competidora, Budweiser. A Robert Uihlein, junior (1916-1976), el por entonces presidente de la Joseph Schlitz Brewing Company, se le ocurrió una idea genial para recuperar el liderato: producir cerveza más barata en menos tiempo, recortando el coste de los ingredientes y acelerando el proceso de producción. Uihlein cambió parte de la malta de cebada por jarabe de maíz, más barato; añadió gel de sílice como clarificador y usó otro tipo de estabilizador de espuma, lo cual la nueva normativa obligaba a reflejar en las etiquetas; sustituyó el proceso tradicional por la fermentación a alta temperatura, y reemplazó algunos otros ingredien-

tes habituales por extractos menos caros. Uihlein llegó incluso a experimentar con la fermentación continua, diseñando, construyendo y equipando una nueva fábrica de cerveza para ese nuevo proceso en Baldwinsville (Nueva York). Con todos esos cambios, logró reducir el tiempo de producción de cuarenta a quince días.

Parecía un éxito empresarial incuestionable, pero resultaría muy efímero. La cerveza reformulada por Uihlein no sólo tenía la propiedad de perder gran parte del sabor y la consistencia de la fórmula tradicional, sino que, además, se echaba a perder más rápidamente, generando una especie de mucosidad gelatinosa en el fondo. La ruina estaba al caer. En 1976 había una creciente preocupación de que la Administración de Alimentos y Medicamentos estadounidense (FDA, por sus siglas en inglés) comenzara a requerir indicar todos los ingredientes en el etiquetado de botellas y latas. Para evitar tener que revelar el nuevo aditivo artificial de gel de sílice, Uihlein decidió pasar a denominarlo «chill-garde», e indicó que, como se filtraba al final del proceso, no era necesario mencionarlo en la etiqueta. Pero este nuevo agente reaccionaba mal con el estabilizador de espuma que se utilizaba y Schlitz tuvo que retirar del mercado diez millones de botellas de cerveza, con un coste de 1,4 millones de dólares de la época.

Además, en 1977, tratando de revertir la caída de las ventas, Schlitz lanzó una desastrosa campaña publicitaria en televisión creada por Leo Burnett & Co. En los anuncios se le exigía con un altavoz fuera de imagen a un corpulento bebedor de Schlitz que no se cambiara a una cerveza rival. La audiencia rechazó la amenazante campaña, que en el mundillo de la publicidad pasó a ser conocida como «Bebe Schlitz o te mato». La compañía respondió retirando la campaña después de diez semanas y rescindiendo el contrato con Leo Burnett. El golpe final para la empresa sería el comienzo de una huelga total en la planta de Milwaukee en 1981. Cerca de setecientos trabajadores de la cadena de producción se declararon en huelga el 1 de junio de 1981. Finalmente, la compañía fue adquirida por Stroh Brewery Company, de Detroit (que quebró en 2000, siendo la marca producida hoy por Pabst Brewing Company, propiedad, desde 2014, de Blue Ribbon Intermediate Holdings).

237. La compañía Radio Corporation of America (RCA) fue la primera en vender televisores electrónicos a gran escala y en un amplio mercado. Sin embargo, entre 1965 y 1980, la compañía comenzó a diversificarse más allá del alcance de su negocio tradicional. Su expansión fue tan rápida que la empresa se hizo inmanejable. Compró una surtida colección de compañías, de muy variados sectores, incluyendo la editorial Random House (1965), la compañía de alquiler de coches Hertz Corporation (1967) y una industria de alimentos congelados (1970). La compañía incluso trató de hacer una incursión en el territorio de los ordenadores centrales a través de IBM. Una vez diversificada, la compañía tuvo que reducir gastos en I+D en sus principales líneas de producto. Al comprobarse que la mayoría de estas adquisiciones no tuvo éxito, RCA anunció que iba a volver a centrarse en sus productos tradicionales, es decir, en los televisores en color. Para entonces, sin embargo, la empresa tuvo que competir con los fabricantes asiáticos, que, gracias a su I+D, habían abaratado los productos electrónicos de consumo. Finalmente, la compañía fue vendida a General Electric, en 1986.

238. En 1910, los amigos William S. Harley y Arthur Davidson fundaron la fábrica de motocicletas Harley-Davidson, que en sólo diez años alcanzó un mercado mundial. Durante las dos guerras mundiales, la marca se convirtió en proveedor oficial de motos para el ejército. Luego, en la década de 1950, se convirtió en todo un símbolo de rebeldía y libertad para la juventud estadounidense. Pero, en los años sesenta se redujeron considerablemente sus ventas por los altos impuestos a la exportación, la entrada en el mercado interior de motos fabricadas en Japón (más ligeras y económicas, y de excelente calidad) y la mala imagen pública del típico conductor de las Harley-Davidson, así como, principalmente, porque la compañía pasó a manos de la American Machine & Foundry, que desmejoró considerablemente la calidad de las motos. Desde 1980, las ventas cayeron estrepitosamente.

Los inversores Willie G. Davidson, Charles Thompson y Vaughn Beal compraron la compañía y comenzaron a proponer soluciones para recuperar mercado. Primero, evaluaron las operaciones de fabricación usadas en Japón. Al aplicar esos mismos procesos de calidad en sus fábricas, Harley-Davidson comenzó a lograr grandes mejoras. Otra acción decisiva fue solicitar a la Comisión Internacional de Comercio la aplicación de un arancel especial para los fabricantes japoneses. Por último, la empresa inició una campaña de marketing para cambiar la mala imagen de los conductores y recuperar la confianza de los compradores, basada en su excelente calidad. Con estos cambios comenzó una nueva tendencia en la compañía que, antes de sucumbir ante la competencia, prefirió explotar su propia personalidad. Las ventas de las motos se dispararon en 1987 hasta alcanzar los 295 millones de dólares. Hoy Harley-Davidson es una empresa que mantiene el liderazgo en el mercado mundial gracias al cambio en su paradigma, centrado en la constante mejora de la calidad.

239. En 1994, cuando Gordon M. Bethune (1941) se hizo cargo de Continental Airlines, como consejero delegado y presidente, esta compañía aérea estadounidense, con muchos problemas, ya se había enfrentado dos veces a la quiebra, y ahora estaba de nuevo al borde de hacerlo otra vez, que hubiera sido la definitiva. En su búsqueda de soluciones desesperadas, la junta directiva de Continental Airlines acudió a una empresa de cazatalentos, que sugirió como la persona indicada para intentar salvar la empresa a Bethune, que acababa de completar un curso de gestión avanzada de la Escuela de Negocios de Harvard. Rápidamente, Bethune recordó que la bondad de toda compañía aérea era definida por la satisfacción del cliente y no por el coste de asiento/kilómetro recorrido. Su plan de salvación se dirigió a los tres pilares básicos: la moral de los empleados, la calidad del producto y la estructura de las rutas. Con esto, más una buena dosis de sensatez y sentido común y su calidad de gestión, Bethune logró salvar Continental Airlines de la extinción. Y no sólo eso. Bajo su dirección, Continental Airlines pasó de estar en el último lugar de cualquier ranking a ganar más premios J. D. Power and Associates a la Satisfacción del Cliente que cualquier otra compañía aérea del mundo. La revista *Businessweek* eligió a Bethune como uno de los veinticinco mejores gestores globales en 1996 y 1997, y, lo que es más importante, el valor

de sus acciones aumentó de dos dólares a más de cincuenta. La revista *Fortune* incluyó a Continental Airlines entre las cien mejores empresas para trabajar en Estados Unidos durante seis años consecutivos. En 2004, su último año de gestión, *Fortune* situó a Continental Airlines en el número uno del ranking de compañías aéreas globales más admiradas, título que renovaría en 2005, 2006, 2007 y 2008.

240. Hacia 1991, ni los propios empleados del Holy Cross Hospital de Chicago querían hospitalizarse en él, y se decía que hasta les daba vergüenza decir que trabajaban allí. Según el índice de satisfacción de pacientes medido por Press-Ganey, que analiza a cerca de 440 hospitales de todo Estados Unidos, el Holy Cross Hospital estaba entre el 5 por ciento de las peores instituciones de salud del país. Sin embargo, en 1993, sólo dos años después, la situación había dado un vuelco espectacular. Y todo ello gracias a la buena dirección de Mark Clement, al que la desesperada junta directiva del hospital entregó el poder en 1992. Clement impulsó una batería de mejoras radicales, que llevaron al hospital a dar un salto de 80 puntos (de 14 a 94) en la encuesta de Press-Ganey antes mencionada. La gerencia visionaria de Clement logró crear confianza en el personal y aumentó la productividad y la preferencia de los pacientes mediante cinco normas centrales que pasaron a ser su credo: servicio, excelencia, respeto, valor y entusiasmo (lo que, desde entonces, se conocen en los manuales de gestión con la sigla SERVE).

241. La legendaria fama de Steve Jobs (1955-2011) no sólo se debe a su calidad como emprendedor y a sus grandes inventos, sino también a haberse recuperado de un fracaso aparentemente insuperable. Jobs encontró el éxito en su juventud, cuando Apple se convirtió en un imperio, pero a los treinta años, en 1985, la junta directiva decidió despedirlo. Jobs se quedó devastado al ser apartado de su creación tras una lucha de poder con el consejo de administración. Pero, sin dejarse intimidar por el fracaso, enseguida fundó una nueva empresa llamada NeXT, a la que dedicó todo su esfuerzo. La empresa se dedicaba al desarrollo y la fabricación

de una serie de estaciones de trabajo destinadas a la educación superior y a la formación empresarial. Pero debido al alto precio y a su vulnerabilidad ante los virus, nunca se materializaron las ventas, aunque su legado fue duradero. La empresa quemó cientos de millones de dólares de inversores. Finalmente, en 1996, Jobs logró que Apple le comprara NeXT y volvió a tomar el control como consejero delegado interino de su antigua empresa.

Cuando Jobs decidió recuperar el control de Apple, se ganó la confianza de la dirección en detrimento del entonces consejero delegado, Gil Amelio, logrando que se lo nombrara director interino el 16 de septiembre de 1997. Una vez que regresó a Apple, renovó la imagen de la empresa y la hizo crecer. Algunas de sus primeras medidas en su nuevo puesto fueron firmar un acuerdo con Microsoft que incluía: que esta empresa invertiría dinero en Apple a cambio de un 4 por ciento de sus acciones, aunque este porcentaje no le diera derecho a voto en las decisiones de la junta directiva de la empresa; la adecuación y el suministro del *software* ofimático Office para los ordenadores Macintosh; y el fin de las disputas por la interfaz gráfica. Además, se suprimió el programa de licencias del sistema operativo Mac OS a otros fabricantes de *hardware*, como Power Computing, empresa que sería finalmente adquirida por Apple, lo que impidió la popularización de esta plataforma informática; y también se canceló el Apple Newton, un dispositivo de características similares a un asistente digital personal. Estas medidas (algunas de ellas polémicas) permitieron a la compañía centrar sus esfuerzos en mejorar sus productos y probar nuevas líneas de negocio, como la tienda digital de música iTunes Store, los reproductores de audio iPod y los ordenadores iMac, que resultaron ser un gran éxito.

A partir de entonces, Jobs daría rienda suelta a su creatividad, haciendo de Apple una de las empresas más exitosas en la primera década del siglo XXI. Con su influyente carrera en la electrónica de consumo, transformó «una industria tras otra, desde computadoras y teléfonos inteligentes a la música y las películas». En diciembre de 2009, la *Harvard Business Review* lo eligió consejero delegado del año por «incrementar en 150.000 millones el valor en bolsa de Apple en los últimos doce años». Sin embargo, el 24 de agosto de 2011 presentó de nuevo su renuncia como consejero delegado de Apple y fue sustituido por Tim Cook. A partir de esta fecha y hasta su cercana muerte, fue presidente de la junta directiva de Apple. Horas después del anuncio de su cese, se redujo en 5 puntos el valor de las acciones de Apple.

242. La Pan American World Airways (o Pan Am) fue la mayor compañía aérea de Estados Unidos durante décadas y una de las que más contribuyó a fomentar el transporte transoceánico entre Europa y América, además de inaugurar algunas líneas nuevas sobre el Pacífico. Pero tras la crisis del petróleo de 1973, los costes comenzaron a subir, haciendo mucho menos rentable la compañía. Además, la demanda descendió considerablemente y la competencia era cada vez más dura. Para intentar corregir la tendencia negativa, Pan Am invirtió millones en una nueva flota de Boeing 747 con las expectativas de que la demanda de viajes transoceánicos seguiría en ascenso, algo que no ocurrió. Para intentar compensar la nueva competencia en las líneas internacionales, la empresa intentó operar nuevos destinos nacionales. Pero Pan Am estaba demasiado especializada en vuelos transoceánicos, y en el mercado nacional las rutas estaban bien cubiertas con compañías que llevaban años ofreciendo sus servicios, con lo que su adaptación fue lenta. Al mismo tiempo, esas mismas compañías domésticas, estaban entrando en el mercado internacional, lo que suponía más competencia para la empresa. Esta situación y la creciente amenaza terrorista (como el atentado contra uno de sus vuelos que generó el llamado desastre de Lockerbie, en 1988) precipitaron la ruina de la compañía, que declaró la bancarrota en 1991.

243. En 1992, la multinacional de aparatos electrodomésticos Hoover puso en marcha una campaña de promociones en el Reino Unido que ofrecía vuelos gratis al resto de Europa y a Nueva York a todos los clientes que gastaran más de cien libras esterlinas en productos de su marca; un gasto mucho menor al propio coste de los vuelos. La compañía confiaba en que los clientes estarían poco dispuestos a completar todo el farragoso proceso burocrático de rellenar las solicitudes. Sin embargo, pronto comprobaron muy

preocupados que habían minusvalorado cuán popular se haría la promoción. La compañía comenzó a denegar los vuelos prometidos a sus clientes y a cargar con el peso de la mala publicidad que eso supuso. Finalmente, Hoover se vio forzada a atender muchas de las consecuentes reclamaciones, por lo que tuvo que asumir un coste total de unos 48 millones de libras. La compañía matriz Maytag vendió la división británica a la empresa de electrodomésticos italiana Candy, y todo el personal directivo relacionado con aquella promoción perdió, lógicamente, su puesto de trabajo.

244. Al principio, la Digital Equipment Corp., fabricante de miniordenadores, fue un éxito, pues sus productos tenían un precio por debajo de los grandes equipos, sector dominado principalmente por IBM. Digital controló el mercado del miniordenador entre mediados de los años sesenta y principios de los años noventa, pero no pudo entrar en los nuevos mercados de estaciones de trabajo y ordenadores personales tan rápido como hubiera debido. Cuando por fin decidió entrar, en diciembre de 1990, trató de utilizar sin éxito su propio sistema operativo, VMS. Mientras empresas como Hewlett-Packard y Sun Microsystems fueron capaces de ganar cuota de mercado aplicando el sistema operativo UNIX, que permitía muchas más aplicaciones de *software* que VMS, los ordenadores de Hewlett-Packard e IBM, que se basaban en Intel y Microsoft, comenzaron a dominar el mercado del ordenador personal (PC) a finales de los años ochenta. Entre 1991 y 1996, Digital perdió dinero cada año, excepto uno, incluyendo más de dos mil millones en 1992 y 1994. La empresa alcanzó su punto máximo en 1993, pero en sólo seis años, cayó al puesto 1.180 del ranking, antes de que, en 1998, fuera adquirida por Compaq.

245. Para competir contra Yahoo!, Microsoft invirtió cuatrocientos millones de dólares para comprar Hotmail, que fue el mayor servicio de correo electrónico durante más de una década. Este movimiento trajo un incremento en las subscripciones al correo y en el tráfico web, además de la integración de aplicaciones de Microsoft, como Windows Live Messenger y SkyDrive, que dieron una fresca e innovadora experiencia a los usuarios como ningún otro

servicio de la época, excepto Google. Pero, finalmente, Microsoft suspendió el servicio Hotmail en favor de su nuevo portal de mail: Outlook.

Aunque muchos expertos pronosticaban un internet privado y de pago, algunas empresas (como Hotmail, Geocities y Tripod) se lanzaron a la red para ofrecer de forma gratuita los servicios electrónicos más populares. El negocio consistía en atraer al mayor número de clientes posible a cambio del espacio publicitario para los *banners* de los anunciantes, que patrocinarían el servicio. Esta fórmula sería imitada por otras muchas empresas de la red. Mientras tanto, el mercado de los servicios online privados entró en una frenética dinámica de compras y fusiones: AOL absorbió a su directo competidor, CompuServe, y otros servicios, como Prodigy o Genie, emigraron a internet en busca de un mercado menos difícil. Pero probablemente fue Microsoft Network la empresa que peor afrontó esta etapa. La pérdida de usuarios en todo el mundo la obligó a suspender la actividad en muchos países, entre ellos España.

246. BOO.com constituye uno de los más notorios fracasos del comercio electrónico europeo. Gracias a su inversión inicial de 165 millones de dólares, esta empresa británica había desarrollado una website dedicada a la venta de ropa informal y accesorios de marca, y estaba decidida a cambiar los hábitos de consumo y lograr que, a la vez que compraran, sus clientes pudieran pasar un rato entretenido ante su ordenador. Para ello, además de prometer asumir los costes de envío de los pedidos, ofrecían un catálogo online de productos con un total de cuarenta firmas, entre ellas, Donna Karan, New Balance, Mandarina Duck, Moschino… Este proyecto se puso en marcha a principios de 1999, con la ambición de convertirse en el primer proveedor de moda por internet, siendo su público objetivo los jóvenes con un alto poder adquisitivo y poco tiempo libre, amantes de la ropa cómoda y los buenos diseños. De acuerdo con este público objetivo, los diseñadores se centraron en crear una website colorida, divertida y que incorporase los últimos avances técnicos del momento: animaciones en Flash, *plug-ins* para disfrutar de prendas que rotaban 360 grados

en la pantalla, zums que se acercaban a la imagen, hasta las costuras de cada prenda o un maniquí virtual donde los usuarios podían combinar distintos productos para apreciar el resultado.

En la práctica, este planteamiento tan ambicioso constituyó una de las claves de su estrepitoso fracaso, ya que sólo el uno por ciento de los internautas europeos disponía en esa época de los recursos suficientes en sus equipos (últimas versiones de *plug-ins* instalados y conexión de banda ancha) para poder disfrutar de estos servicios que ofrecía BOO.com. La compañía inició una rápida y ambiciosa expansión a escala europea, llegando a ofrecer sus servicios en dieciocho países con páginas web adaptadas a cada idioma. Este factor contribuyó, sin duda, a acelerar su fracaso, ya que la empresa invirtió grandes sumas de dinero para contar con presencia en las principales capitales europeas, y todo ello cuando todavía no contaban con un año de existencia. BOO.com cayó en la quiebra en apenas dieciocho meses, convirtiéndose en la primera gran compañía de comercio electrónico que quebraba en Europa. Finalmente, la compañía británica de servicios de internet Bright Station adquirió BOO.com, despidiendo a 220 de los 300 empleados con que contaba la empresa.

247. En 1999, Yahoo! compró por 5.700 millones de dólares Broadcast.com, el YouTube de su época, el *site* de vídeo online más grande de internet. El único problema era que, en ese momento, las conexiones eran demasiado lentas para que la gente viera vídeo online.

248. Como paradigma de los excesos de las empresas puntocom, en enero de 2000, el gigante estadounidense de medios de comunicación y entretenimiento Time Warner se fusionó con AOL (America Online Inc.). La idea de fusionar uno de los mayores proveedores de contenido digital con el portal web líder en ese momento parecía el matrimonio perfecto, pero pronto se comprobó que no fue la mejor decisión corporativa de la historia. Los rumores de los ejecutivos de Time Warner y la negativa de AOL a actualizar su servicio de acceso telefónico fueron tal vez las razones principales para el desastre. En esos momentos, la operación

costó 162.000 millones de dólares; pero el hecho de que Google pagara después mil millones por un 5 por ciento de AOL quiere decir que su valor había bajado hasta los 20.000 millones, lo que suponía una pérdida de 140.000 millones para Time Warner, que ya en 2003 intentó dar marcha atrás volviendo al nombre original de Time Warner. Las dos compañías se separaron en 2009, nueve años después.

249. En mayo de 2000, Terra Networks, la filial dedicada a contenidos y portales de internet del grupo Telefónica, compró el portal estadounidense Lycos, el tercero más visitado en Estados Unidos (sólo por detrás de Yahoo! y AOL) por 12.500 millones de dólares. Pero acabaría vendiéndolo sólo cuatro años más tarde por únicamente 105 millones. Según analistas de la época, Terra poseería el mismo alcance que AOL, UOL o MSN. Una parte de la empresa era también del gigante alemán Bertelsmann, dueño de Lycos Europe. Para salvaguardar el control de Lycos Europe, Bertelsmann acordó pagar mil millones de dólares en publicidad en Terra Lycos por un período de cinco años. Este gasto era importante, ya que permitía a Terra sobrevivir en los tiempos del desplome de la burbuja tecnológica. Finalmente, en octubre de 2004, Terra decidió vender Lycos a Daum, una compañía surcoreana, por 105 millones de dólares (el 0,84 por ciento de lo que costó comprarla). Fue uno de los casos más sonados, aunque no el único, del estallido de la burbuja de las empresas puntocom.

250. El escándalo Enron, revelado en octubre de 2001, condujo a la quiebra de esta empresa estadounidense de energía con sede en Houston (Texas), así como a la disolución de Arthur Andersen, una de las cinco sociedades de auditoría y contabilidad más grandes del mundo. Además de ser por entonces la mayor bancarrota de la historia de Estados Unidos, fue también la mayor falla en los sistemas de auditoría.

Enron Corporation fue formada en 1985 por Kenneth Lay (1942-2006), tras la fusión de Houston Natural Gas e Inter North, y acabaría siendo uno de los imperios del mundo eléctrico y del gas natural, con 22.000 empleados. Varios años más tarde, su nuevo presidente y consejero delegado Jeffrey Skilling (1953) formó un nuevo equipo de ejecutivos que, mediante la ingeniería contable, el montaje de algunas sociedades utilitarias e informes financieros mal realizados, fue capaz de ocultar deudas millonarias y encubrir sus muchos proyectos fallidos. El director financiero Andrew Fastow (1961) y otros ejecutivos no sólo engañaron a la junta directiva y al comité auditor de Enron, sino que también presionaron a la auditora Arthur Andersen para que ignorara los problemas. Los accionistas perdieron cerca de 11.000 millones de dólares cuando el precio de la acción de Enron, que llegó a un máximo de 90,56 dólares a mediados del año 2000, se desplomó a menos de un dólar en noviembre de 2001.

La Securities and Exchange Commission (SEC) abrió una investigación, y su competidora Dynegy ofreció comprar la empresa a un precio de saldo. El acuerdo fracasó, y, el 2 de diciembre de 2001, Enron se declaró en bancarrota. Unas pérdidas de 63.400 millones de dólares hicieron de la quiebra de Enron la mayor bancarrota corporativa de la historia de Estados Unidos (hasta la de WorldCom, el año siguiente). Muchos ejecutivos de Enron fueron acusados de diversos cargos y, posteriormente, sentenciados a prisión. La auditora de Enron, Arthur Andersen, fue hallada culpable por un juzgado de distrito estadounidense; pero, cuando el Tribunal Supremo revocó la sentencia, la compañía había perdido a la mayoría de sus clientes y había cerrado. Judicialmente, los empleados y accionistas recibieron devoluciones limitadas, a pesar de perder miles de millones en pensiones y la desvalorización de las acciones. Kenneth Lay, el fundador, murió antes de ser condenado. Jeffrey Skilling fue condenado en 2006 a veinticuatro años de cárcel por fraude y conspiración; Andrew Fastow, sólo a seis años de prisión por conspiración y fraude con títulos bursátiles, tras testificar en contra de algunos de sus excompañeros.

251. Durante años, la compañía japonesa de videojuegos Sega fue una de las más grandes de ese mercado, con consolas muy populares y juegos que se convirtieron en clásicos. La Megadrive fue la consola favorita de toda una generación, pero ahí acabó su reinado, compartido durante años con Nintendo. En 1994, Sega lanzó su

consola de 32 bits, Saturn, que pese a su gran acogida en Japón, tuvo ventas menores en el resto del mundo, porque su llegada coincidió con la de la Playstation de Sony, y Sega salía perdiendo en la comparación por diversas malas decisiones en su *hardware*. No era mala consola, pero era demasiado difícil programar para ella (debido a sus dos procesadores), por lo que la Playstation le acabó por robar a los usuarios, que se decantaron por los juegos de Sony, empresa que vendió unos cien millones de consolas frente a los sólo diez millones de Sega. Para enmendar su error, en 1999, Sega sacó la que probablemente fue su mejor consola, la Dreamcast, una máquina potente, con multijugador online y un catálogo de juegos espectacular. Pese a vender 36 millones de unidades, tampoco terminó de funcionar del todo. La fama que había ganado Sony con su Playstation hizo imposible remontar a tiempo, y en 2001 la compañía anunció oficialmente que renunciaba a seguir fabricando consolas para dedicarse en exclusiva al *software*. Así, Sega pasó de tener la mitad del mercado de las consolas domésticas a dejar de fabricar dispositivos.

252. Webvan nació como el supermercado de alimentación online del siglo XXI, capaz de entregar la compra hecha por internet en treinta minutos. Su expansión fue meteórica y descontrolada. Con el padrinazgo de algunos de los más célebres inversores de internet, Webvan llegó a estar presente en veintiséis ciudades estadounidenses. En el día de su salida a bolsa, en noviembre de 1999, sus títulos alcanzaron los 34 dólares y la compañía captó la nada despreciable cifra de 375 millones de dólares. Sus ingresos llegaron a representar el 46 por ciento de todos los del sector. Pero, un año y medio después, en su último día en el Nasdaq, y después de intentar infructuosamente un *split* inverso de una acción nueva por cada veinticinco antiguas, los títulos cerraron a seis centavos de dólar. El problema era que aunque sus ingresos eran altos, aún más altos eran sus gastos. En el primer trimestre de 2001, Webvan tuvo pérdidas por valor de 217 millones de dólares, y el agujero acumulado en su cuenta de resultados se elevaba a 830 millones de dólares. Los números no salían, y los clientes, aunque enormemente satisfechos (alababan la rapidez

de la entrega y la calidad de sus productos perecederos), no eran suficientes en número.

El acuerdo con la constructora Bechtel, encargada de construir sus famosos almacenes, se cifró en mil millones de dólares. Lo que en un principio eran entregas de alimentos pronto se extendieron a otros productos como libros, PDAs, cámaras de vídeo o camisetas. El consejero delegado de Webvan, George Shaheen (1944), que abandonó la empresa poco antes de que ésta se hundiese del todo, jugó durante tiempo con la idea de vender sus servicios de distribución a terceros. Pero las arcas se quedaron finalmente vacías. Toda la financiación (1.200 millones de dólares de financiación y una exitosa salida a bolsa) se fue por el desagüe a consecuencia de unos ambiciosos planes de inversión y de los elevados costes de mantenimiento de unos modernos almacenes que hasta su cierre definitivo operaban por debajo de su umbral de rentabilidad y a años luz de su capacidad máxima.

253. El 3 de octubre de 2002, después de no poder alcanzar el éxito con su propio servicio de transferencia de dinero, Billpoint, el sitio de comercio electrónico eBay decidió comprar por 1.500 millones de dólares el intermediario PayPal. La fusión fue aparentemente la inversión más inteligente de eBay, y creó un punto de inflexión para la industria de la tecnología, pues PayPal pasó a generar el 40 por ciento de las ganancias del grupo en 2012.

Pero, desde el punto de vista de Paypal, para muchos fue la decisión empresarial más nefasta tomada en el ámbito de la tecnología. En un momento en que las empresas puntocom aún estaban dando sus primeros pasos, la «Mafia Paypal», como se conocía a los jóvenes talentos que habían creado y trabajaban en la compañía —entre ellos, Reid Hoffman (LinkedIn), Elon Musk (Tesla y SpaceX), David Sacks (Yammer) y Steve Chen (YouTube)—, se decantó por el camino fácil. Por entonces, PayPal había hecho pública una valoración tasada en 1.200 millones de dólares y tenía una previsión de ingresos de unos ochenta millones de dólares. Pero, aunque los números eran esperanzadores y el talento existente en la empresa le auguraba un futuro próspero en solitario, la operación se llevó a cabo. Lo que no contemplaron los firmantes era que, si no hubiesen vendido, la valoración de la compañía a día de hoy podría rondar entre los 30.000 y 50.000 millones de dólares.

254. A su vez, en 2005, eBay se decidió a comprar Skype por 2.336 millones de euros con la idea de que la compañía de comunicaciones por internet sirviese para ayudar a la conexión entre los compradores y vendedores de la plataforma. Sin embargo, eBay no cayó en que, para la comunicación entre ambas partes, era suficiente con un cruce de correos electrónicos y no necesitaban una herramienta tan potente. Finalmente, en 2009, vendió el 65 por ciento de la compañía por 1.700 millones de euros. Está claro que comprar una empresa que está sonando y que tiene un producto que triunfa no asegura en absoluto el éxito.

255. En 2002, Hewlett-Packard (HP) adquirió Compaq Computer Corp. por 25.000 millones de dólares. Muchos grandes accionistas de HP se opusieron públicamente al trato, y Michael Dell, el consejero delegado del gran competidor, Dell, lo llamó «el trato más tonto de la década». Después de la mala racha que supuso la pésima gestión de uno de los peores directores técnicos de todos los tiempos, Carly Fiorina (1954), un escándalo de espionaje y la renuncia de muchos ejecutivos, muchos compartieron esa afirmación. Fiorina fue responsable de la compañía fusionada, a la que dirigió cerca de tres años. Durante ese tiempo, HP despidió a miles de antiguos empleados de Compaq, su precio de acción declinó, las ganancias no remontaron y continuó perdiendo mercado frente a Dell. Encarando el despido desde una hostil junta directiva, Fiorina optó por irse en febrero de 2005 antes de que la junta pudiera despedirla. Mark Hurd (1957) tomó su lugar como consejero delegado. No obstante, a pesar de todo, HP logró el objetivo de convertirse en una de las mayores empresas de la industria tecnológica con la ayuda de sus fuertes ventas de *hardware*.

256. A finales de la década de 1990, la cadena estadounidense de tiendas de descuento Kmart entró en una grave crisis que desembocaría en una suspensión de pagos. Su gran error había sido tratar

de competir con Walmart en el precio. Walmart tenía una cadena de suministros conocida como «inventario *just-in-time*» que le permitía reponer los estantes de manera eficiente. Como Kmart no aplicó un sistema similar, sus clientes se sentían frustrados cuando las tiendas se quedaban sin artículos. Entre junio de 1998 y junio de 2000, la cotización bursátil de Walmart subió un 82 por ciento, mientras que la de Kmart caía un 63 por ciento. Aunque aparentemente se intentaron muchas cosas, la compañía se declaró en bancarrota en 2002 y cerró cientos de tiendas. Finalmente, Kmart se fusionó con Sears Roebuck en 2005.

257. En los primeros años 2000, las cadenas minoristas Kmart y Sears Roebuck veían que perdían terreno frente a Walmart y Target, así que, en 2005, Edward Lampert (1962) aprovechó las horas bajas para comprar Sears por 9.884 millones de dólares y combinarlo con Kmart para crear Sears Holdings. Esta operación partía de la base de optimizar recursos, aligerar estructuras y ahorrar costes. Sin embargo, los efectos de la fusión no llegaron a notarse. Durante los años 2014 y 2015, Sears Holdings se vio obligada a vender divisiones de la compañía, así como participaciones de la misma, lo que incrementó el declive lento de la marca.

258. El mayor fallo de Agfa-Gevaert, una de las compañías fotográficas más grandes del mundo (cuyas casas matrices, la alemana Agfa y la belga Gevaert, fueron fundadas ya en el siglo XIX), fue no adaptarse al paso del tiempo. Pese a tener la mejor óptica del mundo, su política de adquisiciones para salvar la quiebra y el reto de la digitalización en su sector le hicieron demasiado daño como para aventurar un futuro brillante. Y es que las tendencias y los cambios en el mercado obligan a las empresas a crecer o morir, y, en la mayoría de los casos, la única solución es adaptarse y establecer nuevas estrategias. En 2004, la división de imágenes de consumo de Agfa-Gevaert fue vendida a una empresa creada ex profeso por los gestores. Sin embargo, la alemana AgfaPhoto GmbH, como se llamó la nueva empresa, se declaró en quiebra al cabo de un año y hubo de seguir comercializando sus marcas y productos patentados mediante otras empresas del sector .

259. Un caso parecido fue el de la centenaria compañía Eastman Kodak, que dominó el mercado de películas fotográficas durante prácticamente todo el siglo XX y desarrolló la cámara digital en 1975, pero decidió no invertir más en esa tecnología por temor a que socavara las ventas de su negocio de películas. Los ejecutivos de Kodak no previeron la obsolescencia de la película; sólo cuando comenzó a decaer su uso, en la década de 1990, la empresa trató de recuperar el empuje en la tecnología digital. Pero sus competidores (Fuji, Canon, Nikon, Sony y otros) entraron en el mercado digital con mayor rapidez y decisión, y Kodak nunca fue capaz de aprovechar plenamente el producto que en realidad había inventado ella. En 2001, la compañía ocupaba el segundo lugar tras Sony en el mercado de las cámaras digitales, pero perdía sesenta dólares en cada cámara que vendía. En 2010, ocupó el sexto lugar en el segmento digital, que a su vez comenzó a disminuir con la llegada de los teléfonos inteligentes y las tabletas. Las acciones de Eastman Kodak alcanzaron su punto máximo en 1997, situándose en más de 94 dólares por acción, prueba de que a menudo las grandes corporaciones tardan varios años en deshacerse de las consecuencias de las malas decisiones. En 2011, las acciones habían caído a 65 centavos de dólar por acción y la compañía se declaró en bancarrota en diciembre del mismo año.

260. La compañía de telefonía finlandesa Nokia fue la clara dominadora del mercado en los años noventa, consiguiendo hacer de los teléfonos móviles un dispositivo para todo el mundo, gracias a una combinación de calidad y buen precio. Junto con otras empresas, Nokia creó Symbian, un sistema operativo para móviles que funcionó perfectamente durante años, gracias a su bajo consumo de recursos y su adaptabilidad a diferentes terminales. Pero con la llegada de los *smartphones* todo cambió muy rápidamente. Apple presentó su iPhone, y Google lanzó Android. El éxito de estos dos sistemas fue inmediato. Pero Nokia siguió apostando por una versión más moderna de Symbian, que funcionaba bien en móviles de gama media y baja, pero no era suficiente para los potentes nuevos dispositivos táctiles. La compañía tardó mucho en reaccio-

nar, y para cuando quiso darse cuenta, iOS y Android se habían hecho con una gran parte del mercado.

En pocos años, Nokia pasó de ser la indiscutible líder mundial en telefonía móvil a ser superada por Samsung. Pese a que otras compañías ya habían mostrado cuál era el camino triunfador en el terreno de los teléfonos inteligentes, Nokia apostó por arriesgar. En lugar de llegar a un acuerdo con Google para incorporar a sus dispositivos móviles su sistema operativo, la marca finlandesa escogió, en febrero de 2011, el Windows Phone 8, opción que resultaría desastrosa para sus intereses. Durante el primer trimestre de 2013, Nokia vendió 5,6 millones de teléfonos inteligentes Lumia, mientras que, en ese mismo período, Apple había colocado 37 millones de iPhone, y Samsung, 70 millones de *smartphones*.

261. En el mercado de los teléfonos inteligentes, Intel tampoco supo jugar bien sus cartas. Como Nokia, la compañía estadounidense no supo detectar qué triunfaría en el futuro. No supieron entender lo conveniente que hubiera sido la fabricación de los chips del iPhone de Apple. El por entonces consejero delegado de la compañía, Paul Otellini (1950), explicó que no se atrevieron a aliarse con Apple porque no preveían que su invento fuese a triunfar. Eso, unido a que desecharon reducir sus precios para entrar en el mercado de los teléfonos inteligentes y a que sus procesadores consumían más energía que los que fabricaban Qualcomm o la propia Apple, acabaron por apartarles de la batalla de los *smartphones*.

262. En abril de 2014, Microsoft cerró una de las peores, si no la peor, operación de compra llevada a cabo por la compañía. Microsoft se había quedado atrás en la guerra de los *smartphones* que disputaban Apple y Google, ante lo que el consejero delegado Steve Ballmer (1956) vio una oportunidad en la compra, por 7.099 millones de dólares, de Nokia, que estaba en horas bajas, ya que también (como acabamos de ver) se había quedado muy atrás respecto a sus competidores en el ámbito de los teléfonos inteligentes. Después de que Ballmer cerrase la operación, la compañía gastó miles de millones en asumir la nueva estructura e invirtió en el desarrollo

de los teléfonos Lumia, que no terminaron de cuajar. Finalmente, Satya Nadella (1967) sustituyó a Steve Ballmer como consejero delegado de Microsoft y acabó con la división de móviles.

263. Pero la compra de Nokia no fue la única pifia empresarial de Microsoft. En mayo de 2007 compró la compañía publicitaria aQuantive por 5.661 millones de euros para tratar de hacer frente a Google, que compró DoubleClick un mes antes por 2.800 millones de euros. Justo en ese momento, el mercado publicitario cambió de las búsquedas hacia los anuncios con *display*, algo en lo que aQuantive estaba trabajando y propuso desarrollar, pero Microsoft decidió no hacerlo, y Google, sí. La decadencia del mercado y la frustración interna hizo que muchos empleados de aQuantive abandonasen la compañía y que Microsoft, finalmente, tomase la decisión de asumir las pérdidas y transformar la división.

264. Con McDonald's como gigante casi imbatible de la comida rápida en Estados Unidos, el multimillonario propietario de Arby's, Nelson Peltz (1942), compró en 2008 la cadena de comida rápida Wendy's por 2.102 millones para tratar de recortar cuota de mercado a McDonald's. Sin embargo, la combinación de fuerzas no tuvo un impacto significativo en el mercado, y, tres años más tarde, decidió centrarse en el desarrollo de Wendy's y vender Arby's a Roark Capital Group.

265. El 13 de marzo de 2008, el gigante estadounidense AOL, proveedor de medios y servicios de acceso a internet operado por Time Warner, compró por 850 millones de dólares la red social Bebo, por entonces líder en el Reino Unido y la tercera más importante de Estados Unidos, por detrás de MySpace y Facebook. En aquellos momentos, Bebo reunía a más de 45 millones de miembros que visitaban un promedio de 78 páginas diarias. Los 850 millones de dólares pagados por Bebo no son nada si se comparan con los 240 que pagó Microsoft por sólo el 1,6 por ciento de Facebook un año antes, en 2007, o los 580 que pagó News Corporation en 2005 por MySpace, cuyo valor actual se estima que alcanza los 15.000 millones de dólares.

Bebo, fundada en enero de 2005 por el matrimonio Michael y Xochi Birch, tenía por entonces unos cien empleados y oficinas en Gran Bretaña y Estados Unidos, y era similar en casi todo a otras redes sociales. Con la adquisición, AOL seguía adelante con su expansión en internet, después de haber adquirido por mil millones de dólares varias empresas de publicidad online para crear la plataforma de publicidad en internet Platform-A. Además, había lanzado diecisiete webs internacionales y planeaba extenderse a treinta países a finales de 2008. Al final, AOL estuvo pensando en cerrar la red, pero (para ahorrar impuestos) se la vendió a la firma de capital riesgo Criterion Capital Partners, por la irrisoria cifra de diez millones de dólares. Cuando se compra algo por 850 millones de dólares y se vende poco después por diez millones, sin duda hay algo que falla. La red social Bebo no terminó de cuajar. Pero tampoco lo hizo la ambiciosa compañía que la compró, AOL, que no terminó de encontrar su sitio entre los gigantes de internet. De hecho, la venta de Bebo (sobre todo, la forma en la que se produjo) indicaba que la propia AOL estaba buscando comprador.

266. MySpace es una red social lanzada en agosto de 2003 y cuya base se encuentra en Beverly Hills (California). En julio de 2005, cuando News Corporation compró MySpace e Intermix Media por 580 millones de dólares, aquello pareció una decisión muy inteligente para entrar en el juego de los medios sociales. De hecho, MySpace era la red social más visitada en el mundo. Pero en los primeros meses de 2006 empezó su declive en favor de otras redes. Debido a su mala gestión y a la expansión de otras redes sociales, MySpace dejó de crecer y comenzó a desinflarse paulatinamente. No obstante, la mayoría de los adolescentes continuaban usando MySpace, y, en junio de 2006, sobrepasó a Google como sitio más visitado en la red en Estados Unidos. Pero, a su vez, en abril de 2008, MySpace fue sobrepasada irreversiblemente por Facebook. Desde entonces, el número de usuarios de MySpace siguió declinando en forma constante a pesar de varios rediseños. El 29 de junio de 2011, News Corporation vendió MySpace conjuntamente a Specific Media y a la estrella pop Justin Timberlake

por 35 millones de dólares en acciones y dinero en efectivo. En agosto de 2011, MySpace contaba con 33,1 millones de visitantes en Estados Unidos, se encontraba en el lugar 91 de tráfico total en la red y había reducido su personal a unas doscientas personas. El 12 de febrero de 2016, MySpace cambió de nuevo de propietario al ser adquirida su matriz, Viant Technology, por Time Inc., empresa editorial dedicada a la publicación de revistas en medios impresos y digitales (tales como *Time*, *People*, *Fortune*, *Sports Illustrated* y *Entertainment Weekly*, entre otras).

267. En 1992, Starbucks comenzó a cotizar en bolsa y puso en marcha un proceso de expansión geográfica enorme. Se llegaron a abrir siete cafeterías cada día del año, y su valor bursátil se triplicó, alcanzando los 20.000 millones de dólares. Pero aquel vasto crecimiento traería consigo algunas dificultades. En el año 2000, Howard Schultz (1953) decidió dejar el puesto de consejero delegado para pasar a ocuparse de la estrategia global y dedicar más tiempo a su otra pasión, el baloncesto. En 2001, compró el club de la NBA de los Seattle Supersonics y se dedicó a él en cuerpo y alma durante cinco años. En ese tiempo, el crecimiento de Starbucks era una locura, pero estaba a punto de morir de éxito. De pronto, las ventas empezaron a caer, y la empresa generó pérdidas por primera vez en 2008. Ya antes, el Día de San Valentín de 2007, Schultz había enviado un memorando interno alertando al nuevo consejero delegado de Starbucks, Jim Donald: «Hemos tomado algunas decisiones que, en retrospectiva, han diluido la "experiencia Starbucks" y han vulgarizado nuestra marca». El comunicado se filtró a la prensa y, en principio, no hizo más que acelerar la caída. Las acciones se desplomaron. Al poco, los accionistas despidieron a Jim Donald y decidieron convencer a Schultz para que volviera. Al regresar, Schultz estableció su diagnóstico: «Hemos sido víctimas de nuestro propio éxito»; y propuso un tratamiento de choque basado en cuatro puntos: 1) frenar el crecimiento en Estados Unidos; 2) cerrar las tiendas con rendimiento insuficiente; 3) renovar la "experiencia Starbucks"; y 4) seguir con la expansión global. Para terminar de agravar el problema, la recesión económica impactó de lleno en Starbucks justo cuando se

empezaba a poner en marcha la nueva estrategia. En 2008 se cerraron casi mil tiendas, principalmente en Estados Unidos.

El 26 de febrero de 2008 cerraron por un día los 7.100 establecimientos de Estados Unidos para que los empleados recibieran un entrenamiento específico, aunque lo realmente importante era el mensaje que Starbucks le estaba lanzando al mundo: «Hemos perdido nuestra esencia, lo sentimos. Pero nos hemos dado cuenta y prometemos arreglarlo y volver». En una operación de marketing que resultó magistral, Starbucks colocó ese día un cartel en todos y cada uno de los establecimientos cerrados, en el que se leía: «Nos estamos tomando un tiempo para perfeccionar nuestro café; un gran café requiere práctica, y por eso nos estamos dedicando a mejorar nuestro arte». A partir de entonces, Schultz decidió acabar con la estandarización y dar a cada establecimiento un diseño y carácter único adaptado a su entorno. Uno de los problemas detectados por él era que en los establecimientos se había perdido el viejo aroma a café y el ritual de preparación. Debido a la expansión, y en aras de la estandarización, el rendimiento y la formación de los empleados, se habían sustituido las viejas cafeteras manuales por unas automáticas que ya no tenían encanto y que eliminaban el ritual de preparación artesanal, casi teatral, del café. También se había sustituido el grano de café recién molido por café envasado al vacío para que éste no sufriera la invasión de olores en los traslados. Aquello supuso la desaparición del «olor a café» en las cafeterías de Starbucks, una de las fijaciones de su fundador.

Finalmente, a comienzos de 2010, y a pesar de la crisis, los cambios empezaron a reflejarse en los resultados. Aquel año, después de casi cuatro de caídas, el tráfico en los establecimientos de Estados Unidos se incrementó en más de un 6 por ciento. Schultz trajo de vuelta la disciplina financiera, la eficiencia y la esencia de Starbucks, a la que salvó de ser simplemente una empresa del montón, para resituarla como una marca icónica.

268. En 2008, el gigante Bank of America compró por 3.684 millones de euros la empresa de préstamos hipotecarios Countrywide como una forma de hacer crecer el negocio de la compañía. Sin

embargo, con lo que no contaba era con que justo ese año estallaría la crisis de Lehman Brothers y se pincharía la burbuja inmobiliaria en Estados Unidos. Se ha estimado que los activos de Countrywide le acabaron costando en total a Bank of America unos 38.000 millones de euros. *The Wall Street Journal* se refirió a la adquisición como «el peor acuerdo en la historia de las finanzas estadounidenses».

269. El centenario banco de inversiones Lehman Brothers se declaró en quiebra después de invertir en activos *subprime* que realmente nunca fueron devueltos, lo que les llevó a tener una cantidad ingente de impagos que no pudieron soportar. Su actividad se basaba en la premisa de que nunca iba a pasar nada malo, y perdieron toda cautela. Hasta entonces, Lehman era el cuarto mayor banco de inversión de Estados Unidos (tras Goldman Sachs, Morgan Stanley y Merrill Lynch) y llevaba operativo ininterrumpidamente desde su fundación, en 1850. Sin embargo, en el primer semestre de 2008, Lehman había perdido el 73 por ciento de su valor en bolsa. En agosto de 2008, informó que tenía la intención de despedir al 6 por ciento de su plantilla, unas 1.500 personas. Mientras que otros bancos de inversión, como Goldman Sachs o Morgan Stanley, gozaban de un mejor apalancamiento financiero y pudieron sobrevivir al convertirse en holdings bancarios susceptibles de recibir los fondos de emergencia gubernamentales necesarios, en el caso de Lehman Brother estos programas de ayuda estuvieron disponibles demasiado tarde.

Finalmente, el 15 de septiembre de 2008, Lehman Brothers anunció la quiebra. Había sobrevivido a una guerra civil, a la crisis bancaria de 1907 (similar a la de 2008), al *crash* de 1929, a escándalos en su papel de intermediador de bonos y a colapsos en *hedge funds*, pero no consiguió superar la crisis *subprime* de 2008, que constituye, con un pasivo de 613.000 millones de dólares, la mayor quiebra de la historia hasta el momento. Un informe federal sobre su bancarrota (y la de su firma de contabilidad asociada Ernst & Young) señaló que utilizaron tácticas engañosas de contabilidad para ocultar su grado de apalancamiento financiero, que se estimó en 44 a 1. El 6 de marzo de 2012, Lehman abandonó la protección del Capítulo 11 de la Ley de Quiebras estadounidense. Comenzó a pagar a sus acreedores 22.000 millones de dólares como parte del proceso de total liquidación de sus activos. El plan estimó la distribución de 65.000 millones de dólares de activos recuperados para los acreedores, que reclamaban 450.000 millones de dólares.

270. El éxito del fino y estiloso teléfono celular Razr llevó a Motorola a acaparar el 22 por ciento de cuota de mercado de teléfonos móviles en 2006. Sin embargo, la empresa no pudo lanzar una nueva generación de teléfonos inteligentes que aprovecharan el tirón, y, en 2007, la empresa estaba vendiendo de nuevo su teléfono tradicional con un descuento. Cuando la compañía pudo lanzar por fin una nueva línea de teléfonos Razr en 2010, Motorola tuvo que competir con productos como el iPhone y el BlackBerry. Mientras que las ventas en 2006 fueron de más de 43.000 millones, en 2010 fueron sólo de 22.000 millones. Entre octubre de 2006 y marzo de 2009, las acciones de la compañía cayeron más de un 90 por ciento desde los 107 dólares a menos de trece dólares. En 2011, Motorola fue dividida en dos firmas independientes: Motorola Mobility (teléfonos) y Motorola Solutions (servidores y redes de telecomunicación).

En agosto de 2011, Motorola Mobility fue adquirida por 11.230 millones de dólares por Google, que parecía buscar hacer sombra a Apple con la capacidad de fabricación de sus propios terminales en los que potenciaría su sistema operativo, Android. Sin embargo, la gigantesca cuota de mercado del sistema operativo Android hizo que Google nunca apostase completamente por el desarrollo de terminales de la compañía más allá de los primeros Moto G y Moto X. Finalmente, el 29 de enero de 2014, Google vendió el 20 por ciento de Motorola por 2.910 millones de dólares a la compañía china Lenovo, quien heredó buena parte del desarrollo que Google había implantado en la compañía y siguió apostando por terminales de ajustadas características y bajo precio.

271. En marzo de 2010, la multinacional suiza Nestlé sufrió una fuerte crisis debido al ataque mediático que le dirigió Greenpeace y que

se hizo presente en las redes sociales, especialmente en los perfiles de la marca Kit-Kat. Una mala gestión en las redes sociales por parte de Nestlé llevó a la empresa por un mal camino, agravando la crisis. Tras más de cien años de historia, la multinacional suiza Nestlé es la compañía agroalimentaria más grande del mundo. Sin embargo, pese a su poderío, su imagen sufrió un duro golpe por no gestionar adecuadamente ante su público una crisis de imagen.

El 17 de marzo de 2010, Greenpeace publicó un informe en el que se decía que la marca Kit-Kat utilizaba aceite de palma procedente de Indonesia para elaborar sus productos y que su proveedor, Sinar Mas, incumplía las leyes indonesias, ya que estaba deforestando la selva y destruyendo el hábitat de una especie protegida de orangután. Nestlé negó la acusación y afirmó que Sinar Mas no era su proveedor. Además, denunció a Greenpeace por infligir los derechos de autor de Nestlé en su propio vídeo de denuncia, lo que hizo que Greenpeace movilizara a centenares de personas mediante las redes sociales y en apoyo de la causa.

Más tarde, en la página de Facebook de Nestlé aparecieron comentarios de denuncia de los consumidores, así como fotos del logotipo de Kit-Kat con la palabra *killer* («asesino»). Nestlé se vio totalmente inundada, y su único plan de acción ante la crisis fue intentar controlar la información, una estrategia sugerida por los relaciones públicas tradicionales para gestionar crisis. Aunque hoy en día se recomienda que este tipo de crisis se gestionen proactivamente, para evitar su propagación, Nestlé continuó con su estrategia: pidió la retirada de las imágenes y borró todos los comentarios negativos. Los usuarios rechazaron los mensajes corporativos y exigieron un trato personal y humanizado; divulgaron la actitud de Nestlé por medio de la red y crearon una queja masiva. Finalmente, Nestlé se dio cuenta de que su actuación había sido inapropiada, pidió disculpas públicamente y pactó una reunión con la ONG Greenpeace.

272. Groupon (contracción de las palabras inglesas «group» y «coupon») es un sitio web de ofertas del día que presenta cupones de descuentos utilizables en compañías locales y nacionales. La aplicación permite encontrar ofertas de todo tipo (por ejemplo, res-

taurantes, *spas*, ropa, viajes, cursos...) a un precio muy por debajo del normal. La idea de Groupon fue creada por Andrew Mason (1980), que recibió la ayuda financiera de su anterior empleador, Eric Lefkofsky (1969), quien aportó un millón de dólares en capital semilla para desarrollar el concepto. Groupon fue lanzado en noviembre de 2008, en Chicago, a modo de test, y después en las ciudades de Boston, Nueva York y Toronto.

Sin embargo, pese a sus extraordinarios augurios, en 2013 Groupon prescindió de los servicios de su fundador, Andrew Mason, algo bastante habitual cuando las *startups* se convierten en empresas «serias» y pasan sus primeras dificultades, como es el caso. De un valor en bolsa de 13.000 millones de dólares pasaron a menos de tres millones de dólares; y su acción pasó de un valor de unos veinte dólares a poco más de 4,5 dólares. Por ese motivo, la junta despidió a Mason, que fue sustituido primero por el cofundador Eric Lefkofsky, y después, en noviembre de 2015, por Rich Williams, hasta entonces jefe de operaciones. Durante el mandato de Lefkofsky, los ingresos crecieron un 32 por ciento, pasando de 2.300 millones de dólares en 2012 a 3.100 millones de dólares en 2015. Pero Williams tiene un reto difícil, porque la previsión para 2016 es que los ingresos de la compañía desciendan y no superen las expectativas de los analistas.

Lo cierto es que la empresa ha estado envuelta en constantes rumores y polémicas durante estos últimos años: desde la rechazada oferta de compra por Google (por 6.000 millones de dólares) hasta la confirmación de que Mason y otros directivos e inversores se habían embolsado una parte importante del dinero recibido por Groupon en sus rondas de financiación (cerca de 870 millones de dólares), pasando por el hecho de que se llevaron a cabo prácticas contables un tanto heterodoxas.

273. El 30 de marzo de 2009, el presidente de General Motors Rick Wagoner (1953) anunció su dimisión. Wagoner ocupaba la dirección de General Motors desde el año 2000, y bajo su mandato la compañía había dejado de ser el número uno mundial del automóvil, al ser superada por Toyota, y había acumulado 82 billones de dólares de pérdidas sólo en los últimos tres años. El anuncio se

produjo poco después de que el presidente Obama anunciara que General Motors tenía sesenta días para presentar un plan de reestructuración más profundo y radical que el preparado hasta ese momento. Obama exigió la dimisión de Rick Wagoner como requisito inicial para obtener ayuda del gobierno federal y salir del atolladero. Enseguida llegó un nuevo presidente, Fritz Henderson (1958), y las cosas cambiaron. En primer lugar, se fijaron tres prioridades: clientes, automóviles y cultura organizacional. Bajo el mando de Henderson, General Motors dio un salto de calidad, y no sólo ganó miles de millones en 2010, sino que también pagó antes de tiempo al gobierno. Pero no fue sólo cosa de cifras, sino de prestigio.

5. PIFIAS Y METEDURAS DE PATA

274. Con más de sesenta años de edad, la famosa aventurera británica Freya Stark (1893-1993) depositó todos sus ahorros en un banco suizo a cambio de una pensión vitalicia. Pese a que continuó con su vida de aventura y riesgo (por ejemplo, a los ochenta y un años hizo un peligroso *trekking* por el Himalaya), y para sorpresa de la institución financiera, Stark vivió hasta los cien años, y los responsables del banco, desesperados, acabaron por mandar anualmente a uno de sus empleados para comprobar que seguía viva.

275. En 1965, André-François Raffray, notario de profesión, le propuso a la señora Jeanne Calment, nacida en 1875 y que entonces tenía noventa años de edad, pagarle una renta mensual de 2.500 francos (que equivaldría a menos de 400 euros actuales) hasta el día de su fallecimiento a cambio de la propiedad de su vivienda, en lo que podríamos calificar como «hipoteca inversa». Jeanne Calment vivía en un céntrico piso en la localidad francesa de Arlés, en la cotizada Costa Azul. La nonagenaria había enviudado en 1942, y perdió a su única hija, Yvonne, en 1934, e incluso a su nieto Frédéric (en un accidente automovilístico), en 1963. Al no tener descendencia ni familia directa, accedió a firmar el acuerdo con el notario Raffray. Éste calculaba que la anciana viviría como máximo unos diez años más (hasta los cien años de edad) y él tendría un céntrico y formidable piso por poco más de 300.000 francos (unos 45.700 euros). Pero, en algunas ocasiones, el destino juega malas pasadas, y esta vez hizo que la señora Calment se convirtiera en el ser humano más longevo de la historia, llegando a vivir hasta los ciento veintidós años de edad (se cuenta que dejó de fumar a los ciento diecisiete años), dos años más que André-François Raffray, que murió el día de Navidad de 1995, a los se-

tenta y siete años de edad. La viuda de Raffray tuvo que seguir pagando a Jeanne Calment la cantidad acordada por su marido hasta el 4 de agosto de 1997. Hay que destacar la curiosidad de que la señora Calment pasó una gran parte de esos veintidós años ingresada en una residencia de ancianos, estando el piso vacío durante todo ese tiempo.

276. En 1913, la compañía tabacalera estadounidense R. J. Reynolds, de Winston-Salem (Carolina del Norte) preparó su primera campaña publicitaria para lanzar al mercado una nueva marca de cigarrillos. Por entonces, estaban de moda los nombres exóticos, así que el fundador de la empresa, Richard Joshua Reynolds (1850-1918), escogió la palabra «camel» («camello»). Para el diseño de la cajetilla, aprovecharon que el circo Barnum & Bailey estaba de paso por la ciudad para tomar fotografías de un animal de este tipo a fin de ayudar a ilustrar el paquete. Pero como no encontraron un camello, el fotógrafo, R. C. Haberken, se tuvo que conformar con un enorme dromedario, llamado *Old Joe.* Pero el animal no cooperó, e insistía en girar su cabeza para observar directamente la cámara. El gerente del circo se vio obligado a tirar con fuerza de las riendas, hasta que Old Joe levantó la cabeza muy enojado. Ése fue el momento que eligió el fotógrafo para inmortalizar, y esa pose fue la que finalmente quedó para la posteridad.

277. El 24 de julio de 1915, poco más de un año después del hundimiento del *Titanic*, cuando una nueva ley exigía ya que los barcos llevasen muchos más botes salvavidas para evitar que la situación se repitiera, el *S. S. Eastland*, un buque construido en 1902 y botado el 16 de julio de 1903, se hundió con 2.752 pasajeros. El barco había evidenciado desde el comienzo una gran cantidad de errores de construcción y diseño (era demasiado alto, muy pesado y tenía muy elevado el centro de gravedad) que no hacían presagiar nada bueno. Estaba claro que el barco estaba abocado al desastre y, además, gafado. En su primer viaje, los pasajeros causaron un sobrepeso en las cubiertas del barco que produjo un desnivel que permitió que el agua fluyera por los pasillos. Tal defecto sería subsanado rápidamente, pero, un mes después, los fogoneros se

amotinaron. No obstante, el capitán logró llevar la nave a puerto, donde los amotinados fueron detenidos, y él, relevado del cargo. En 1906, su popa quedó destruida tras chocar con un remolcador.

Pese a todo, en julio de 1915, el *Eastland*, junto con otros dos navíos de pasajeros, fue contratado para llevar de excursión desde Cicero (Illinois) hasta Michigan City (Indiana) a un grupo de empleados de la Compañía Eléctrica Occidental. La empresa propietaria del barco no tuvo en cuenta que por el peso adicional de los botes salvavidas debía haber modificado su capacidad de pasaje. A las 7.10 horas ya habían embarcado todos en el muelle ubicado entre las calles Clark y LaSalle. Enseguida, el barco comenzó a escorarse a babor, circunstancia que la tripulación intentó solucionar como en anteriores ocasiones. Pero con lo que no contaban era con que, precisamente a babor del barco, se disputaba en esos momentos una competición de remo. La lógica curiosidad de los pasajeros hizo que se agolparan sobre ese costado y que el barco, aún amarrado al muelle, se volcase hacia ese lado ante la mirada atónita de las muchas personas que, por una causa u otra, se agolpaban en el muelle. Muchos de los pasajeros cayeron por la borda, mientras que bastantes de los que se mantuvieron en el barco fueron aplastados por los objetos desplazados por el vuelco. Murieron 845 personas en total. Curiosamente, el barco fue rescatado y vendido a la Armada, que lo rebautizó como *U. S. S. Wilmette*. Como tal continuó navegando hasta 1946, cuando fue vendido como chatarra.

278. El personaje de cómic y dibujos animados Popeye el Marino fue creado como un intento de las autoridades de hacer descender las cada vez más comunes anemias de hierro infantiles. Pero, desgraciadamente, a pesar del notable éxito en el crecimiento del consumo de espinacas que el personaje logró, es falso que las espinacas sean ricas en hierro. La idea de que Popeye comiera espinacas para adquirir una fuerza extraordinaria proviene de un error propagado por el doctor alemán Erich von Wolf, quien al calcular en 1870 la proporción de hierro en las espinacas, quitó sin darse cuenta una coma decimal, multiplicando así por 10 el valor real, que pasó de 4 a 40 miligramos por cada 100 gramos. El error fue

corregido en 1937 por el profesor Schuphan, que descubrió que el valor real era sólo un poco superior al promedio, pero a esas alturas la idea ya estaba demasiado bien instalada en la sociedad. La primera vez que un científico hizo una alusión pública a este error fue en 1981, cuando Terence J. Hamblin escribió sobre ello en el *British Medical Journal.* Según Hamblin: «La espinaca no es mejor para usted que el repollo, las coles de Bruselas o el brócoli. Para una mejor fuente de hierro, Popeye mejor debería haber masticado las latas».

279. Durante la presentación de su nuevo producto estrella Windows 98 ante más de un millar de periodistas, al anfitrión del acto le apareció inoportunamente la famosa pantalla azul de error de sistema. El presentador se quedó mudo mientras pensaba «tierra trágame» ante las carcajadas de los presentes. Bill Gates (1955), presidente de la compañía, que se encontraba a su lado, sonrió y dijo:

—Debe ser por esto por lo que aún no estamos comercializando Windows 98, ¿no?

Lo único que pudo añadir en aquel preciso instante el presentador fue:

—Absolutamente, absolutamente.

280. El 21 de septiembre de 1956, la Fuerzas Aéreas estadounidenses y la empresa aeronáutica Grumman se encontraban realizando pruebas aéreas y análisis de rendimiento sobre el océano Pacífico en aviones de la serie F-11 Tiger, un reactor de buena maniobrabilidad y capaz de alcanzar velocidades mach 1.1. Uno de los pilotos de pruebas era Thomas W. Attridge (1923), por entonces de treinta y tres años de edad y muy experimentado en este tipo de prácticas. Pero, aquel día, su trágica hazaña pasaría a la historia de la aviación como el primer incidente en el que un avión se derribase a sí mismo. Esto ocurrió cuando, tras disparar una ráfaga de cuatro segundos con su cañón de 20 mm a una altitud de 3.900 m, aceleró su avión en ángulo descendente. Al alcanzar los 2.100 m de altitud, el aparato se vería alterado por una brusca sacudida. Creyendo que había chocado con un pájaro, intentó alcanzar la base más cercana, sólo para descubrir que el

motor de su nave presentaba serios daños. Desesperado, Attridge se dio cuenta de que, dadas las condiciones de vuelo, le sería imposible alcanzar la base, por lo que intentó descender en una isla cercana. El aterrizaje fue problemático y el avión se envolvió en una bola de fuego. Attridge, con una pierna y varias costillas rotas, sería rescatado en una arriesgada maniobra por un helicóptero enviado desde la base. Tras el incidente, debió permanecer dos semanas en terapia intensiva. La oportuna investigación descubriría que el Tiger había sido alcanzado por sus propias balas disparadas segundos antes a 3.900 m de altitud.

281. El modelo Edsel de Ford fue lanzado al mercado en 1958, y prácticamente desde ese mismo momento fue considerado uno de los mayores fracasos comerciales de toda la historia. En sus tres años de existencia, causó a Ford unas pérdidas de 250 millones de dólares. La lista de quejas técnicas era enorme: el motor, que era muy ruidoso, se calaba con frecuencia y liberaba demasiado humo; la dirección y las marchas también solían fallar; además, consumía demasiada gasolina y daba una pésima potencia. Por si todo eso fuera poco, el coche era conocido por su falta de estilo: lucía una rejilla frontal descrita por alguien como «un viejo Oldsmobile chupando un limón». También su nombre fue causa de su fracaso: se le llamó Edsel (en homenaje al hijo de Henry Ford) tras numerosas otras propuestas ridículas: Mangosta Civique, Tortuga Utópica y Pastelogram. Henry Ford II, hijo de Edsel Ford, alegó al saber el nombre que le pusieron al coche: «No me gusta que el buen nombre de mi padre ruede en miles de tapacubos». En definitiva, el Ford Edsel fue un fracaso comercial de tal calibre que la palabra «edsel» ha quedado en Estados Unidos como epíteto popular aplicado a todo lo que es irremediablemente imperfecto y está abocado al fracaso. A pesar de que se calcula que sólo quedan unos 6.000 ejemplares, casi como era de esperar, el Edsel es hoy muy codiciado por los coleccionistas, dada su fama de uno de los coches más feos de la historia.

282. En 1971, trece años después de lanzar el modelo Edsel, la compañía automovilística Ford volvió a fracasar comercialmente cuando

comenzó a vender el modelo Ford Pinto sin haber tenido en cuenta un grave problema de diseño: al ser colisionado por detrás, era muy probable que el depósito de gasolina chocara con el diferencial y se produjese un incendio. Además, la carrocería era muy endeble, con lo cual, en caso de choque por alcance, el coche se deformaba y las puertas quedaban bloqueadas, atrapando a sus ocupantes en un coche en llamas. Por si fuera eso poco, el Ford Pinto tenía una boca del depósito de gasolina que, en ocasiones, a consecuencia de una colisión, quedaba arrancada de cuajo, lo que provocaba muchas veces el derrame de gasolina, fácil de prender en cualquier momento, como ocurría a menudo. Sin embargo, la empresa calculó (como dejó constancia el luego famoso informe interno llamado «Ford Pinto Memo») que invertir los 121 millones de dólares que costaba reparar el problema era más caro que afrontar el pago de los cerca de cincuenta millones con que tendrían que indemnizar a las potenciales víctimas, por lo que se optó simplemente por no hacer nada y no reparar aquel peligroso defecto de diseño.

283. La marca automovilística británica Rolls-Royce buscaba introducir uno de sus modelos en Alemania, concretamente el Silver Mist («Neblina Plateada»). Sin embargo, se percató afortunadamente a tiempo de que *mist* significa «estiercol» o «porquería» en alemán. Desgraciadamente el remedio que propusieron era aún peor. Lo rebautizaron como Mist-Stick, sin advertir que la traducción germana de ese términó era «bastón de mierda». Es lógico pensar que nadie se identificaría con un coche que transmitía unos valores, digamos, muy poco glamurosos.

284. El 22 de julio de 1962, el cohete espacial estadounidense Mariner I, que viajaba rumbo a Venus, hubo de ser destruido desde la Tierra al mostrar un desvío incorregible en su rumbo. Inmediatamente se abrió una investigación que llegó a la conclusión de que este desvío se había debido a un error en la programación de los ordenadores de a bordo consistente en la omisión de un guion ortográfico en su programa de vuelo. Esta nimia omisión se calcula que supuso unos 18,5 millones de dólares de la época.

285. A finales de la década de 1960, los neumáticos radiales hacían su aparición en el mercado de Estados Unidos de la mano de las compañías BF Goodrich y Michelin (hoy unificadas). Firestone carecía de esta línea de productos, así que, en 1970, lanzó a toda prisa el malogrado Firestone Radial 500 para satisfacer la demanda de clientes como General Motors. Desgraciadamente, por un defecto de diseño, estos neumáticos radiales encintados en acero permitían que el agua se infiltrara por entre el dibujo, lo que causaba que las cintas se oxidaran y la banda de rodadura se separase, sobre todo cuando se circulaba a alta velocidad.

Lejos de reconocer su error y pedir disculpas, Firestone culpó inicialmente a los consumidores por mal mantenimiento y defectuoso inflado, pero después de producirse docenas de muertes por este motivo, en 1978, Firestone procedió a la retirada del mercado de más de diez millones de neumáticos en todo el mundo, hasta entonces la mayor retirada de productos del mercado que se hubiera producido nunca. Sendas investigaciones del organismo regulador y del Congreso de Estados Unidos determinaron que había habido serios defectos de fabricación y que, además, Firestone era conocedor de ello, pese a lo que siguió vendiendo el neumático, pudiéndose demostrar que éste era culpable de haber provocado al menos 250 muertes. Se multó a la compañía con 500.000 dólares, que en aquel momento era la mayor multa impuesta a cualquier corporación estadounidense. Además, bastantes demandas particulares fueron resueltas con acuerdos extrajudiciales millonarios. Tras años de mala publicidad y de millones pagados en concepto de indemnizaciones a las víctimas, Firestone había perdido grandes cantidades de dinero, y su marca había resultado seriamente dañada. Lo único que la salvó fue la providencial llegada de una oferta de compra de la compañía japonesa Bridgestone en 1988, la cual fue aceptada.

286. En cierta ocasión, The Coca-Cola Company quiso unir su marca más emblemática a la pasión estadounidense por el béisbol. Con las letras introducidas en el reverso de las tapas, los consumidores debían juntar la expresión «*home run*» y canjearla por distintos premios a elegir. Estratégicamente, sólo se iban a incluir unas po-

cas letras erre, pero, al final, por error, se distribuyeron 18.000 erres en el interior de las chapas. El error costó más de cien mil dólares en premios, hasta que The Coca-Cola Company puso fin a la promoción.

287. Pero, para demostrar que este tipo de errores le pueden ocurrir a cualquiera, mencionemos el caso de la gran competidora de Coca-Cola, PepsiCo, y en este caso de su filial de Filipinas, que, durante una promoción en 1993, organizó un concurso con premios millonarios y anunció un número de ganadores equivocado, incitando a la revuelta de 800.000 expectantes ganadores y consiguiendo así unir en una sola causa, por primera vez en la historia del país, a las múltiples facciones étnicas, políticas y religiosas filipinas, tradicionalmente enfrentadas. La causa fue que el ordenador central de la compañía sufrió un fallo que hizo que, en lugar de dieciocho tapones ganadores, se imprimieran y distribuyeran ochocientos mil, con el consiguiente enfado por parte de los falsos ganadores, que al final se quedaron sin premio. La compañía fue objeto de más de cinco mil querellas y de una condena por negligencia laboral y publicidad engañosa que le ocasionó unos gastos de más de diez millones de dólares, a pesar de que los dieciocho premios pensados inicialmente ascendían sólo a un total de 720.000 dólares.

288. A mediados de los años setenta de siglo XX, los ejecutivos de la WT Grant, una de las mayores cadenas comerciales de productos de gran consumo de Estados Unidos, concluyeron que la mejor forma de ganar clientes era ofrecer créditos al consumo. Así que pusieron en marcha un ambicioso plan en el que la presión a los jefes intermedios y empleados era la piedra angular. Aquellos que no otorgaran suficientes créditos a los clientes eran sometidos a vejaciones públicas en las fiestas anuales: a los empleados que no pasaban el corte se les lanzaban tartas a la cara, se les obligaba a arrastrar cacahuetes sobre el piso con la nariz o eran enviados al hotel en pañales. Consecuentemente, los empleados se volvieron extremadamente diligentes y comenzaron a dar créditos a diestro y siniestro, sin comprobar si los clientes ofrecían garantías o no.

WT Grant concedió unos ochocientos millones de dólares en créditos hasta acabar en la ruina, en 1977.

289. Los veinte años de investigación que dedicó la firma Sony para crear el grabador y reproductor de videocasetes Betamax se fueron a la basura cuando su competencia, Matsushita (luego llamada Panasonic), presentó el sistema VHS, que se hizo mucho más popular en las compañías que fabricaban los aparatos y hacían las películas, por lo que Betamax quedó finalmente obsoleto.

290. La noche del 13 de julio de 1977, un operador del sistema de suministro eléctrico del nordeste de Estados Unidos se distrajo leyendo un cómic justo cuando tres inoportunos rayos cayeron sobre la central, sobrecargándola y poniendo todo el sistema al borde del colapso. Para empeorar las cosas, las instalaciones vecinas, debido a sus conexiones con el sistema dañado, entraron en sobrecarga. La solución era fácil: bastaba con que este operario de guardia girara unos interruptores. Pero, como estas cosas pasan, el hombre no era muy ducho y se equivocó de mandos. Un interruptor erróneo estuvo accionado durante unos minutos, una conexión de 230.000 voltios con Nueva Jersey se cerró, y el sistema comenzó a sobrecargarse. A las 21.36 horas, todo el sistema eléctrico de la Costa Este estadounidense se vino abajo. Entre otras, la ciudad de Nueva York se sumió en un apagón que duraría veinticinco horas con las temperaturas sofocantes de mediados de julio. Por cierto, tanto ocio inesperado a oscuras causó multitud de problemas y anécdotas, pero una de las más inesperadas fue que, nueve meses después, se produjera un bum demográfico en Nueva York.

291. En 1978, la editorial Random House se vio obligada a repetir una tirada de 10.000 ejemplares al detectar una errata en una de las recetas de un famoso libro de cocina, *La cocina sin ampulosidades*, de Sylvia Vaughn Thompson (1935). En una receta para preparar un tipo de galletas caramelizadas se había omitido un crucial ingrediente: el agua. La firma editorial advertía a los lectores: «Si se siguen las instrucciones de la receta, la leche condensada puede explotar y romper la tapa de la olla a presión».

292. El idioma chino funciona a base de ideogramas y no de un alfabeto fonético, como la mayoría de los demás, lo que llevó de cabeza a los directivos de The Coca-Cola Company durante meses mientras trataban de decidir con qué nombre comercial lanzarían en aquel país su refresco estrella en 1979. Comenzaron llamándolo «Ke-kou-ke-la», hasta que, tras imprimirla en millones de anuncios, supieron que la frase significaba algo así como «muerde el renacuajo de cera». Al final, después de repasar más de 40.000 caracteres chinos, dieron con la clave: «Ko-kou-ko-le», que se traduce como «felicidad en la boca». En realidad, la Coca-Cola había sido ya introducida en China en 1927, y fue muy popular hasta 1949, cuando comenzó la Revolución cultural proletaria china y dejó de ser importada a aquel país, ya que era percibida por las autoridades como un pernicioso símbolo de la decadente cultura occidental y el malévolo estilo de vida capitalista. La importación y venta de la bebida se reanudaron en 1979, después de que se restablecieran las relaciones diplomáticas entre Estados Unidos y China.

293. A comienzos de los años ochenta del siglo XX, la dirección de la segunda mayor agencia turística de Japón, Kinki Nippon Tourist (KNT), con ingresos de 6.700 millones de dólares anuales, se quedó perpleja cuando entró en los mercados anglohablantes y comenzó a recibir peticiones de viajes sexuales inusuales. Tras averiguar la razón de ello, los directivos de la compañía cambiaron el nombre de su empresa inmediatamente, pues, en inglés, por lo visto, *kinky* significa algo así como «pervertido sexual». (Por cierto, en japonés, *kinki* significa «gran ciudad» y es el nombre de la región de donde provenía la compañía.)

294. El modelo de automóvil de la marca Delorean DMC-12, que se comercializó entre 1981 y 1983 (y que fue el único de esta empresa irlandesa), fracasó comercialmente por su dos principales características distintivas: sus puertas se abrían hacia arriba y su carrocería no estaba pintada, pues su color plateado era el del propio acero inoxidable. Se vendieron menos de 10.000 unidades y la empresa se declaró en quiebra. Curiosamente, años más tarde, el coche apareció con bastante protagonismo en las tres en-

tregas de la serie cinematográfica *Regreso al futuro* (1985), lo que benefició a los pocos que lo habían comprado y conservado, pues el coche se revalorizó considerablemente y se convirtió en un coche de culto.

295. Hacia 1982, cuando el gigante del motor estadounidense Chevrolet-General Motors quiso introducir en el mercado latinoamericano su nuevo modelo, el Nova, no supo adecuarse convenientemente a las características de la cultura local. Después de obtener unas decepcionantes cifras de ventas, los ejecutivos de la compañía pidieron informes y cayeron en la cuenta finalmente de que «no va» significa en español «no funciona». Tras enterarse de por qué no vendían, decidieron cambiar el nombre del coche en sus mercados hispanohablantes por el de Caribe.

296. El Airbus 320 es un avión civil de pasajeros de un solo pasillo y pensado para vuelos de corta y media distancia, y es el primer avión comercial en incorporar mandos electrónicos *fly-by-wire*, que permiten que el piloto controle las partes móviles del aparato mediante impulsos electrónicos en vez de con palancas y sistemas hidráulicos. El problema fue que en algunas de las primeras versiones del *software* de control de los sistemas de motores, dependiendo de la configuración de vuelo (aeropuerto de destino y alternativo), el proceso de apagado de motores acababa con los motores encendidos. Al parecer, el sistema no reconocía que estaba en el aeropuerto de destino, por lo que decidía automáticamente que todavía no tenía que desconectar los motores. Por tanto, la única manera de apagarlos era dejar que se acabara el combustible de los depósitos dando vueltas en la vertical del aeropuerto.

297. En 1985, The Coca-Cola Company se preparaba para celebrar su centenario. Sin embargo, no eran tiempos fáciles. La compañía se encontraba al borde de una crisis sin precedentes, pues estaba perdiendo cuota de mercado a marchas forzadas ante su principal competidora, PepsiCo. Al principio, las distancias eran abismales: se bebían dos Coca-Colas por cada Pepsi-Cola. Sin embargo, dos bri-

llantes campañas de publicidad por parte de PepsiCo casi igualaron las ventas. La primera, «*Pepsi Generation*», de gran éxito, trataba de inculcar la idea de que la Pepsi-Cola era una bebida para jóvenes, no como la Coca-Cola, «la bebida de sus padres». La puntilla estuvo a punto de llegar con «*The Pepsi Challenge*» («El desafío Pepsi»), una campaña tan simple como eficaz en cuyo anuncio estrella se veía a una persona que probaba con los ojos vendados una Coca-Cola y una Pepsi-Cola, ante lo cual prefería esta última. Así las cosas, a finales de 1984, Coca-Cola aventajaba a PepsiCo en ventas internas de sus bebidas emblemáticas en Estados Unidos por un escaso margen del 4,9 por ciento. En supermercados, la cosa era peor: el diferencial era sólo del 1,7 por ciento. En esas relativas malas condiciones, el refresco se preparaba para celebrar su centenario desde el segundo puesto en bebidas de cola. Sin embargo, el presidente y consejero delegado de Coca-Cola, el cubano Roberto Goizueta (1932-1997), no estaba dispuesto a rendirse de antemano, y decidió plantar batalla a cualquier precio para que las cosas volvieran a su estado anterior. Las estadísticas eran desalentadoras. El mensaje de «*The Pepsi Challenge*» era cierto: el consumidor había comenzado a preferir el consumo de Pepsi-Colas mayoritariamente. Para Goizueta, ese dato demostraba que había que adecuar la Coca-Cola al paladar moderno. Tras los estudios pertinentes, el nuevo producto estuvo preparado. Para satisfacción de los ejecutivos, en los test ciegos, la gente dijo preferir la nueva Coca-Cola tanto a la Pepsi-Cola como a la Coca-Cola tradicional. Se le dio el nombre de «new coke» («nueva Coca-Cola») y fue presentada en una majestuosa campaña publicitaria.

Pero la bebida obtuvo un rotundo fracaso. La gente la rechazaba, pues pensaba que tenía un sabor dulzón impropio de la Coca-Cola. El cambio tocó incluso la fibra sensible patriótica. Para los estadounidenses, esa bebida era un icono que alguien había osado alterar imperdonablemente. La compañía recibió más de cuatrocientas mil cartas de protesta. Mientras se abalanzaba a los supermercados a llevarse las últimas Coca-Colas «de toda la vida», se creó una «Asociación de bebedores de Coca-Cola clásica» e, incluso, surgió un mercado negro. Un psiquiatra, al que contrataron para analizar los mensajes, comentó que muchos hablaban de la desaparición de la Coca-Cola como si se tratara de la muerte de un ser querido. La publicidad de la nueva bebida era silbada en eventos deportivos. Y hasta Fidel Castro comentó que el fiasco de la new coke era un símbolo de la decadencia del capitalismo norteamericano. Las presiones se hicieron más intensas y ya se especulaba con la posibilidad de un boicot. Según se dice, aquél fue el mayor fracaso comercial de la historia de los negocios.

Pero, entonces, Goizueta entendió que las cosas habían ido demasiado lejos, y, tres meses después, Coca-Cola se retractó y decidió lanzar de nuevo la Coca-Cola «clásica», que fue recibida como una liberación, un acontecimiento que se vivió en Estados Unidos como una fiesta nacional. Un senador comentó que el regreso de la Coca-Cola tradicional era un momento significativo en la historia de Estados Unidos. Pero es que, además, inexplicablemente, la bebida no sólo recuperó el terreno perdido en tres meses escasos, sino que obtuvo la tan ansiada ventaja en cuota de mercado sobre la Pepsi-Cola y reforzó su posición como icono norteamericano. Ese año, The Coca-Cola Company obtuvo un récord de ventas que propició que Goizueta obtuviera, a pesar de ser el responsable del fiasco de la new coke, un plus salarial de 5.000.000 de dólares. Algunos le acusaron de haber planificado todo para reforzar la posición de Coca-Cola, pero, como apuntó otro ejecutivo de la compañía, Donald Keough, «algunos críticos dirán que Coca-Cola cometió un error de marketing. Algunos cínicos dirán que lo planeamos todo. La verdad es que no somos ni tan tontos para lo uno ni tan inteligentes para lo otro. El hecho es que todo el tiempo, dinero y talento invertidos en las investigaciones de mercado de la new coke fueron incapaces de revelar los profundos lazos emocionales que mucha gente sentía hacia la vieja Coca-Cola». Lo cierto es que Coca-Cola estuvo a punto de dar un paso en falso que habría borrado su espléndida trayectoria empresarial. Un error convertido en acierto y una campaña de marketing y publicidad gratuita para la marca. El presidente y consejero delegado Goizueta jamás se arrepintió de su decisión. De hecho, siguió al frente de la empresa, con gran éxito, durante más de una década. Y también siguió bebiendo new coke hasta su muerte, en octubre de 1997.

298. En 1989, la marca Nike llevó a cabo una fuerte campaña publicitaria de unas zapatillas para montañeros. La campaña incluía un anuncio rodado en Kenia, en el que aparecían algunos miembros de la tribu samburu. En un momento dado, la cámara se acercaba a uno de ellos y, mientras hablaba en su lengua local, el maa, aparecía en la pantalla el conocido eslogan de la marca «Just do it» («Sólo hazlo»), como si fuera la traducción de sus palabras. El antropólogo Lee Cronk, por entonces en la Universidad de Cincinnati, descubrió casualmente que lo que realmente estaba diciendo el keniano era: «No, no quiero éstas, deme las grandes». Una portavoz de Nike reconoció posteriormente que: «No creímos que nadie en Estados Unidos fuese a darse cuenta».

299. La marca Tulipán contaba con un blog donde se marcaron el reto de publicar 365 meriendas saludables que contuvieran como ingrediente la margarina Tulipán. Lo que se había planteado como una iniciativa para la marca se convirtió en su peor pesadilla debido a su mala gestión. Tulipán se dedicaba a copiar fotos externas y simular que el producto que utilizaban era el suyo propio. Hasta que una de las afectadas, María Lunarillos encontró la foto de su propia receta en el blog. Inmediatamente denunció a la compañía que las recetas de cocina y las fotografías que publicaba en su web eran, en realidad, plagiadas de un blog ajeno, sin tener en cuenta los derechos de autor. Una noticia que provocó una avalancha de reacciones en las redes sociales y que terminó con la retirada inmediata de todo el material plagiado. Tulipán pidió disculpas por los hechos ocurridos, pero culpando a un error humano. Lo cierto es que aquel incidente vino a reforzar aún más la crisis de reputación en la que se encontraba la marca.

300. Los McSpaghetti de McDonald's comenzaron a venderse en 1991, principalmente en los locales de la ciudad de Nueva York. Sin embargo, no encajó en el público de McDonald's, no se sabe si por su sabor o por su precio, o bien porque los comensales no se sentían cómodos tomando pasta en una hamburguesería. Curiosamente, se mantuvo a la venta en los McDonald's de Filipinas.

301. El fallo de las primeras versiones del microprocesador Pentium diseñadas en 1993 por Intel provino de algo aparentemente tan insignificante como un error de cálculo. Debido a un fallo de diseño, entre tres y cinco millones de chips tenían un error del 0,006 por ciento a la hora de dividir un número de coma flotante. Aunque muy pequeño, este error hacía a estos chips inservibles para aplicaciones de alta precisión, lo cual significó un muy duro golpe para la reputación de la compañía, que finalmente accedió a cambiar los procesadores afectados, lo que le supuso un coste global de 475 millones de dólares.

302. En 1994, la marca de telefonía Airtel quiso «comerse el mundo» y se gastó una millonada en el anuncio de «Hola, soy Edu, ¡Feliz Navidad!», que se hizo muy famoso, pero que olvidó la máxima publicitaria de que lo primero es identificar la marca que se anuncia. El resultado de aquel fiasco publicitario fue que Telefónica le agradeció la publicidad gratuita, ya que fueron ellos y no Airtel los que vendieron móviles.

303. El muñeco Ken fue uno de los grandes aciertos de Mattel. En su búsqueda de encontrarle un compañero a la muñeca Barbie descubrieron al prototipo de metrosexual veinte años antes de que existiera tal denominación. De hecho, hoy, el muñeco sigue siendo el amigo inseparable de Barbie. Pero hubo una versión de los años noventa que no triunfó y que casi lleva a Mattel a la bancarrota. Es el llamado Earring Magic Ken, un muñeco que lucía un pendiente en la oreja, pantalón corto, colgante y pelo rubio oxigenado. Demasiado para la sociedad norteamericana, que no tardó en bautizarlo como el Ken gay. Ante la que le vino encima, Mattel no tuvo más remedio que no reponer las existencias.

304. En 1995, cuando la marca Windows de Microsoft aún era una recién nacida, la compañía exploró distintas formas para que los usuarios con diferentes niveles de conocimientos informáticos interactuaran con su nuevo sistema operativo. Así nació Bob, una aplicación desarrollada para Windows 3.1 por la novia de Bill Gates, con el fin de mejorar la imagen del sistema operativo. La inter-

faz de usuario simulaba una casa (el «hogar de Bob»), y cada mueble u objeto de las habitaciones estaba asociado a una función. Por ejemplo, la máquina de escribir era el procesador de textos. Esta interfaz fue diseñada para ser útil a los usuarios novatos, pero muchos se quejaron de que era demasiado infantil, poco práctica y reiterativa. Cada acción, como (por ejemplo, hacer un nuevo documento) iba acompañada de unos tutoriales paso a paso, sin importar cuántas veces hubiera realizado el usuario esa acción. Los usuarios eran guiados a través de diversos personajes de dibujos animados, como por ejemplo un perro guardián o un loro. La premisa era que si el usuario quería escribir un documento o comprobar sus finanzas, ellos se desplazaban a la oficina en el hogar virtual para cargar su programa deseado. El peor inconveniente de Bob era que los requisitos del sistema necesarios para ejecutarlo eran mucho mayores que las especificaciones de la mayoría de los ordenadores de la época. Junto a su alto precio de venta y la introducción de Windows 95 poco después, el proyecto de Bob fue retirado enseguida.

305. La llamada «quinta generación» de consolas fue el punto de partida para el surgimiento de unidades de gran éxito, como la primera PlayStation o el Gameboy Color. Corría el año 1995, la Gameboy había triunfado anteriormente, y el cine había puesto de moda la realidad virtual. Con este panorama, Nintendo se decidió a lanzar una nueva consola calificada como «portátil», pero que era poco portátil, la verdad. La llamó Virtual Boy y consistía en un visor que podía apoyarse sobre una mesa o ser colocado en la cabeza a modo de gafas, y que producía un efecto 3D, pero en un sólo color: rojo con fondo negro. La impresionante campaña de publicidad no logró hacer que crecieran los clientes interesados por la consola. Sus terribles gráficos, el hecho de que tuviera solamente veintidós juegos y las acusaciones directas contra Gunpei Yokoi (creador del Gameboy y responsable de esta consola) hicieron que el Virtual Boy se esfumara del mercado japonés sólo cinco meses después de haber aparecido.

306. Una colaboración entre Apple y Bandai dio a luz en 1996 a la consola Apple Pippin. En ese momento, el mercado de los juegos estaba siendo gobernado por Nintendo, y Playstation acaba de entrar en la carrera. En la lucha por hacerse con un trozo del pastel, la Pippin se jactaba de conectarse a internet y de contar con un navegador web para navegar, aunque la videoconsola fue recibida con reacciones encontradas. Su alto precio y la limitada selección de juegos, ya que pocos desarrolladores llegaron a tiempo, fueron suficientes razones para situar la consola en el rincón de los fracasos comerciales.

307. En 1997, la compañía aérea British Airways llevó a cabo un cambio en el diseño de su marca, sustituyendo la bandera británica que hasta entonces adornaba la cola de sus aviones de su flota por diseños étnicos multicolor que representaban los diferentes países en los que operaba la compañía, buscando una imagen más global. Pero, pese a sus buenas intenciones, la opinión pública desaprobó mayoritariamente este cambio. La compañía había perdido una de sus características más importantes y distintivas, que la asociaba a las tópicas virtudes británicas (puntualidad, saber estar, etc.). Tampoco ayudaron las declaraciones del primer ministro británico de aquel entonces, Tony Blair, diciendo que esos diseños eran menos que «poco patrióticos». Durante los cuatro años que duró esta campaña, los ingresos de la compañía aérea británica descendieron muchísimo, por lo que, en 2001, decidió volver a la tradicional bandera británica en la cola de sus aviones.

308. El 1 de abril de 1998, la compañía de hamburgueserías Burger King anunció a toda página en varios periódicos de Estados Unidos el lanzamiento de una nueva versión de su más famosa hamburguesa: el Left-Handed Whopper (es decir, el «Whopper para zurdos»), diseñada especialmente para los 32 millones de zurdos estadounidenses. Los carteles publicitarios proclamaban: «¡Whopper para zurdos! Con los mismos ingredientes que tu hamburguesa de siempre, pero con la capacidad de girar 180° para saborearla como nunca». Al día siguiente, la compañía tuvo

que desmentir esta información y aclarar que todo había sido una broma de las que tradicionalmente se gastan el 1 de abril de cada año (equivalente al Día de los Inocentes en España). Para mayor seguridad, la compañía tuvo que asegurar que, como es lógico, su hamburguesa Whopper podía ser comida indistintamente por zurdos, diestros y ambidextros. Pese a ello, miles de personas reclamaron durante días su hamburguesa especial. Al mismo tiempo, según el comunicado de prensa, muchos otros pidieron su propia versión «Whopper para diestros».

309. En 1998, la marca de cereales Coco Pops, de Kellogg's, decidió cambiar de nombre y llamarse Choco Krispies para estar más en línea con «Cocoa Krispies», el nombre de la marca fuera de Estados Unidos y el Reino Unido —menos en España, Portugal, Alemania, Austria y Suiza, donde siempre se ha llamado precisamente Choco Krispies. Después de lograr bastante atención en los medios y que hasta un millón de consumidores acribillaran a la marca con quejas, Kellogg's volvió rápidamente a su nombre original en 1999. Para liarlo todo un poco más, en 2003, Kellogg's volvió a la carga y renombró a su cereal de desayuno estrella Cocoa Rice Krispies, aunque de nuevo volvió al nombre original en 2006.

310. A la filial británica de The Coca-Cola Company le dio por usar lo que definieron como un «altamente sofisticado proceso de purificación basado en tecnología espacial de la NASA» para transformar la contaminada agua del Támesis en su «agua pura» Dasani, un nuevo producto que lanzó en enero de 1999, en variantes con sabores como flor de Jamaica, toronja, limón o manzana. En realidad, tal «purificación» no era otra cosa que un simple sistema de ósmosis, como el usado en muchos hogares, y el agua hubo de ser retirada del mercado por no ser apta para el consumo humano al contener bromato, un agente cancerígeno. El 20 de marzo del mismo año, apareció un artículo en el periódico *The Independent* en que se decía que el agua corriente de la localidad de Sidcup era tratada, embotellada y vendida bajo la marca Dasani, obviamente a precio de «agua mineral». La revelación pública de que era simplemente agua del grifo tratada causó sensación en los medios. El

19 de marzo de 2004, Coca-Cola retiró del mercado millones de botellas, y la marca Dasani desapareció.

311. La fiebre por las mascotas y sus accesorios llegó, de momento, a su punto más álgido cuando se comercializó agua embotellada para mascotas. Las marcas Thirsty Dog! y Thristy Cat! («perro sediento» y «gato sediento») sacaron al mercado las botellas de agua embotellada para mascotas con sabor a ternera crujiente y pescado agridulce. Como complemento, cabe mencionar que otra empresa, en este caso japonesa, creó vino y cerveza sin alcohol para perros y gatos, también con sabor a carne. Todas esas marcas fracasaron. Y merecidamente.

312. La gente estaba muy cómoda con el sistema operativo Windows 98, especialmente con su segunda edición. Pero Microsoft tenía ciertas ideas, y quería unificar su plataforma NT con la serie 9x; así que se hicieron algunos cambios, se eliminó el acceso en tiempo real a DOS, y se implementó la función Restaurar Sistema…, pero se falló en todo lo demás. Su inestabilidad, su incompatibilidad tanto de *software* como de *hardware* (los componentes dejaban de funcionar por arte de magia tras instalar este nuevo sistema operativo) y sus mayores requerimientos hicieron de Windows Millenium Edition un pequeño apocalipsis digital en nuestros ordenadores. Por suerte, Windows XP corrigió el rumbo, aunque se necesitó un año entero para llegar a ese punto.

313. Lanzado en el 2001, con media década en el mercado, las primeras señales de que Windows XP necesitaba un heredero habían comenzado a hacer acto de presencia. Aunque la predisposición por parte de los usuarios a la hora de cambiar de sistema operativo era bastante baja en general, Microsoft decidió implementar muchos conceptos nuevos con Windows Vista. Y tal vez fueran demasiados. Abandonar el esquema de controladores de XP fue un error terrible, pues con ello quebró la estructura de compatibilidad de *hardware* casi por completo. De hecho, en ocho de cada diez ordenadores no se podía usar Windows Vista. El Control de Cuentas de Usuario se convirtió en uno de los peores componen-

tes de *software* de la historia. El rendimiento de Windows Vista era muy pobre, y, para rematar la situación, sus licencias eran caras. Unos dos años tardó el sistema operativo Vista en alcanzar el nivel de desarrollo que debería haber tenido al principio.

314. Uno de los hitos en los primeros tiempos de internet fue Napster, empresa pionera en el uso de las redes P2P. Pero a las discográficas no les gustó nada que permitiera compartir archivos mp3. Llevaron a Napster a los tribunales, y la prohibición de distribuir archivos con *copyright* la llevó a declararse en bancarrota en 2002. En este caso, se podría decir que su éxito se convirtió en su mayor fracaso. Su error no fue el plan de negocio o las irreales expectativas de crecimiento, sino quizá adelantarse a los tiempos.

315. El concepto de *sidetalking* (en español, «hablar de lado») nació a partir de la primera versión de la consola N-Gage, lanzada al mercado por Nokia en 2003 y que ofrecía un reproductor mp3 y una radio FM integrados, reproducción de vídeo, telefonía móvil, juego multijugador (gracias a la conexión bluetooth) y la posibilidad de instalar todo tipo de programas (como navegadores GPS). En su función de teléfono móvil, el diseño de la consola obligaba a hablar apoyando el teléfono «de lado» (o de canto) en la oreja. Enseguida, aquello se hizo muy popular como objeto generalizado de burlas y chistes. Con este motivo, surgieron agrupaciones de usuarios fanáticos del *sidetaking* en Estados Unidos, los cuales se fotografiaban hablando con sus teléfonos como una moda friki hasta llegar al punto de colgarse cualquier objeto y «hablar» de lado con él. Luego de la salida al mercado de la N-Gage QD, en la que el micrófono y el auricular ya se situaban en el frontal, el fenómeno del *sidetalking* desapareció, generando la rápida dispersión de las agrupaciones y de la moda consecuente. Sobre el papel, aquella consola no parecía una mala idea, pero sí que lo fue la ejecución, ya que los botones y la forma del dispositivo en sí hacían que fuese complicado tanto llamar por teléfono como jugar. Nokia no tardó ni dos años en retirar la N-Gage del mercado.

316. Un día de 2004, algún genio comercial de la compañía francesa Bic pensó que su marca estaba tan asentada que ya no se tenían que limitar a vender sólo bolígrafos y otros artículos de escritorio. Decidieron entonces lanzar también cosas tan diversas como mecheros, maquinillas de afeitar, artículos náuticos recreativos (piraguas y kayaks) e incluso artículos electrónicos, como teléfonos móviles. En algunos casos, la diversificación no les fue mal, pero, en otros, fue un auténtico fracaso, como cuando, hacia 2004, se decidieron a lanzar una línea de ropa interior femenina de un solo uso. A modo de test, Bic comercializó esta nueva línea de productos en Grecia, Austria e Irlanda. Pero poco duraron sus braguitas desechables en el mercado. Esta nueva línea de productos fue retirada enseguida ante el desinterés casi absoluto de las potenciales compradoras.

317. Pero no fue Bic la única marca que trató de diversificar sus productos sin éxito, ni mucho menos. Veamos algunos otros casos. No contenta con ser líder mundial en pasta dentífrica, en 1982, la empresa Colgate también decidió probar suerte con otros productos que no tenían nada que ver con lo que les había dado el éxito. En este caso se trató de platos preparados congelados, que empezaron a vender en Estados Unidos. Como era de esperar, la idea acabó en fracaso.

318. En la década de 1990, por lo que respecta a intentos fallidos de diversificar el tipo de productos, el turno le correspondió a la multinacional agroalimentaria francesa Danone, que lo intentó también con poco éxito al fabricar y vender galletas.

319. Por esos mismos años, el grupo español Leche Pascual puso en marcha una parecida política de diversificación, una de cuyas apuestas principales fue la de lanzar cereales de desayuno. Primero los bautizaron con nombres que sólo denotaban de qué estaban elaborados, pero, como la cosa no funcionó, cambiaron de estrategia y los renombraron con enseñas tan llamativas como «Ñampa Zampa» o «Trogloditos». No pudo ser ni por ésas, y a los dos años el producto desapareció de los lineales de los supermercados.

320. A la firma de juegos de construcción danesa Lego le entraron sueños de grandeza y decidió que su marca podía servir para infinidad de productos. Así que la colocaron en relojes, videojuegos, ropa, parques temáticos, etc. Algunas de las iniciativas han funcionado y se siguen vendiendo en la actualidad, otras no tanto.

321. Uno de los casos de diversificación más extravagantes (y fallidos como negocio) fue el de los elementos de decoración de tartas de la marca estadounidense Harley-Davidson. El kit en que se comercializó incluía el logo oficial, velas de cumpleaños con el característico fuego y hasta pequeñas reproducciones de sus modelos más famosos, todo ello de plástico.

322. Algo tan sencillo como una golosina pegada en un palo fue lo que convirtió a la por entonces empresa española Chupa-Chups en líder mundial. Pero a comienzos del siglo XXI, los directivos decidieron apostar por extenderse a otros productos. Así, el famoso logotipo diseñado por Salvador Dalí se podía ver en colonias y hasta en cascos de motos. El resultado fue la pérdida de mercado en su producto estrella y la venta de la empresa.

323. IKEA lo sigue intentando con sus «albóndigas suecas», aunque el negocio se resintió gravemente cuando se supo que contenían carne de caballo.

324. La multinacional estadounidense The Coca-Cola Company tiene una línea de moda en Brasil, y, cada cierto tiempo, presenta colecciones que sólo se ponen a la venta en el país de la samba.

325. Otro ejemplo de sueños de grandeza fallidos fue el de Starbucks tratando de vender café y licor de café en supermercados.

326. El mayor fabricante de pistolas de Estados Unidos, Smith & Wesson, es también una de las grandes empresas de seguridad en el hogar, pero intentó hacer lo mismo en octubre de 2002 con las bicicletas y lanzó una línea de bicicletas de montaña. No lo consiguió.

327. La marca de aperitivos Cheetos, comercializada por la empresa Frito-Lay, subsidiaria de PepsiCo, trató de pasar en 2005 de los aperitivos a los bálsamos labiales. Tan extraña mezcla no tuvo éxito alguno.

328. Más recientemente, en 2009, la empresa de cosméticos alemana Nivea pensó que, ya que llevaba toda la vida dedicada al cuidado de la piel, sería una buena idea lanzar toda una línea de productos de cosmética y maquillaje. Un año después de la presentación, los productos fueron retirados porque no los compraba nadie.

329. Hoy ya es normal entrar en un McDonald's y pedir un café, una ensalada, un helado o, incluso, un desayuno. Pero, hace unos veinte años, también pensaron que podrían ampliar su oferta culinaria con pizzas. Como era de esperar, la cosa no funcionó y fueron retiradas. (En la actualidad, es Telepizza la que también quiere vender hamburguesas.)

330. En 2010, la empresa estadounidense de mecheros de gasolina Zippo también pensó que era buena idea intentar el mercado de las colonias con una línea de perfumes masculinos y femeninos, presentada con un envase inspirado en el propio mechero.

331. Otro ejemplo es el de la empresa francesa Chanel, que lleva años empeñada en ser alguien en moda masculina. Pero de momento no parece fácil que un hombre se compre una camisa de una marca claramente relacionada con el público femenino.

332. En el verano de 2011, la empresa española Panrico tuvo un serio revés comercial al intentar diversificar su oferta y lanzar donuts con nuevos sabores tan exóticos como: Fondant, Flower Power, Cebolla… y Donuts Fresquito, con sabor a lima-limón…, éste para servir frío. Y así, «fríos» es precisamente como se quedaron los consumidores ante tan extraña oferta.

333. Muchas veces, las empresas se empeñan en estirar su marca tratando de entrar en otros terrenos, cuando sería mucho más fácil

inventarse un nombre nuevo para lograrlo. Eso es lo que hizo la japonesa Toyota, que creó la marca Lexus para la gama de automóviles de lujo, o la catalana Mango, que lanzó H. E. para su línea de moda masculina.

334. El 8 de diciembre de 2005, al arrancar la jornada bursátil en la Bolsa de Tokio, un corredor de valores de la empresa Mizuho Securities Company, cumpliendo órdenes de uno de sus clientes, se sentó ante su ordenador y rellenó una oferta de venta de una acción de la firma de selección de personal J-Com por un valor de 610.000 yenes. O, al menos, eso creyó él que hacía. En realidad, se equivocó al teclear, y lo que envió fue una orden de venta de 610.000 acciones de J-Com a un yen cada una. Al darse cuenta enseguida de su terrible error (que, para empezar, suponía poner a la venta más de 42 veces el número de acciones de su cartera), trató de cancelar la transacción, pero varios fallos concatenados del sistema informático de la Bolsa de Tokio se lo impidieron. Las pérdidas netas fueron de unos 330 millones de dólares, que debieron ser asumidas por la empresa Mizuho y, secundaria y solidariamente, por la Bolsa de Tokio. A consecuencia de esta cadena de errores que dejó al descubierto la fragilidad del mercado de valores nipón, doce días después, el 20 de diciembre de 2005, el presidente de la Bolsa de Tokio, Takuo Tsurushima, se vio obligado a dimitir, junto a dos de sus máximos colaboradores. El resto se redujo voluntariamente el sueldo durante tres meses en un 10 por ciento.

335. En 2005, fue muy sonado un caso de crisis de reputación de la conocida marca Dell, que fabrica ordenadores personales y otros dispositivos afines. En junio de ese año, Jeff Jarvis (1954), uno de los periodistas más populares y respetados de Estados Unidos, adquirió un portátil de la marca Dell, que en la garantía incluía servicio técnico a domicilio durante cuatro años. Desde el principio, el ordenador presentó numerosos problemas de funcionamiento, y el servicio a domicilio contratado no le ofrecía la ayuda esperada. Aprovechando su profesión, el 21 de junio, Jarvis escribió en su blog personal una entrada titulada «Dell lies, Dell sucks»

(«Dell miente, Dell apesta») para compartir con sus seguidores su mala experiencia, con lo cual desató todo un escándalo. Su post fue difundido por toda la blogosfera y alcanzó a medios importantes como *The New York Times*, *The Guardian*, *The Washington Post* y *The Wall Street Journal.* Ante los centenares de comentarios de sus seguidores, Jarvis devolvió el portátil y compró un Mac, no sin antes postear una nueva entrada bajo el título «Dear Mr. Dell» («Estimado señor Dell»), en la que dirigía una carta abierta a Michael Dell, fundador y presidente de Dell, Inc., sugiriéndole que alguien de su empresa leyera y escribiera en blogs, preguntara a sus clientes y participara en sus conversaciones. Con ambas acciones, Jarvis había conseguido que las acciones de Dell bajaran ese año alrededor de un 31 por ciento. Ocho meses después, en abril de 2006, el propio Dell en persona intervino en la conversación del blog de Jarvis, donde empezó a interactuar con sus clientes para, en julio del mismo año, crear su propio blog: Direct2Dell.

336. En diciembre de 2005, Gary More, un agente inmobiliario de la ciudad californiana de Hollywood, fijó su atención en uno de los muchos contratos para contratar tarjetas de crédito que le llegaban sin que él los requiriera y se puso a pensar en el inútil gasto en papel que eso suponía en un país como Estados Unidos. Para elevar una modesta queja, rellenó y envió por correo la solicitud de la tarjeta, pero poniendo en el lugar reservado al nombre del usuario la frase «*Never waste a tree*» («Nunca malgaste un árbol»), con la que quería enfatizar el desperdicio de papel que le parecía todo aquello. Sorprendentemente, a los pocos días, la compañía financiera le remitió una tarjeta a nombre del señor «*Never Waste a Tree*».

337. SONY BMG introdujo el *software* de protección de copia en CD de música con el fin de luchar contra la piratería. En octubre de 2005, el investigador de seguridad Mark Russinovich publicó un análisis en línea del *software* que mostró que se instalaba en el ordenador del usuario sin notificación y sin ser detectado. Dicho *software* también era muy difícil de desinstalar, provocando accidentes en muchos sistemas, y constituía una amenaza significativa

para la seguridad al permitir que llevara adosado cualquier otro malware. Sony negó inicialmente que el *software* representara una amenaza, pero más tarde se lanzó un programa de desinstalación. Esto sólo agravaba el problema, ya que se reveló que el programa de desinstalación utilizaba un componente ActiveX que provocaba una amenaza a la seguridad incluso mayor que el *software* XCP. A raíz del escándalo, Sony tuvo que reponer y reemplazar varios millones de discos en mitad de la temporada de vacaciones. También dio lugar a varias demandas colectivas, muchas de las cuales todavía están en litigio, y causó un daño significativo a la imagen de la empresa.

338. En la mañana del 3 de abril de 2006, alguien en Amazon apretó el botón y mandó miles de correos electrónicos a sus afiliados celebrando la victoria del equipo de baloncesto universitario de la Universidad de California Los Ángeles (UCLA Bruins) en la final de la NCAA (National Collegiate Athletic Association) contra los Gators, de Florida. Los aficionados al baloncesto universitario y todos los clientes en general se sorprendieron de ver en su bandeja de entrada el correo electrónico de Amazon que daba la enhorabuena al equipo de los UCLA Bruins (y, de paso, ofrecía gorras de la NCAA y todo tipo de *merchandising*) por vencer en un partido que, en realidad, no se disputaría hasta esa misma noche. Una metedura de pata doble, porque no sólo no se había jugado aún el partido, sino que, además, finalmente, en dicho partido el equipo de UCLA perdió por veinte puntos. La portavoz de Amazon, Patty Smith, a modo de explicación, dijo lo siguiente: «No sé si se nos coló algún forofo de los Bruins que estaba expresando su deseo. Claramente, fue un error». Pues sí.

339. En sólo tres meses de 2006, la compañía estadounidense AOL (America Online Inc.) compiló los datos de 657.000 de sus usuarios con el único objeto declarado de conseguir una base de datos para sus investigadores de mercado. Por supuesto, los usuarios no supieron que sus datos se guardarían. El viernes 4 de agosto de 2006, el investigador de la empresa Abdur Chowdhury subió un único archivo de texto comprimido con los datos com-

pilados previamente de las búsquedas de sus usuarios a un sitio web de AOL que él creía protegido, pero que, de hecho, era accesible por el público. Los técnicos de AOL rápidamente se dieron cuenta del error y borraron el archivo. Pero eso fue el lunes, siguiente día hábil. Aunque el fichero ya no estaba disponible en línea, los datos se habían extendido a través de los blogs por todo el mundo. Los resultados de la búsqueda se publicaron en sitios espejo, y los medios de comunicación ya se habían puesto a la tarea relativamente sencilla de identificar personalmente a los usuarios cuyos datos en clave habían estado online. A los pocos días, *The New York Times* había liberado, con su consentimiento, el nombre de un usuario que ellos localizaron por palabras clave de búsqueda utilizando guías telefónicas y otras fuentes de información públicas y accesibles. Unas semanas después, AOL no sólo despidió al investigador responsable de la fuga de datos, sino que también se vio obligado a hacer lo mismo con su supervisor y con la gerente de tecnología, Maureen Govern. Pese a ello, como era lógico esperar, la historia acabó con una demanda de medio millón de dólares.

340. Al margen de los primeros contratiempos a los que tuvo que hacer frente el creador de Facebook, Mark Zuckerberg (1984), por culpa de su forma poco ortodoxa de llevar a cabo su gran innovación, lo cierto es que si repasamos el currículum del creador de la red social más popular del mundo podemos comprobar que también ha tenido algún que otro desatino empresarial. Por ejemplo, más allá de su desastrosa salida a bolsa (en un año sus acciones perdieron un tercio de su valor), la compañía de Menlo Park (California) erró en 2007 con el lanzamiento de Beacon, una aplicación que permitía a los usuarios de la red social compartir con sus amigos todas sus compras en línea. Beacon se integró en el sistema de publicidad de Facebook que enviaría datos de sitios web externos a la red social con el fin de permitir que los anuncios fueran «dirigidos» y que los usuarios compartieran sus actividades de compras con sus amigos. Beacon informaría a Facebook de las actividades de sus miembros en los sitios de terceros que también participaran con Beacon, y dichas actividades se podrían compar-

tir en el muro. Pero lo malo fue que estas noticias de los usuarios eran transmitidas incluso cuando los usuarios no estaban conectados a Facebook y pasaban por tanto sin su conocimiento ni con la posibilidad de bloquearlas. El controvertido servicio, que se convirtió en el blanco de una demanda colectiva, fue cerrado en septiembre de 2009. Mark Zuckerberg, consejero delegado de Facebook, confesó que Beacon había sido un «error».

341. En 2007, la empresa fabricante de bebidas energéticas Redux Beverages, que acababa de lanzar al mercado una bebida isotónica con el nombre comercial de Cocaine, tuvo que retirar el producto del mercado ante la tempestad de críticas. La compañía anunció que rebautizaría la bebida con otro nombre después de que el organismo gubernamental estadounidense que regula y controla la venta de alimentos y medicinas, la Administración de Alimentos y Medicamentos (FDA, por sus siglas en inglés), dictaminara que la campaña publicitaria era ilegal, como probaban ciertas afirmaciones contenidas en sus mensajes publicitarios, incluidas las de que es «cocaína líquida» y causa «aceleración inmediata». La empresa señaló que Cocaine, que se vendía desde agosto de 2006 en una decena de estados, no contenía ningún tipo de droga y sólo era una bebida energética. Para la FDA, la publicidad de Cocaine superaba los límites legales, ya que aparecía anunciada en su página web como un complemento dietético y, al mismo tiempo, citaba y proporcionaba la definición de algunos de sus ingredientes, de los que se decía que «sirven para prevenir, tratar o sanar enfermedades tales como la ansiedad, la depresión y los trastornos obsesivo-compulsivos».

342. En 2007, la farmacéutica estadounidense Bristol-Myers Squibb (BMS) tardó tanto tiempo en gestionar la patente del clopidogrel, o plavix (un fármaco antiplaquetario), que al fabricante de genéricos canadiense Apotex le dio tiempo suficiente a inundar el mercado con su versión genérica. Bristol-Myers trató de llegar a un acuerdo extrajudicial con Apotex, pero el asunto llegó a hacerse público y provocó que se le abriera una causa a Brystol-Myers. Una falta de agilidad comercial que le costó a Bristol-Myers, según

cálculos, unos 525 millones de dólares, y al director ejecutivo, Peter Dolan (1956), en septiembre de 2006, su trabajo.

343. La empresa de agua embotellada Fiji llegó a posicionar su marca internacionalmente gracias a una muy efectiva campaña de marketing y consiguió ser la segunda marca más vendida en Estados Unidos. Pero, en 2007, una vez conseguida esa ventajosa posición de mercado, le pudo un exceso de arrogancia al desplegar una nueva campaña publicitaria en revistas, basada en el eslogan «la etiqueta dice Fiji porque no es embotellada en Cleveland», haciendo una referencia algo gratuita a esta ciudad del estado de Ohio, como forma de resaltar la pureza de su origen. Según explicó uno de los responsables de la campaña, la mención de la ciudad de Cleveland fue hecha al azar. Pero las autoridades de Cleveland, un tanto ofendidas, no se tomaron con mucho humor el comentario y decidieron realizar un análisis comparativo del agua de grifo local y el agua embotellada Fiji.

Los resultados fueron, cuando menos, sorprendentes, pues determinaron que el agua embotellada contenía 6,3 microgramos de arsénico por litro, mientras que el agua del grifo de Cleveland no tenía ni rastro de arsénico. Los resultados de estos análisis se hicieron públicos y, por supuesto, resultaron un gran golpe para la empresa, que decidió defenderse realizando sus propios análisis. Los resultados de estos nuevos estudios determinaron una presencia de dos microgramos por litro, quedando demostrado que el agua Fiji era, además de más cara, levemente más tóxica que el agua de grifo de Cleveland (aunque siempre ambas dentro de los niveles tolerados por la ley). La empresa no sólo decidió terminar con la campaña, sino que, además, se vio obligada a acentuar su política ecológica para reducir los efectos contaminantes a través del ciclo de vida del producto, ante el marcado descenso de su cifra de ventas.

344. En noviembre de 2007, la empresa The Hershey Co. sacó al mercado una nueva golosina de menta en polvo empaquetada con una presentación similar a la que se suele ver en las drogas ilegales vendidas en las calles, empaquetadas al vacío en bolsas de plástico. La golosina, llamada Ice Breakers Pacs, se vendía en cajas de color

azul o naranja, que contenían unas bolsitas solubles con un polvo dulce en su interior. En cuanto aparecieron en las tiendas de chucherías, las asociaciones de consumidores se echaron las manos a la cabeza denunciando, como es lógico, que incitaban al consumo de drogas.

345. En 2008, el fundador de Microsoft Bill Gates (1955) cometió su principal error. Como confesó posteriormente, Microsoft perdió mucho dinero al no darse cuenta de la necesidad de tener publicidad en internet. La compañía no desarrolló su motor de búsqueda, y Google se hizo con el monopolio de esa funcionalidad de la red. Microsoft creía que el Internet Explorer incluido en Windows cubriría todas las necesidades de los usuarios, pero sus competidores pensaron de otra forma y consiguieron hacerse con una parte importante del mercado.

346. Si hay una empresa especializada en el desacierto, ésa es Yahoo!, sin duda. Por ejemplo, su «avezado» instinto les llevó a rechazar el motor de búsqueda que les ofrecían dos estudiantes de la Universidad de Stanford llamados Larry Page y Serguéi Brin. Los mismos que años más tarde, tras ofrecerle su invento a Altavista y encontrarse con otra puerta cerrada, decidieron apostar por ellos mismos y crear Google. Aunque los directivos de Yahoo! no sólo erraron en sus compras. Las ventas tampoco han sido su fuerte. Y es que, pese a rechazar la tecnología inicial del que sería el buscador más famoso del mundo, la compañía liderada por su consejero delegado y cofundador Jerry Yang (1968) llegó a capitanear el sector de los motores de búsqueda en la década de 1990. Un momento en que podía permitirse el lujo de adquirir nuevas empresas, como fue el caso de Flickr, y ampliar su cartera de negocios creando portales de información. Pero la entrada en escena de Facebook y Google (sí, el invento que ellos rechazaron) resultó demoledora para los intereses de Yahoo!, que vio cómo sus ingresos decrecían al tiempo que sus competidores ganaban dinero y terreno entre los internautas.

Esta situación contrastaba con el buen momento que estaba atravesando Microsoft. En febrero de 2008, en pleno proceso de expansión, la compañía de Bill Gates presentó una oferta de 47.000 millones de dólares para adquirir Yahoo! Sin miramientos, Jerry Yang la rechazó alegando que la oferta devaluaba la compañía y que los accionistas no querían vender. Una excusa que él mismo se inventó, ya que algunos inversores de la compañía, conscientes de que era el momento de abandonar un barco que sin duda navegaba a la deriva, trataron de enmendar el error. Pero no lo consiguieron. El consejero delegado de Microsoft, Steve Ballmer, retiró la opción de compra y Microsoft apostó por crear su nuevo motor de búsqueda, Bing. Por su parte, Yahoo! tuvo que afrontar una intensa ronda de despidos en 2008 mientras su valor en bolsa caía a un ritmo vertiginoso. En septiembre de 2011, con Carol Bartz (1948) como nueva consejera delegada, la capitalización de Yahoo! cayó a los 17.660 millones de dólares, la tercera parte de lo que Microsoft les había propuesto.

Pero ahí no acaba todo en su capítulo de ventas fallidas. Cuando en 2012 decidió vender el 40 por ciento que poseía de Alibaba, la empresa china de comercio electrónico, ejecutó la que para muchos es la peor maniobra que podría haber efectuado la compañía. Con la intención de aliviar la sed de dividendos de sus accionistas, Marissa Mayer (1975), nueva consejera delegada de Yahoo!, optó por vender las participaciones en la empresa que domina el mercado asiático que más rápido crece en el mundo. Una empresa que rebasa en valor a Amazon y eBay juntas y que multiplica por diez las ganancias de Facebook.

347. Pese a sus evidentes éxitos, Google también acumula ya varios sonoros fracasos. Más allá del discutible éxito de sus adquisiciones o sus ventas, el primer gran varapalo llegó en 2009 con Google Wave (o Apache Wave). En una maniobra arriesgada, la compañía presentó una *framework* en línea que permitía a sus usuarios comunicarse y colaborar en tiempo real, una aplicación web y una plataforma con la que pretendía combinar lo mejor del correo electrónico, las redes sociales y la mensajería instantánea. Finalmente, no consiguió ninguno de esos tres objetivos. Pese a que la expectación previa era máxima, al final no encontró usuarios dispuestos a utilizarla, y ni siquiera simples interesados. A finales de

septiembre de 2009, Google invitó a cien mil usuarios a acceder a una vista preliminar del servicio. El día previsto, la prensa lo cubrió a bombo y platillo; la gente hacía lo imposible para tener acceso, y se llegaron a subastar invitaciones en eBay a precios absurdos. Algunos expertos informáticos le dedicaron libros enteros a la cuestión. Todos se vieron atrapados por la magia inicial que había generado Google Wave. Pero, cuando el furor inicial pasó, los clientes exploraron el servicio y, enseguida, salieron desilusionados de la experiencia. Casi todo era «potencial», «estimado» y «a futuro», pero al usuario lo que le interesa es el presente. La falta de interés se hizo completa, y, el 4 de agosto de 2010, Google decidió, acertadamente, abandonar el proyecto.

Pero como el ser humano tiende a tropezar dos veces en la misma piedra, la creatividad de los responsables de Google volvió a demostrar que no es infalible cuando, el 9 de febrero de 2010, lanzaron Google Buzz. Esta nueva red social integrada en Gmail, acabó por fracasar debido a las fuertes críticas que recibió por sus débiles controles de privacidad, que provocaron varias demandas de organizaciones civiles, usuarios y gobiernos, como el canadiense. La polémica llegó hasta tal punto que, tras la denuncia de un estudiante de derecho de la Universidad de Harvard que aseguraba que Google violaba diversas leyes de protección de privacidad, incluso tuvo que intervenir un tribunal estadounidense. Otro desastre y otro invento al garete. Google anunció oficialmente el cierre de Buzz el 14 de octubre de 2011.

348. En julio de 2010, en Massachusetts, la cadena de hamburgueserías McDonald's distribuyó accidentalmente como parte de su menú infantil, el «*Happy Meal*», cinco mil condones inicialmente destinados a cubrir un programa de prevención de embarazos adolescentes. El error se debió a que la mayoría de los empleados encargados de montar las cajitas no conocían bien el inglés y, cuando vieron unos paquetes muy coloridos con la etiqueta «*ribbed latex*» («látex estriado»), pensaron que era el nombre del personaje de la nueva película *Airbender, el último guerrero,* que en esos momentos se promocionaba en McDonald's.

349. Las anomalías que experimentaron algunos modelos de Toyota en 2010 llevaron a una grave crisis de la compañía, que ya había logrado posicionarse en el mercado estadounidense como fabricante de coches fiables. A pesar de la revisión de los modelos en los que se detectó un problema con el acelerador, los consumidores empezaron a denunciar la situación, que tuvo como desenlace la muerte de cuatro pasajeros en un accidente de tráfico provocado por este defecto de fábrica. Toyota, en lugar de ofrecer toda la información posible a clientes, medios y accionistas, intentó tapar la situación, creando una crisis de reputación que provocó un balance negativo de unos dos mil millones de euros y una caída precipitada de sus acciones.

350. En septiembre del 2011, Panrico, la empresa propietaria de la marca Donettes, lanzó una campaña de publicidad con el lema «No me toques los Donettes». El eje creativo de los mensajes giraba en torno a la agresividad como reclamo de los paquetes de Donettes. Frases como «Ojos que no ven. Donettes que desaparecen», «No metas mano a mis Donettes» o «Pedir puede dañar seriamente nuestra amistad» reafirmaban, supuestamente, que las rosquillas Donettes son tan deliciosas que no pueden ser compartidas. Pero uno de los lemas desató la ira de su público en las redes sociales. El lema «A pedir, al metro», incluido en los paquetes de Donettes, no fue muy bien recibido y obligó a que la empresa retirase esos envases y la propia campaña.

351. El 19 de septiembre de 2012, la primera versión de la aplicación Apple Maps fue lanzada al mercado con un gran número de errores, de los que informaron los decepcionados usuarios del iPhone 5, dispositivo que se comenzó a vender con este *software* preinstalado, como bien se había encargado de resaltar la publicidad. Los usuarios encontraron graves errores de todo tipo en el *software*. Se trataba, por ejemplo, de errores graves sobre la ubicación incorrecta de ciertos lugares. Así, situaba la Alhambra de Granada en Granollers (Barcelona). La aplicación también fue criticada por su carencia de ciertas características que ya figuraban previamente en su competidor Google Maps, como el Street View y las direc-

trices de ruta para ir a un lugar. Fue tanto el bochorno que incluso el consejero delegado de Apple, Tim Cook (1960), llegó a pedir disculpas públicas por haber estrenado un producto mediocre, y dar seguridades de que ya estaban trabajando para mejorar la aplicación.

352. En junio de 2013, Taco Bell (una franquicia de restaurantes de comida rápida especializada en cocina tex-mex) despidió a un empleado de uno de sus restaurantes en California porque fue fotografiado lamiendo una pila de tortillas rígidas para tacos. La imagen había sido captada en marzo en un Taco Bell de Ridgecrest, a 160 kilómetros al norte de Los Ángeles, y fue colgada en Facebook por otro empleado. La dirección adujo en su descarga que las tortillas rígidas en forma de «U» fueron suministradas a los empleados para que practicasen sus nuevos tacos Cool Ranch, que fueron desechadas antes de llegar a venderse y que la foto fue tomada durante un concurso en el que se veía a los empleados disfrutando de su primer bocado del producto.

353. Un fabricante de camisetas norteamericano, con sede en Miami, imprimió por error camisetas para el mercado hispano que promovían y homenajeaban la visita del Papa. Pero en vez del deseado «Yo he visto al Papa», en castellano, las camisetas proclamaban «Yo he visto a la Papa» [es decir, «... a la patata»].

354. Cuando la empresa fabricante de plumas Parker puso a la venta un nuevo modelo de bolígrafo en México, sus anuncios supuestamente querían decir «No perderá tinta en tu bolsillo, avergonzándote». Sin embargo, la compañía se equivocó al pensar que la palabra castellana «embarazar» significaba (como la inglesa embarras) «avergonzar» y por eso el anuncio en realidad decía: «No perderá tinta en tu bolsillo, embarazándote».

6. OPORTUNIDADES PERDIDAS

355. Pocos saben que no fue Johannes Gutenberg (1400-1468) el que finalmente imprimió las llamadas «Biblias de Gutenberg», es decir, los segundos libros (tras *El Misal de Constanza* que hizo Gutenberg a modo de ensayo en 1449) oficialmente impresos con la imprenta de tipos móviles inventada por dicho impresor alemán. Esta edición empezó a prepararse después de 1450, y los primeros ejemplares estuvieron disponibles hacia 1454 o 1455. Se cree que se produjeron alrededor de 180 ejemplares: 45 en pergamino y 135 en papel. Un ejemplar completo tiene 1282 páginas, y la mayoría de ellos fueron encuadernados en dos o más volúmenes. Tras su impresión, fueron rubricados e iluminados a mano por especialistas, lo que hace que cada ejemplar sea único. Esta Biblia es el incunable más famoso, y su producción dio comienzo a la impresión masiva de textos en Occidente. Gutenberg preparó las planchas de su Biblia, pero, cuando estaba a punto de comenzar su edición, se le agotó el dinero de que disponía y, acosado y demandado por los acreedores, se vio obligado a entregar sus instrumentos y prensas, además de perder todo derecho sobre la edición y ceder la distinción de ser el editor del considerado como el libro más bello de la historia.

356. Aunque es famoso por haber inventado la desmotadora de algodón en 1793, el estadounidense Eli Whitney (1765-1825) no ganó dinero con su invento porque no se preocupó de patentarlo.

357. En 1826, el químico y farmacéutico inglés John Walker (1781-1859), creador de las cerillas de fricción, pensó que un instrumento tan importante como ése debía ser de propiedad pública, y, además, declaró que él no era un auténtico inventor, de modo que nunca patentó su invento y no obtuvo beneficio alguno de él.

358. El físico alemán Wilhelm Konrad Roentgen (1845-1923), que descubrió los rayos X en 1895 e inició, al hacerlo, una revolución científica, se negó por razones éticas a permitir que los rayos llevaran su nombre (como ocurrió en alemán) y a solicitar patente alguna para su descubrimiento, porque le parecía indigno obtener ganancia económica alguna de él (algo parecido haría, años después, Marie Curie). Debido a ello, Roentgen, pese a haber ganado un Premio Nobel por su hazaña, murió pobre.

359. Tal vez el caso más dramático relacionado con olvidar patentar un invento fue el de los motores diésel, que deben su nombre a su inventor, Rudolf Diesel (1858-1913), un ingeniero de nacionalidad alemana, aunque nacido en París, que, interesado en las técnicas de refrigeración de motores, inventó un sistema que utilizaba amoniaco supercalentado, en vez del vapor de agua que se venía usando hasta entonces, consiguiendo de ese modo cuadruplicar la presión resultante y, por tanto, el rendimiento potencial de los motores. Muchos se aprovecharon de este avance, pero no estuvo entre ellos el propio Diesel, que no había tenido la precaución de patentar el invento. Arruinado y desesperado, desapareció en una travesía del canal de la Mancha, suponiéndose que se suicidó arrojándose a sus aguas (aunque también se barajaron otras posibilidades, como que fue asesinado por agentes alemanes para que sus inventos no se divulgasen).

360. Pero, a veces no basta con patentarlo para poder aprovecharse de los beneficios industriales de un invento. En 1816, el científico, naturalista, inventor y escritor escocés David Brewster (1781-1868), que realizó importantes investigaciones en el campo de la óptica (polarización de la luz, doble refracción, etc.), inventó el calidoscopio. Lo patentó y lo vendió a un ritmo de miles por día. Sin embargo, muchas otras personas comenzaron a construir caleidoscopios y se hizo imposible demandarlos a todos. Después de los primeros días, Brewster no ganó virtualmente dinero alguno con su invento.

361. El 26 de agosto de 1854, el telegrafista francés Charles Bourseul (1829-1912) publicó en el periódico *L'Illustration* un artículo en que describía un aparato que anticipaba un sistema telefónico. Evidentemente, la administración francesa no se percató del valor de semejante innovación y no prestó atención a la propuesta de Bourseul y, de ese modo, Francia perdió la oportunidad de aventajar tecnológicamente a otros países.

362. En 1876, la Western Union Telegraph Company era la mayor empresa de comunicaciones de Estados Unidos, gracias a que el telégrafo era el método más usado por entonces. En ese año, el abogado, financiero, filántropo y primer presidente de la National Geographic Society, Gardiner Greene Hubbard (1822-1897), quiso vender al empresario Willian Orton (1826-1878), presidente de la Western Union, la patente de un invento que había ayudado a financiar, pues Alexander Graham Bell era profesor de la hija de Hubbard en su escuela para niños sordos y, posteriormente, sería su yerno. De hecho, Hubbard se había convertido en 1877 en fundador y primer presidente de la empresa Bell Telephone Company. El precio de dicha patente era de cien mil dólares, pero Orton rechazó comprarla porque, aunque era una curiosa novedad, no le encontraba el aprovechamiento comercial: «Señor Hubbard, tras sopesar detenidamente su propuesta, que no deja de ser una interesante novedad, hemos llegado a la conclusión de que no ofrece posibilidades de comercialización... ¿Qué uso puede darle esta compañía a un juguete eléctrico?».

363. En 1881, cinco años después de haber inventado su modelo de teléfono, el mismo Alexander Graham Bell (1847-1922) había vendido casi todas las acciones que tenía en la empresa que formó para su fabricación junto a Gardiner Greene Hubbard, sin comprender jamás lo rentables que llegarían a ser.

364. En 1876, el Servicio Postal británico rechazó el teléfono basándose en que, aunque los norteamericanos pudieran necesitar tal aparato, los ingleses disponían de infinidad de muchachos para llevar los mensajes. Como ellos mismo dijeron: «Los americanos nece-

sitan el teléfono. Nosotros no. Nosotros tenemos mensajeros de sobra...». Tres años después se inauguraba en Londres la primera central telefónica instalada en Inglaterra.

365. Chester Carlson (1906-1968), que inventó en 1937 la electrofotografía, xerografía o fotocopia, el proceso de copiar en seco, y que fue más tarde fundador de Xerox, pudo haber sido también el inventor de otro medio importante de comunicación si no hubiese claudicado. Carlson tuvo una idea para lo que luego se convirtió en la pluma esferográfica y que sería conocido en casi todo el mundo como bolígrafo, pero abandonó el trabajo sobre el concepto mucho antes de que fuese comercializado, pues llegó a la conclusión de que no funcionaría.

366. En 1943, la Corte Suprema de Estados Unidos retiró al italiano Guglielmo Marconi (1874-1937) el registro y patente de la radio (por ella había ganado Marconi nada más ni nada menos que el Premio Nobel en 1909) y reconoció al genial inventor serbocroata Nikola Tesla (1856-1943) como verdadero inventor de la radio. Pero Tesla no fue capaz de obtener beneficios de su inteligencia ni de sus grandes hallazgos. Sus invenciones hicieron enriquecerse a aquellos que las pusieron en práctica, aunque él tuvo graves problemas económicos durante gran parte de su vida y murió arruinado.

367. Al acabar la segunda guerra mundial, cuando se discutieron las distintas indemnizaciones a los aliados, al Reino Unido se le ofreció la compañía de automóviles Volkswagen como parte del pago de compensación por todo lo destruido por Alemania en la guerra. De hecho, la empresa alemana pasó brevemente a estar bajo administración de los británicos, pero éstos creían que los coches con el motor en la parte posterior no tenían futuro y que aquello sólo les daría problemas. Así que las autoridades británicas de ocupación se limitaron a hacer un pedido de veinte mil automóviles «escarabajos» para volver a poner de pie la compañía, y, en 1949, el gobierno británico cedió el control de la empresa al gobierno de la República Federal de Alemania. En 1959, la empresa

producía casi cuatro mil coches al día y vendió su vehículo un millón (en 1977 ya serían más de quince millones).

368. En 1963, la compañía de seguros State Mutual Life Insurances, de Worcester (Massachusetts), compró la Guarantee Mutual Company, de Ohio. La fusión tuvo efectos negativos entre los empleados por el lógico y natural temor a los despidos y las reestructuraciones inevitables. La dirección de la nueva empresa decidió entonces implementar una «campaña de amistad», que incluía la orden de sonreír en horas de trabajo, cuando se hablaba por teléfono, se atendía a los clientes, se realizaba un pago e incluso cuando se escribía un informe. En ese contexto, le encargaron a un diseñador, Harvey Ball, que diseñara una imagen que diera representación a la campaña. Según contaría después el propio Ball, le llevó unos diez minutos crear el hoy famoso *smiley*, o «cara sonriente».

La iniciativa tuvo éxito, y pronto traspasó los límites empresariales y pasó al acervo común. Para quien no salió tan bien fue para Ball, al que le pagaron 45 dólares y ni siquiera pensó en patentarlo. Al principio no se intentó hacer de la imagen una marca registrada, y más tarde pasó a ser de dominio público. El dibujo fue popularizado a principios de la década de 1970 por un par de hermanos, Murray y Bernard Spain, quienes lo aprovecharon en una campaña para vender artículos de *merchandising*. Ambos produjeron chapas, tazas de café, camisetas, pegatinas para los parachoques y muchos otros artículos decorados con el símbolo y la leyenda «Que tengas un buen día» («*Have a nice day*»), ideada por Murray.

En 1972, se estimó que había unos cincuenta millones de chapas con el *smiley* por todo Estados Unidos. Luego, se convirtió en uno de los principales iconos adoptados por la cultura de música de baile *dance acid house*, surgida a finales de los años ochenta. Principalmente en el Reino Unido, el logotipo fue especialmente asociado, dentro de la cultura *underground dance*, con la droga éxtasis. Tiempo después, el símbolo renació como imagen del *software* Microsoft Bob y con la campaña de los supermercados Asda y Walmart «*Rolling Back Prices*» («Volviendo a los precios del pasado»). Finalmente, el *smiley* se convirtió en un elemento fundamental de la cultura de internet, presente no sólo en el famoso emoticono (el primero y el que dio origen a todos los demás), sino también en GIF animados y otras representaciones gráficas. En 2006, Walmart quiso hacer del *smiley* su marca registrada en Estados Unidos, aunque el intento acabó en un conflicto legal con Franklin Loufrani y su compañía SmileyWorld. El diseñador original Harvey Ball falleció en abril de 2001 sin haber patentado su creación ni, por supuesto, haber cobrado derechos de autor.

369. Corría la década de los setenta cuando, en su laboratorio de Palo Alto (California), la compañía Xerox contaba con una máquina cuya pantalla contenía iconos que permitían realizar distintas funciones al pulsar sobre ellos. Le pusieron por nombre Alta, y era un modelo de protordenador personal que se adelantaba a los que poco después lanzaría comercialmente la competencia. Sin embargo, el prototipo nunca salió del laboratorio de Xerox debido a un tema de prioridades y estrategias empresariales. Los directivos de la compañía no quisieron gastar lo necesario para comercializar la innovación. Y perdieron con ello un gran negocio.

370. En 1972, el periódico estadounidense *San Francisco Chronicle* recibió una oferta de *The Washington Post*: por una suma de dinero a acordar, además de su apoyo y su ayuda en la investigación, compartirían los derechos de esa historia que estaban escribiendo por entregas los dos reporteros Bob Woodward y Carl Bernstein acerca de un *affaire* en el cuartel general de los demócratas en Washington, el hotel Watergate. El propietario del diario de San Francisco, Charles Thieriot, adujo que esa historia no tendría ningún interés en la Costa Oeste. Finalmente, *The Washington Post* compartió la historia con el rival del *San Francisco Chronicle*, el *San Francisco Examiner,* que se hizo con la mitad de los derechos de publicación por la modesta suma de quinientos dólares. Esta historia fue ni más ni menos que el caso Watergate, el mayor escándalo político de la historia de Estados Unidos, que terminó con la única dimisión de un presidente de dicho país en toda la historia.

371. Uno de los dos fundadores de Intel, Gordon Moore (1929), recordó tiempo después que a mediados de la década de 1970 le propusieron comercializar el chip 8080, equipado con un teclado y un monitor orientado al mercado doméstico. Es decir, le propusieron ser el pionero de los primeros ordenadores personales, pero en Intel no vieron la utilidad de esos aparatos y descartaron la idea.

372. En 1976, cuando Jobs y Wozniak por fin consiguieron poner en marcha Apple, el tercero en discordia, Ronald Wayne (1934), decidió abandonar el barco a las dos semanas de salir del puerto. Wayne, compañero de Jobs en Atari, algo más mayor y mucho más inexperto en cuestiones técnicas que sus compañeros de fatigas, actuaba de perfecto complemento entre las dos mentes pensantes del proyecto. Fue él quien diseñó el primer logotipo de Apple (que era un dibujo donde aparecía Isaac Newton debajo de un manzano) y quien escribió los manuales de instrucciones del Apple I y el convenio de colaboración. Pero, por entonces, su situación no era la más propensa para embarcarse en un proyecto como el que le proponían sus compañeros. Sus últimos varapalos empresariales le habían llevado a acumular una importante cantidad de deudas que quería saldar antes de aventurarse en otro proyecto, y más aún en otro tan arriesgado como el que sus amigos le proponían. Por eso, el 13 de abril de 1976, Wayne decidió vender su 10 por ciento de acciones de Apple por sólo ochocientos míseros dólares. Jobs y su compañero también le pagaron un tiempo después 1.500 dólares para que renunciara a todos los derechos de propiedad que les hubiesen podido traer problemas más adelante. De no haberse marchado, ahora posiblemente sería una de las personas más ricas del planeta. No obstante, pese a todo, parece tener la conciencia muy tranquila. «Creo que decir que he perdido una fortuna es inapropiado. Jamás me he arrepentido de aquella decisión», aseguró en 2012.

Wayne siguió trabajando en Atari, porque no se fio mucho de la nueva empresa. Él mismo, cuatro años antes, tuvo que cerrar su pequeña empresa de ingeniería Siand, con sede en Las Vegas. Cuando Jobs consiguió que Apple pudiera comprar los materiales necesarios a plazos y entregar cincuenta computadoras a cuenta, Wayne temía que el comprador no pagaría a tiempo y que los acreedores de Apple le exigirían a él la cuenta. Así que pronto perdió la fe y vendió sus acciones.

Pero, poco después de su marcha, el empresario Mike Markkula invirtió más de 250.000 dólares de capital riesgo en Apple. El primer año de funcionamiento, 1976, hubo un volumen de negocio de 174.000 dólares. En 1977, las ventas alcanzaron los 2,7 millones; en 1978, los 7,8 millones; y llegaron a los 117 millones en el año 1980. Dos años más tarde, en 1982, dichas cifras alcanzaron por primera vez un volumen de más de mil millones de dólares en ventas anuales. Las acciones de Wayne habrían estado valoradas en unos 6.000 o 7.000 millones de dólares.

Poco se sabe a día de hoy de Ronald Wayne. En 1997, trabajaba como ingeniero en una empresa contratista del Departamento de Defensa de Estados Unidos en Salinas (California), y unos años más tarde emigró a Nueva Zelanda.

373. En 1976, Nolan Bushnell (1943) y Joe Keenan, fundador y presidente de Atari, respectivamente, no supieron pronosticar hasta dónde podría llegar la creatividad que encerraban las prodigiosas mentes de Steve Jobs (1955-2011) y Stephen Wozniak (1950), y seguramente aún se lamentan de su decisión de rechazar su inversión en Apple. Bushnell fue uno de los primeros jefes de Steve Jobs en Atari, donde este último dio sus primeros pasos. El promotor de hasta veinte compañías dedicadas al mundo de la tecnología entabló muy buena amistad con el joven Jobs cuando éste le contó sus intenciones de crear Apple. Para llevar a cabo su idea, le propuso a Bushnell invertir en ella, pero éste rechazó la oportunidad de hacerse con una tercera parte de la compañía de los de Cupertino por apenas 50.000 dólares.

374. Pero Bushnell no fue al único al que le fallaron sus dotes de visionario o, simplemente, su olfato para los negocios. Antes de emprender la aventura que les llevaría a fundar Apple, mientras Jobs hacía de las suyas en Atari, Stephen Wozniak (1950) trabajaba en Hewlett-Packard, donde participaba en el proyecto de una calcu-

ladora electrónica, mientras dedicaba su tiempo libre a diseñar el Apple I, un invento revolucionario, como luego se demostraría. Hasta en cinco ocasiones propuso Wozniak a los directivos de la compañía invertir en el proyecto que promovía con Jobs, pero en todas ellas obtuvo un no por respuesta. Un error, sin duda, por parte de Hewlett-Packard, entonces comandada por John A. Young (1932), que le llego a decir:

—No os necesitamos. Ni siquiera habéis acabado la carrera.

375. En 1979, el empresario del sector informático, y luego también político, Ross Perot (1930) intuyó que Bill Gates (1955) estaba poniendo en marcha una empresa de enorme potencial, Microsoft, y decidió hacerle una oferta de compra, pero, tras muchas e intensas reuniones, no llegaron a un acuerdo. Perot asegura que le ofreció a Gates entre cuarenta y sesenta millones de dólares, pero Gates sólo recuerda haber escuchado entre seis y quince millones. En todo caso, un precio irrisorio comparado con lo que es ahora Microsoft.

376. A finales de la década de 1970, IBM se proponía lanzar al mercado el primer ordenador personal de la historia y convertirse así en líder de esta nueva industria que, después de muchas reticencias, se suponía sustanciosa. Pero, en el apuro por sacar rápidamente el producto al mercado, tomó dos decisiones estratégicas que le resultarían fatales: subcontratar el desarrollo del sistema operativo y encargar la fabricación de los microprocesadores. Estas decisiones eran, de hecho, inéditas en la historia de IBM, que siempre se había caracterizado por su altísimo grado de verticalidad: producía ella misma casi todos los componentes. Pero, esta vez, confió el *software* a una pequeña empresa llamada Microsoft, mientras que la producción de los microchips quedó en manos de Intel. Y es que IBM creyó que el valor estaba en el *hardware*, no en el *software*. Por su parte, con mejor criterio, Microsoft creía que el *hardware* se desarrollaría menos que el *software*. Por eso, cuando IBM pidió a Bill Gates que hiciera un sistema operativo para ellos, pidió mantener los derechos sobre el sistema y poder licenciarlo a otros fabricantes, e IBM aceptó.

Gates trabajaba por entonces para Digital Research y convocó una reunión urgente entre su jefe, Gary Kildall, e IBM. Finalmente, Kildall no pudo asistir, pero envió a su esposa. Ésta entendió que lo que IBM pretendía era que su empresa le facilitara el código de sus propios sistemas operativos para integrarlos en el suyo, lo cual no haría otra cosa que dar alas a un importante competidor. En consecuencia, rechazó el negocio.

Poco tiempo después, en 1980, ya desvinculado de Digital Research, Bill Gates se reunió en representación de su nueva empresa Microsoft con representantes de IBM en Seattle y consiguió venderles el sistema operativo MS-DOS (aunque él aún no lo tenía), que IBM necesitaba para poder competir con Apple. Y así se hizo con la franquicia tecnológica más valiosa de la historia, un sistema operativo que situó a Microsoft en el mapa empresarial mundial y pronto le encumbraría. Unos días después, Microsoft compró por 50.000 dólares los derechos de autor del QDOS a Tim Paterson, que trabajaba para la Seattle Computer Products. Este sistema operativo es el que vendió a IBM como MS-DOS (Microsoft Disk Operating System).

El gravísimo error de IBM fue no comprar en exclusiva el MS-DOS a Microsoft y, en cambio, decidir pagarles un canon por cada copia que se vendiera junto con un ordenador IBM. Consciente de la importancia del entorno gráfico que había incorporado Apple (originalmente la interfaz gráfica y el «ratón» fueron desarrollados por Xerox PARC) en su ordenador Lisa, Gates se propuso conseguir también el entorno gráfico y el ratón para operarlo. Mientras Steve Jobs iniciaba en Apple el desarrollo del Macintosh, Gates le visitó en su sede, ofreciéndole mejorar sus hojas de cálculo y otros programas y amenazando con vender su material informático a IBM. Así, Gates consiguió sellar una alianza entre Apple y Microsoft, gracias a la cual Gates obtuvo legalmente la tecnología del entorno gráfico y el ratón, y sacó al mercado su Microsoft Windows, como directo competidor de Macintosh. Al comenzar el segundo milenio, el sistema operativo Microsoft Windows (en todas sus versiones) se utilizaba en la mayor parte de ordenadores personales del planeta.

Por su parte, con esta doble decisión, IBM perdió la capacidad de producir ella misma estos dos componentes críticos de los ordenadores personales. Porque, a su vez, Intel también aprovechó la oportunidad de convertirse en líder mundial en la fabricación de microchips. IBM había inventado el mercado de los ordenadores personales, para luego obsequiar gran parte del negocio a otros. Consecuentemente, al final de la década de 1980, que había empezado con grandes augurios, IBM atravesaba una profunda crisis. En 2004, vendió su división de ordenadores personales a Lenovo, abandonando definitivamente el mercado que había creado.

377. En 1981, la productora cinematográfica Universal Studios pidió permiso a los propietarios de Mars Incorporated, la empresa fabricante de las famosas pastillas de chocolate M&M's, para utilizarlas en una película. Era (y es) una práctica común en el cine llegar a acuerdos con marcas para ganar algún dinero o promoción extra. Pero los empresarios, con poca visión comercial, en esta ocasión rechazaron la oferta. La película era *ET, el extraterrestre*, y el producto que se utilizó al final, los Reese's Pieces, de Hershey's (las pastillas de manteca de cacahuete con las que Elliot atrae a ET a la casa), triplicó sus ventas sólo dos semanas después del estreno de la película, y obtuvo un beneficio de veinte millones de dólares más de lo esperado en ese año. «Ha sido una gran promoción para nosotros, que nos hubiera costado quince o veinte millones de dólares», dijo un portavoz de Hershey's.

378. John Lasseter (1957), el productor ejecutivo y alma máter de la empresa productora de películas de dibujos animados Pixar, fue despedido de Disney en 1982 tras valorar negativamente una secuencia de su creación en *Where the wild things are* («Donde viven los monstruos»), que aportaba la novedad de un fondo animado digitalmente. Al por entonces gerente de animación de Disney, Ed Hansen, le pareció una muy mala idea. Tiempo después, Lasseter comenzó a trabajar en la Industrial Light and Magic de George Lucas, donde se creó y de donde posteriormente se escindió Pixar Animation Studios. Dos décadas después, Pixar terminó siendo la

salvación empresarial de un alicaído Disney, y Lasseter es hoy el director creativo de Walt Disney Animation Studios debido al acuerdo suscrito tras la compra de Pixar por el gigante de la animación tradicional, llevado a cabo en abril de 2006. También es director creativo de Pixar y director creativo y asesor creativo de Walt Disney Imagineering, donde ayuda a diseñar atracciones para los parques temáticos que Disney tiene repartidos por el mundo.

379. En 1996, Guy Kawasaki (1954) rechazó el puesto de consejero delegado en Yahoo! argumentando:

—¿Cómo piensas hacer negocio con un buscador?

Seguramente, Kawasaki no hubiera rechazado el puesto si hubiera confiado o hubiera visto las enormes posibilidades de este modelo de negocio clave para el posicionamiento de cualquier negocio en internet.

380. Excite fue una empresa que se fundó en 1995 para convertirse en el motor de búsqueda en internet por excelencia. En 1996, su consejero delegado George Bell compró algunas empresas del sector por casi mil millones de dólares, ya que Excite estaba valorada en unos 35.000 millones de dólares. Pero, en 1999, dos jóvenes estudiantes de Stanford, Larry Page y Serguéi Brin, le ofrecieron un buscador que habían desarrollado y al que llamaban Google por un millón de dólares, pero Bell lo consideró demasiado caro y rechazó la oferta. Los dos amigos universitarios rebajaron su propuesta y presentaron una oferta de venta por 750.000 dólares, una cifra que Excite tampoco quiso pagar. La negativa de Excite a comprar lo que se convertiría en una compañía valorada en 180 millones de dólares en 2010 significó, según Justin Rohrlich, periodista del sitio Minyanville, «una estúpida decisión de negocios». No mucho después, en marzo de 2004, las tornas cambiaron, y Excite fue adquirido por otro motor de búsquedas menos potente, Ask Jeeves (ahora Ask.com).

381. Una vez que Google compró YouTube, Yahoo! sintió la necesidad de hacer una gran adquisición 2.0. El consejero delegado de Yahoo!, Terry Semel (1943) y Mark Zuckerberg (1984) llegaron a

un preacuerdo de compra de Facebook por mil millones de dólares, pero nunca se firmó por motivos que aún se desconocen. Unos dicen que las acciones de Yahoo! se desplomaron al día siguiente, y que Semel se echó para atrás, y otros aseguran que Zuckerberg elevó el precio en el último minuto.

382. En un caso parecido, el director general de Yahoo!, Terry Semel, también se reunió en 2001 con Larry Page (1973) y Serguéi Brin (1973), de Google, con la intención de comprarles la compañía. Ellos pedían 5.000 millones de dólares, pero Semel aseguró con firmeza que esa compañía no los valía y que bajo ningún concepto iba a pagar todo ese dinero por una empresa que no estaba dando beneficios tangibles. Es cierto que la operación habría dejado a Yahoo! casi sin reservas, que en realidad habría sido más una fusión que una compra y que habría sido una de esas operaciones de jugárselo todo a una, pero dado que el valor actual de mercado de Google pasa con creces de los 100.000 millones de dólares, parece claro que la jugada podía haberle salido más que bien a Yahoo!

383. Mark Zuckerberg (1984) también se encontró con el no por respuesta cuando propuso tomar parte en Facebook a su compañero de habitación en la Universidad de Harvard, Joe Green. Aunque ambos ya habían creado antes Facemash, con no pocos dolores de cabeza y problemas jurídicos asociados, Green optó esta vez por no sumarse al proyecto de red social que le proponía Zuckerberg. Tras los problemas que trajo consigo el primer experimento conjunto, el padre de Green disuadió a su hijo para que no tomase partido en Facebook. Una decisión que, en base a los porcentajes que más tarde atribuyó Mark, le privó de quedarse con un 5 por ciento de la compañía, porcentaje que, a día de hoy, podría tener un valor de miles de millones de dólares. Un error justificable por las circunstancias.

384. Pero, no obstante, si alguien metió la pata en los inicios de Facebook, al menos según su relato de los hechos, ésos fueron los hermanos gemelos Cameron y Tyler Winklevoss (1981), que, tras

casi una década de la puesta en marcha de la red social más popular del mundo, aún seguían empeñados en demostrar judicialmente que la idea de la plataforma de Zuckerberg era suya. Tras cuatro años de litigios, los gemelos recibieron 20 millones de dólares en efectivo, más 45 millones de dólares en acciones de la compañía. Pero no contentos con su botín, trataron de reabrir el juicio ya que, según ellos, debían recibir 65 millones de dólares, optando por poner punto y final al proceso judicial en junio de 2011.

7. FRASES PARA OLVIDAR

385. Se ha comentado muchas veces una supuesta frase dicha por el comisionado de la Oficina de Patentes de Estados Unidos, Charles H. Duell (1850-1920), quien, en 1899, habría elevado una instancia a sus superiores solicitando el cierre de su propio departamento porque, en su opinión:

—Todo lo que podía inventarse ya está inventado y no cabe esperar nada importante para el futuro.

Sin embargo, esta autoría fue desacreditada por apócrifa por el bibliotecario Samuel Sass, que fijó el origen de la cita en un libro de 1981 titulado *Facts and fallacies: a book of definitive mistakes and misguided predictions* («Hechos y falacias: el libro de los errores decisivos y las predicciones equivocadas»), de Chris Morgan y David Langford. De hecho, está acreditado que, en 1902, lo que sí dijo Duell fue algo muy distinto:

—En mi opinión, todos los avances anteriores en las distintas líneas de invención aparecerán totalmente insignificantes en comparación con aquellos de los que será testigo este siglo [xx]. Casi desearía poder vivir mi vida de nuevo para ver las maravillas por venir, en cuyo umbral nos encontramos.

Otro posible y más verídico origen de esta famosa y falsa declaración de Duell puede hallarse en un informe remitido al Congreso y firmado en 1843 por su predecesor en el cargo, el comisionado Henry Ellsworth (1791-1858), en el que se lee:

—El avance de las artes, de año en año, sobrepasa nuestra credulidad y parece presagiar la llegada de un período en que el mejoramiento humano debe terminar.

Aparentemente, la frase fue posteriormente malinterpretada y atribuida indebidamente a Duell, que ocupó el mismo cargo en 1899.

386. En esa misma línea, sí parece mejor comprobado que, en 1933, el ingeniero escocés James Alfred Ewing (1855-1935) propuso que se suspendiera temporalmente la proliferación de inventos para permitir la asimilación e integración de los ya existentes y la evaluación y selección de los objetivos futuros. Ni que decir tiene que su propuesta fue totalmente ignorada.

387. Lo cierto es que entre 1836 —año en que se estableció la Oficina de Patentes de Estados Unidos— y 1860, la oficina otorgó 32.000 patentes; luego, en sólo los treinta años siguientes, se concedieron otras 450.000, y entre 1890 y 1955 se otorgaron 2.500.000 más. Estados Unidos registra el doble de patentes que el Reino Unido o Francia, cuatro veces más que Alemania y casi cien veces más que España.

388. En cierta ocasión, el matemático francés Henri Poincaré (1854-1912) aseveró:

—Basta el sentido común para decimos que la destrucción de una ciudad por la desintegración de medio kilo de metal es una imposibilidad evidente.

389. El físico neozelandés lord Ernest Rutherford (1871-1937), que descubrió los protones en el interior del núcleo del átomo y abrió así el camino a las armas y centrales nucleares, apuntó en 1933:

—La energía que produce la desintegración del átomo es muy pobre. Esperar obtener una fuente de energía de estas transformaciones suena a música celestial.

390. Tiempo después, en 1933, el famoso político y escritor inglés sir Winston Churchill (1874-1965) cometió un ligero error de apreciación al subestimar el poder de la bomba atómica:

—La energía atómica se podría revelar tan eficaz como los explosivos actuales, pero es imposible que se convierta en una cosa más peligrosa.

391. Y, en 1945, el almirante William Leahy (1875-1959) compartió su opinión sobre las armas nucleares:

—La bomba atómica nunca se fabricará, y hablo como experto en explosivos.

393. Por contra, desde un punto de vista diametralmente opuesto, David Sarnoff (1891-1971) pronosticó en 1955:

—Se puede considerar como algo seguro el hecho de que después de 1980, los navíos, los aviones, las locomotoras y también los automóviles funcionarán con energía atómica.

394. En tono igualmente optimista, el presidente de la empresa fabricante de aspiradoras Lewyt Corporation, Alex Lewyt (1909-1988), dijo ese mismo año de 1955:

—Las aspiradoras impulsadas por energía nuclear serán una realidad en diez años…

395. La industria del automóvil tampoco escapa a la lista de frases memorables… para olvidar. Cuando decidió crear su empresa automovilística, Henry Ford (1863-1947) tuvo que oír multitud de pareceres por parte de sus posibles inversores. Por ejemplo, en 1903, el director del Banco de Míchigan aconsejó al abogado de Ford, Horace Rackham, no invertir en la Ford Motor Company, en los siguientes términos:

—El caballo permanecerá, pero el coche no es más que una novedad sin futuro, una moda pasajera.

Rackham ignoró aquel consejo, invirtió cinco mil dólares en acciones de la empresa de Ford, y tiempo después las vendió por 12.500.000 dólares.

396. O baste recordar también lo que, en 1899, se leyó en *The Literary Digest*:

—El automóvil es por el momento sólo un lujo reservado a los ricos, pero, aunque en el futuro su precio disminuya, nunca llegará a ser un medio de transporte tan popular como la bicicleta.

397. Y en la edición del 2 de enero de 1909 de la revista estadounidense *Scientific American*, se leyó:

—Que el automóvil ha alcanzado en la práctica el límite de su desarrollo se desprende del hecho de que durante el pasado año no se ha introducido ninguna novedad de naturaleza radical.

398. No cabe duda de que uno de los sueños del hombre ha sido siempre volar. Este sueño fue tenido por muchos como un imposible. Aun así, resulta cuanto menos chocante que, en 1782, un astrónomo miembro de la Academia Francesa de las Ciencias afirmara lo siguiente:

—Es totalmente imposible que el hombre se pueda elevar por los aires y flotar. Para hacer eso, necesitaría tener alas de dimensiones increíbles que debería accionar a una velocidad de un metro por segundo. Tan sólo un idiota podría espera que tal cosa se realice.

399. En octubre de 1903, el gran sabio estadounidense de origen canadiense Simon Newcomb (1835-1909) escribió, cuando el aeroplano estaba ya a punto de triunfar y de convertir en realidad los sueños de los inventores:

—La demostración de que no hay combinación alguna de sustancias conocidas, maquinaria conocida y fuerzas conocidas por medio de las cuales pueda formarse una máquina práctica que dé al hombre capacidad de volar me parece tan completa como puede serlo la demostración de cualquier fenómeno físico.

400. Claro que, en 1888, este mismo Newcomb también había afirmado lo siguiente sobre un campo de conocimientos que conocía más y mejor:

—Probablemente estamos llegando al límite de todo lo que podremos saber de astronomía.

401. El 10 de diciembre de 1903, sólo siete días antes de que los hermanos Wright volaran por primera vez en una nave más pesada que el aire, un editorial de *The New York Times* apuntaba:

—Es completamente inútil que la gente intente volar. […] El tiempo y el dinero gastado en los experimentos de naves aéreas son un despilfarro.

Una semana después, en Kill Devil Hill (Carolina del Norte), Orville Wright se convertía en el primer hombre que volaba con un aeroplano impulsado por un motor.

402. En 1907, el famoso mariscal francés Ferdinand Foch (1851-1929) fue nombrado general y director de la Escuela Superior de Guerra. Cuatro años después afirmó que:

—Los aviones son juguetes interesantes, pero sin ningún valor militar.

403. En 1918, al acabar la primera guerra mundial, en la que el mariscal Ferdinand Foch había ascendido por todo el escalafón gracias a sus méritos militares y había llegado a mariscal y a ser unánimemente considerado un héroe de guerra, y pese a que en muchos de sus logros le habían ayudado unos pequeños ingenios llamados aviones, se ve que no había aprendido esa lección de futuro, y reincidió en la misma idea:

—Cosas como los tanques y los bombarderos deben suministrarse en moderadas cantidades. Sólo los aficionados creen que los tanques y aviones pueden ganar una guerra.

404. También en aquellos primeros días de la aviación, el astrónomo estadounidense William Pickering (1858-1938), que había predicho la existencia del planeta Plutón (pero que también pensaba que la Luna está habitada por grandes concentraciones de insectos), advirtió al público que:

—La imaginación popular suele pensar en gigantescas máquinas que cruzan velozmente el Atlántico transportando innumerables pasajeros igual que en nuestros modernos vapores... Conviene señalar que tales ideas han de considerarse totalmente utópicas y que incluso en el supuesto de que uno de esos aparatos lograra atravesar el océano con uno o dos pasajeros, el coste sería prohibitivo...

405. Auguste Lumière (1862-1954), coinventor del cinematógrafo en 1895 junto a su hermano, Louis, ni se imaginaba la repercusión que tendría su innovación ni, mucho menos, los miles de millones

que se moverían anualmente gracias al cine. Para él las expectativas eran mucho más modestas:

—Mi invención será explotada durante un cierto tiempo como una curiosidad científica, pero, aparte de esto, no tiene ningún valor comercial.

406. En 1920, fue su hermano Louis Lumière (1864-1948) quien puso a prueba, con muy poco éxito, sus dotes de visionario, al afirmar:

—Las películas sonoras son muy interesantes pero yo creo que no permanecerán mucho tiempo de moda. La sincronización perfecta del sonido y la imagen es absolutamente imposible.

407. Del mismo modo, el productor de cine estadounidense de origen polaco Harry Warner (1881-1958), cofundador de la productora y distribuidora cinematográfica estadounidense Warner Brothers, dijo en 1927:

—¿Cine hablado? Pero ¿quién diablos querría escuchar a los actores hablar?

408. En unas declaraciones de Charles Chaplin (1889-1977) al diario madrileño *ABC*, el 3 de abril de 1929, dijo que:

—Jamás trabajaré en las películas habladas, porque estas arruinarán el arte cinematográfico.

409. El pionero estadounidense de los cohetes espaciales Robert Goddard (1882-1945) fue muy suspicaz y prefirió siempre trabajar solo, lo que sin duda limitó el efecto de su trabajo. Su carácter insociable fue resultado de las duras críticas que recibió de los medios de comunicación y de otros científicos, que dudaron casi unánimemente de la futura viabilidad del viaje espacial en cohete. Tras uno de sus experimentos fallidos, en 1929, un periódico local de su ciudad natal, Worcester (Massachusetts), apareció con el titular: «El cohete lunar falla su objetivo por 238.799 millas y media».

410. El 13 de enero de 1920, un editorial sin firma cargó desde *The New York Times* contra los cohetes espaciales:

—El cohete, o lo que quede de él después de la última explosión, necesitaría estar dirigido con una habilidad asombrosa, y en una calma total, para caer sobre el terreno donde fue lanzado. Pero ésta es una inconveniencia menor..., aunque puede ser que sea bastante serio para el del siempre inocente espectador... a algunos miles de metros de la zona de lanzamiento.

411. Pero la crítica principal la reservaba este mismo editorial de *The New York Times* del 13 de enero de 1920 para la propuesta del cohete lunar:

—Después de que el cohete salga de nuestro aire y empiece en su viaje más largo, que ni será acelerado ni mantenido por la explosión de cargas, entonces puede ser que haya salido [al espacio exterior]. Para afirmar esto se debería negar una ley fundamental de la dinámica, y sólo el doctor Einstein y su docena de elegidos están autorizados a hacer esto.

Y añadía:

—El profesor Goddard no conoce la relación de acción y reacción, y la necesidad de tener algo mejor que un vacío contra el que reaccionar. Goddard parece carecer del conocimiento que se dispensa diariamente en los institutos.

Casi cincuenta años después, *The New York Times* publicaría una corrección y una disculpa el día siguiente del lanzamiento del Apolo 11.

412. El célebre literato francés, Julio Verne (1828-1905) escribió en su famoso libro *De la Tierra a la Luna*: «Antes de veinte años, la mitad de la Tierra habrá visitado la Luna». Su visión futurista no fue del todo desacertada, ya que, para su época, fue capaz de anticipar el viaje del hombre a la Luna, aunque este hecho no ocurrió con tanta premura como él esperaba.

413. En fecha posterior a la de Verne, en 1926, el eminente químico y astrónomo inglés Alexander Bickerton (1842-1929) declaraba lo siguiente:

—Esta estúpida idea de querer alcanzar la Luna es un ejemplo de los extremos absurdos a que lleva una insana especialización a aquellos científicos que trabajan en compartimientos estancos... La idea resulta básicamente imposible.

Cuarenta y tres años después, Neil Armstrong, jefe de la misión espacial estadounidense Apolo 11, se convertía en el primer hombre que pisaba la superficie lunar.

414. En 1936, la revista científica inglesa *Nature* publicaba lo siguiente a propósito de un libro recién publicado sobre el vuelo de cohetes:

—La totalidad del proceso esbozado en el presente volumen presenta unas dificultades tan básicas que nos vemos obligados a rechazar la idea como esencialmente inviable.

Seis años más tarde —después de los lanzamientos de cohetes efectuados en Estados Unidos a mediados de la década de 1930, precisamente gracias a la labor investigadora de Robert Goddard—, el ingeniero alemán Wernher von Braun veía cómo se disparaban contra Londres sus cohetes V2.

415. El profesor Campbell, dejando de lado los cálculos correctos de Goddard y de Hermann Oberth, estimó que, para un viaje espacial, se necesitaba un millón de toneladas de combustible en el despegue para llevar a destino ¡sólo medio kilo de peso!

416. En esa misma línea, igualmente poco visionario estuvo el político y científico estadounidense Vannevar Bush (1890-1974) en 1945, siendo director de la Oficina de Investigación Científica y Desarrollo, cuando afirmó:

—La gente ha hablado de lanzar un cohete a unas tres mil millas de altura, desde un continente a otro, llevando una bomba atómica tan dirigida como para aterrizar exactamente sobre una ciudad. Técnicamente, no creo que nadie en el mundo sepa cómo hacerlo.

Sólo doce años después, la Unión Soviética probaba su primer misil balístico intercontinental.

417. Sin embargo, en el otro bando, el de las alabanzas desmedidas a los cohetes, el director general del Servicio Postal estadounidense, Arthur Summerfield (1899-1972), exageró en 1959:

—Estamos en el umbral del correo vía cohete...

418. En 1877, cuando Thomas Alva Edison (1847-1931) construyó su primer fonógrafo capaz de grabar sonidos, publicó un artículo proponiendo diez usos para su invento; entre ellos, preservar las últimas palabras de personas a punto de morir, grabar libros para personas ciegas, anunciar la hora y enseñar ortografía. La música no estaba en su lista de prioridades. Pocos años después, Edison le dijo a su asistente que su invención «no tenía valor comercial». Sin embargo, al poco tiempo cambió de parecer y decidió entrar en el negocio de venta de fonógrafos, aunque sólo como máquinas para dictar textos en las oficinas. Cuando otros emprendedores aplicaron su invento para reproducir música popular al ingresar una moneda, Edison puso objeciones, considerando que lo alejaba del «uso serio» en las oficinas. Tardó veinte años en reconocer que el uso principal del fonógrafo sería grabar y emitir música. Pero es que, secretamente, lo que más le interesaba y lo que perseguía era comunicarse con los espíritus, pues Edison creía que había una frecuencia entre la onda corta y la onda larga que nos permitiría comunicarnos con el mundo astral, y trabajó durante años en construir una máquina capaz de hacerlo.

419. François-Napoléon-Marie Moigno (1804-1884), más conocido como abate Moigno, era un monje muy interesado en la ciencia, y, de hecho, fue un pionero de la divulgación científica al intentar llevar a las masas las maravillas de la tecnología del siglo XIX. Cuando Moigno se enteró de que se acababa de inventar un dispositivo para grabar la voz humana (el fonógrafo de Edison) quedó fascinado; inmediatamente leyó todo lo que pudo encontrar al respecto, e incluso, tras un gran esfuerzo, se hizo con una réplica del aparato, en parte construida por él mismo. Decidido a hacer famosa esta maravilla de la mecánica, realizó una gira por París. En la primera demostración llevada a cabo en la Comuna de París lo acusaron de embaucador y lo encarcelaron durante un par de días. En su segunda demostración, en las afueras de París, a pesar de ser un monje, lo acusaron de brujo espiritista e intentaron lincharlo. Y en la tercera, su aparato sufrió una grave avería cuando uno de los caballeros presentes se asustó y le disparó con su pistola. Frustrado al no poder hacer comprender al público la utilidad de esta

maravilla, se dirigió esperanzado a la Academia de Ciencias de París. Sin embargo, allí el resultado no fue mucho mejor. El físico William Barret, amigo de Moigno, relató con indignación el hecho:

—Todos los sabios presentes declararon, siguiendo al profesor Tait, que la reproducción de la voz humana por un disco de acero era físicamente imposible, debido a las sutiles formas de las ondas producidas por el habla, aunque admitían que la música podría transmitirse de este modo. El abate fue acusado incluso de tener escondido un ventrílocuo debajo de la mesa. Dejó la habitación disgustado. Tait se fue profiriendo insultos, y el público no dejó de reírsele en la cara a Moigno.

420. Aunque se especializó en higiene y fue uno de los primeros que hizo hincapié en el tema como cuestión de buena salud más que de buenos modales, el químico alemán Max Joseph von Pettenkofer (1818-1901) desdeñó la teoría de los gérmenes causantes de enfermedades. Dijo que lo demostraría, y lo hizo en forma milagrosa: tragó deliberadamente un virulento cultivo de bacterias de cólera. El hecho de que Von Pettenkofer no enfermara continúa siendo, más de un siglo después, motivo de asombro.

421. En 1872, el profesor de fisiología de Toulouse Pierre Pachet afirmó:

—La teoría de los gérmenes de Louis Pasteur no es sino una ficción ridícula. ¿Cómo es posible que esos gérmenes puedan ser tan numerosos en el aire como para convertirse en todos esos infusorios? Si eso fuera verdad, deberían ser tan numerosos que formasen una espesa niebla, tan densa como el hierro.

422. Sobre esa misma cuestión y su consecuencia de la profilaxis médica, dijo hacia 1880 el cirujano alemán Theodor Koller:

—A nadie se le ocurriría lavarse las manos antes de una operación. Los cirujanos se las lavan siempre después.

423. En 1809, el famoso novelista escocés Walter Scott (1771-1832) escribía lo siguiente:

—Alumbrar las poblaciones con gas es una quimera y una ilusión que hace reír.

Años después, en su vejez, paradójicamente, fue presidente de una compañía de alumbrado con gas.

424. En 1878, el profesor de la Universidad de Oxford Erasmus Wilson (1809-1884) pronosticó que:

—En lo que respecta a la luz eléctrica, hay mucho que decir a favor y en contra. Creo poder afirmar que la luz eléctrica morirá con el fin de la Exposición Universal de París. Luego no volveremos a oír hablar de ella.

425. Cuando, en la década de 1870, se le comunicó a William Preece (1834-1913), ingeniero jefe del Servicio Postal inglés, que Thomas Alva Edison había desarrollado la luz eléctrica, declaró que se trataba de algo completamente absurdo.

426. El naturalista francés George Cuvier (1769-1832) se burlaba de los campesinos, que sostenían que en sus campos caían del cielo enormes piedras, diciéndoles que:

—Las piedras no pueden caer del cielo, porque en el cielo no hay piedras.

La naturaleza se encargó de darle la razón a los campesinos cuando en 1803 cayeron unas dos mil piedras del cielo en un pueblo de Francia...

427. Antes que Cuvier, también el químico francés Antoine Laurent de Lavoisier (1743-1794) había negado la posibilidad de que cayesen piedras del cielo, e incluso la propia Academia de Ciencia francesa, en 1878, había prohibido que se tratase un asunto «tan ridículo»...

428. El presidente estadounidense Herbert Hoover (1874-1964) dijo en 1928, unos pocos meses antes de que la Gran Depresión pusiera en jaque a toda la economía occidental:

—En Estados Unidos estamos hoy más cerca de la victoria final sobre la pobreza de lo que haya estado ningún otro país en la historia. La beneficencia para pobres va a desaparecer en este país.

429. La capacidad profética de Thomas Alva Edison (1847-1931) no andaba en sus mejores días cuando en 1922 declaró:

—La locura de la radio morirá con el tiempo.

430. En esa misma línea, la compañía David Sarnoff's Associates enunció, en su primera respuesta a la propuesta de invertir en la radio, el siguiente argumento:

—La caja musical sin cables no tiene ningún tipo de valor comercial. ¿Quién iba a pagar por un mensaje que no está siendo mandado a nadie en particular?

431. El físico y matemático escocés, profesor de la Universidad de Glasgow y presidente de la Real Sociedad Británica, sir William Thomson, más conocido como lord Kelvin (1824-1907), es famoso, entre otras cosas, por haber establecido el principio de equivalencia entre calor y energía, creando la conocida escala absoluta de temperaturas Kelvin. También destacó por sus trabajos en el campo de la electrostática y el magnetismo. Pero, sobre todo, a nuestros efectos, destaca por afirmar, en 1896, que los rayos X «eran tan absurdos que, sin lugar a dudas, debían de ser un engaño». Cuatro años después, en 1900, insistió: «Se acabará demostrando que los rayos X son una mera estafa». De todas formas, no hay que tenérselo mucho en cuenta, pues está claro que su visión de futuro era ciertamente nula, como lo demuestra que afirmara también en otro momento:

—No tengo ni la más pequeña molécula de fe en la navegación aérea que no sea la de los globos aerostáticos, ni tampoco en que derive ni un solo buen resultado de tantos intentos de los que oigo hablar.

432. También le escribió en otra ocasión lord Kelvin a la Niagara Falls Power Company:

—No deberían consentir caer en el gigantesco error de la corriente alterna.

433. Para remachar su calidad de profeta, en otra ocasión, el mismo lord Kelvin volvió a insistir:

—Las máquinas voladoras más pesadas que el aire son imposibles.

434. El moravo Ernst Mach (1838-1916) ejerció como profesor de física, en Graz y Praga, y como catedrático de filosofía, en Viena. Pese a estas credenciales, comentando la teoría de la relatividad, llegó a decir:

—Puedo aceptar tan poco la teoría de la relatividad como la existencia de los átomos y demás dogmas idiotas. Soy un hombre de ciencia y no un ignorante clérigo.

435. En 1961, Tunis A. M. Craven (1893-1972), director de la Comisión Federal de Comunicaciones estadounidense, afirmó categóricamente:

—No hay prácticamente ninguna posibilidad de que los satélites espaciales se utilicen para proporcionar un mejor teléfono, telégrafo, televisión, radio o servicio de comunicaciones dentro de Estados Unidos.

Sólo cuatro años después, en 1965, se puso en servicio el primer satélite comercial de comunicaciones.

436. El 1 de julio de 1914, en una conferencia de ingeniería eléctrica celebrada en Londres, el científico británico Archibald Low (1888-1956) presentó un aparato capaz de transmitir imágenes a considerable distancia. El inventor explicó a sus colegas el funcionamiento de la máquina a la que denominó «televisión» y que era capaz de transmitir 1.500 imágenes por minuto. Sin embargo, no se preveía su comercialización.

437. El inventor estadounidense Lee de Forest (1873-1961), considerado como el padre de la radio y la televisión, pronosticó en 1926:

—Mientras que la televisión puede ser posible en los aspectos teórico y técnico, comercial y financieramente la considero un imposible, un sueño inútil.

Veinte años antes, el propio De Forest había inventado el «audión», el primer modelo de triodo (válvula electrónica) y, por tanto, un importante avance de las primeras y primitivas etapas de la electrónica. En su defensa debemos decir, con todo, que si bien en la época estaban bastante avanzadas las investigaciones para crear aparatos que permitieran reproducir imágenes por medios electrónicos (el cinematógrafo ya existía, pero aún no era electrónico, sino mecánico), la televisión tal y como la conocemos hoy, no sería técnicamente viable sino hasta la década de 1940, y ya en la década siguiente comenzó su venta a gran escala.

438. En 1940 repitió diagnóstico el profesor de Harvard, Chester L. Dawes:
—La televisión nunca será popular. Hay que mirarla en una habitación semioscura y exige continua atención.

439. En 1946, el productor de cine estadounidense de la Twentieth Century Fox, Darryl F. Zanuck (1902-1979), llegó a decir:
—La televisión no podrá mantenerse en el mercado más de seis meses. La gente se cansará pronto de pasar la tarde mirando una caja de madera.

440. En 1948, Mary Somerville (1897-1963), pionera de las emisiones de radio educativas, dijo:
—La televisión no durará. Es un bluf.

441. Claro que también se había leído antes, en 1856, en *The Boston Post*, que:
—Las personas bien informadas saben que es imposible transmitir la voz humana por cable, y que, caso de ser posible, no tendría ningún valor práctico.

442. En 1830, el astrónomo y filósofo irlandés Dionysius Lardner (1793-1859), profesor de filosofía natural y de astronomía en el University College de Londres, sentenció que ninguna embarcación a motor podría cruzar el Atlántico, como algunos mal informados de su tiempo sostenían, porque para ello necesitaría consumir más carbón del que podría cargar. No obstante, ocho años después de su profecía, en 1838, el *Great Western* realizó efectivamente la travesía.

443. En 1837, el marino inglés sir William Symonds (1782-1856) afirmó:

—Incluso si la hélice fuese capaz de impulsar un barco, resultaría completamente inútil en la práctica, dado que al aplicar la fuerza a lo largo del eje del barco sería imposible conseguir que girase.

444. En 1864, el rey Guillermo I de Prusia (1797-1888), tras serle relatados los avances del ferrocarril, afirmó convencido:

—Nadie pagará dinero por ir de Berlín a Potsdam en una hora cuando puede llegar a lomos de su caballo en un día y gratis.

445. Y es que la locomotora, sin duda alguna, estuvo en el ojo del huracán, pues era uno de los nuevos medios de transporte más cuestionados, más que nada porque la velocidad que podía alcanzar era «sobrehumana», teniendo en cuenta los tiempos que corrían y los medios de transporte que se habían conocido y utilizado hasta entonces. Los 30 km/h que se alcanzaban por entonces era una velocidad no apta para cardíacos. En 1825, en un artículo publicado en la revista estadounidense *The Quarterly Review*, se podía leer:

—¿Qué puede resultar más palpablemente absurdo que la esperanza de que la locomotora alcance el doble de velocidad que la diligencia?

446. Por su parte, como había advertido seriamente el astrónomo y filósofo irlandés Dionysius Lardner (1793-1859), profesor de filosofía natural y de astronomía en el University College de Londres:

—Si los trenes alcanzaran algún día los 180 km/h, sus ocupantes morirían asfixiados, incapaces de poder respirar.

447. En cierta ocasión, el astrónomo inglés Richard van der Riet Woolley (1906-1986), en su calidad de asesor espacial del gobierno británico, sentenció públicamente:

—El viaje espacial es una soberana tontería.

En 1956, volvió a calificar los vuelos espaciales de «pura fantasía». Sin embargo, un año después, el Sputnik I era lanzado al espacio con éxito.

448. Al perforador petrolífero estadounidense Edwin Laurentine Drake (1819-1880), conocido popularmente como Coronel Drake, se le atribuye popularmente el haber «descubierto» el petróleo. El 27 de agosto de 1859, en un pozo construido por Drake en Oil Creek, cerca de Titusville, en el condado de Crawford (Pensilvania), encontró petróleo. Aunque, obviamente, el petróleo era conocido con anterioridad a este hecho, no estaba disponible en grandes cantidades, suficientes para ser industrialmente útil. Hasta entonces, el neoyorquino Drake había pasado su vida trabajando como oficinista, agente de correos y conductor de ferrocarril, y topó con innumerables dificultades, desde las propias de localizar o fabricar las piezas necesarias para construir el pozo, hasta la de convencer a alguien que le pudiera y quisiera perforárselo (su proyecto fue conocido como «el disparate de Drake»). A todos los primeros perforadores que se lo ofreció, le respondieron, más o menos:

—¿Excavar en busca de petróleo? ¿Quieres decir perforar el suelo para intentar descubrir petróleo? ¡Estás loco!

Pero él se obcecó y lo consiguió finalmente.

449. Pero si hay un sector de la tecnología que más frases para olvidar acumule ése es el de la informática. Por ejemplo, se ha contado muchas veces que, en 1943, John Thomas Watson (1874-1956), presidente de la compañía fabricante de ordenadores IBM, a la que llevó a la cima de la rentabilidad empresarial, a la vista del coste y la complejidad de los primeros ordenadores, se atrevió a decir:

—Creo que en el mundo hay mercado para unos cinco ordenadores, como mucho.

Sin embargo, parece que nunca dijo tal cosa. La frase se originó en la reunión de accionistas de IBM del 28 de abril de 1953, cuando Watson, refiriéndose únicamente al IBM 701, dijo:

—Tras nuestro viaje, en el que esperábamos obtener cinco pedidos de máquinas, nos volvemos a casa con 18 pedidos.

450. En un ejemplar de 1949 de la revista *Popular Mechanics* se pudo leer:

—En el futuro, las computadoras no tendrán más de mil tubos de vacío y puede que pesen sólo tonelada y media.

451. Con toda seguridad, si el editor Prentice Hall hubiera conocido de primera mano la evolución del procesamiento de datos y el potencial que representa hoy el *big data*, quizá se lo hubiera pensado dos veces antes de sentenciar en 1957:

—He viajado a lo largo y ancho de todo el país y he hablado con los mejores expertos, y puedo asegurarles que el procesado de datos no es más que un capricho que no pasará de finales de año.

452. En 1968, un ingeniero de la Advanced Computing Systems Division de IBM, hablando de los microchips, se preguntó:

—Pero... ¿para qué nos van a servir?

453. En 1977, Kenneth Olson (1926-2011), presidente fundador de Digital Equipment, empresa dedicada a la fabricación de ordenadores, seguía convencido de que:

—No hay ninguna razón para que un individuo cualquiera posea un ordenador en su casa.

454. En 1981, el creador de Microsoft, Bill Gates (1955) dijo:

—Nadie va a necesitar más de 640 kilobytes de memoria en su computador personal.

455. Igualmente, en otra ocasión, Bill Gates declaró que:

—Nunca vamos a hacer un sistema operativo de 32 bits.

456. Y, en 2004, en otra muestra de su gran visión, Bill Gates dijo:

—El *spam* estará resuelto en dos años...

457. El multimillonario británico Alan Sugar (1947), fundador de Amstrad, afirmó en 2005:

—Las próximas Navidades, el iPod estará muerto, acabado, desaparecido...

Pese a esta afirmación tan tajante, Apple ha vendido ya cerca de doscientos millones de reproductores iPod.

458. La compañía de seguridad informática McAfee también ha de figurar en este listado de frases para olvidar. En 1988 uno de sus re-

presentantes, opinando sobre el futuro de los virus informáticos, predijo:

—El problema de los virus es pasajero y durará un par de años.

459. Pero aún más sorprendente fue la afirmación que protagonizó un representante de la compañía Norton cuando, en 1988, aseguró que los virus informáticos eran «una leyenda urbana». Rara afirmación para una empresa que se dedica precisamente al desarrollo y venta de *software* antivirus.

8. ANÉCDOTAS EMPRESARIALES

460. La Coca-Cola nació en Atlanta, en mayo de 1886, como uno de los muchos imitadores del exitoso vino francés Vin Mariani, que contenía cocaína. En esa fecha, el farmacéutico John S. Pemberton creó el French Wine Coca y comenzó a venderlo como un seudofármaco con un anuncio que comenzaba así:

—Los norteamericanos son la gente más nerviosa del mundo. Todo el que sufre de los nervios nos recomienda usar este maravilloso y delicioso remedio. El French Wine Coca, infalible para curar a todo aquel afligido con algún problema de nervios, dispepsia, agotamiento mental o físico, cualquier dolencia o debilitamiento crónico, irritabilidad gástrica, estreñimiento, dolor de cabeza, neuralgia, etcétera, se curará rápidamente gracias al vino de coca.

Pero los comienzos no fueron fáciles. De hecho, durante su primer año en el mercado, la empresa vendió sólo cuatrocientas botellas. Por eso insistió en la publicidad, que destacaba mensajes como:

—Para los desafortunados que son adictos al hábito de la morfina o del opio, o al consumo excesivo de estimulantes alcohólicos, el French Wine Coca ha probado ser una bendición.

Curiosamente el interés concreto por paliar esta adicción no era casual, pues el propio John S. Pemberton era adicto a la morfina.

461. El presidente de Estados Unidos Calvin Coolidge (1872-1933), que no era una persona de la que se pudiera decir que desperdiciara en ningún caso las palabras, dijo lo siguiente sobre la persistencia:

—Nada en el mundo puede sustituir a la determinación. El talento no lo hará; nada es más común que los desafortunados hombres con talento. El genio no requerido es casi un proverbio. La educación no lo hará; el mundo está lleno de negligentes educados. La persistencia y la determinación lo pueden todo. El lema «mantener presionado» ha resuelto y siempre resolverá los problemas de la raza humana.

462. En 1924, durante una mala racha, el dramaturgo británico de origen armenio Michael Arlen (1895-1956) fue a Nueva York. Tal vez para ahogar sus penas, hizo una visita al famoso restaurante 21. En la barra se encontró con el productor cinematográfico Samuel Goldwyn, quien, durante la breve charla mantenida, le dio un consejo bastante estúpido: «Dedíquese a apostar en las carreras de caballos». Al poco rato, se tropezó con otro viejo conocido, el otro gran magnate del cine, Louis B. Mayer, que le preguntó por sus planes de futuro.

—He estado hablando con Sam Goldwyn y… —comenzó dubitativo Arlen.

—No me digas más. ¿Qué te ha ofrecido? —interrumpió bruscamente Mayer.

—Nada que me satisfaga —contestó evasivamente Arlen.

—¿Aceptarías quince mil dólares por treinta semanas? —preguntó Mayer.

Michael Arlen ni lo dudó un momento.

463. Durante la llamada «ley seca» puesta en vigor en Estados Unidos durante los locos y felices años veinte, se vendían unos paquetes de zumo de frutas en los que se podía leer el siguiente mensaje: «Atención: el contenido de este paquete no debe ponerse en una vasija de barro, mezclado con levadura y ocho litros de agua, porque entonces se obtendría una bebida alcohólica cuya fabricación está prohibida».

464. En 1929, el teniente general de las Fuerzas Aéreas del Ejército de Estados Unidos John MacCready pidió a la empresa Bausch & Lomb, fabricante de equipos médicos con sede en Rochester (Nueva York), que crease gafas de sol para aviadores que redujeran las distracciones de los pilotos por los destellos solares y que

solucionaran también el preocupante problema de que las gafas que hasta entonces usaban se solían empañar, cegándolos mientras pilotaban a grandes altitudes. La empresa cumplió la petición y creó las primeras gafas de sol modernas, que fueron lanzadas al mercado en 1937 bajo la marca comercial Ray-Ban, forma abreviada de *ray banner* o «barrera contra los rayos (de sol)». Dichas gafas fueron adoptadas enseguida por los pilotos. El prototipo tenía los marcos de plástico y las lentes verdes, que podían contrarrestar el deslumbramiento sin obstruir la visión. Las gafas de sol fueron remodeladas con una estructura de metal al año siguiente y patentadas como «Ray-Ban Aviator». Sin embargo, su popularización definitiva no llegaría hasta la década de 1960, cuando el industrial Sam Foster, dueño de la empresa Foster Grant, lanzó una agresiva campaña publicitaria basada en la promoción de la imagen de muchas estrellas de cine que las usaban. En 1999, Bausch & Lomb vendió la marca a la compañía italiana Luxottica por 640 millones de dólares.

465. Para el primer lanzamiento comercial de las medias de nailon, la empresa estadounidense Dupont Nemours montó una extraordinaria campaña publicitaria basada en el misterio y el secreto a ultranza sobre el producto, aunque no sobre sus ventajas. Se eligió el 15 de mayo de 1940 como «día del nailon», y hasta ese día no se distribuyó ni un solo par de medias en todo Estados Unidos. De esa forma se creó una impaciente demanda, que agotó todas las existencias el primer día en que se ofrecieron a la venta, llegándose a vender unos cuatro millones de pares de medias en las primeras cinco horas. Para las mujeres estadounidenses, las medias de nailon pasaron a ser uno de los más preciados tesoros personales. Sin embargo, a partir de 1941, al entrar Estados Unidos en la segunda guerra mundial, el gobierno decretó que se reservara toda la producción de nailon para la confección de paracaídas, llegando a pedir a las mujeres que entregaran sus medias para ese mismo fin.

466. A la gente con excesiva afición a escribir textos enrevesados llenos de palabras grandilocuentes pero vacuas o incomprensibles,

convendría recordarles las claras, concisas y poco ambiguas instrucciones que el presidente de Estados Unidos, Franklin Delano Roosevelt (1882-1945), dio al general en jefe de su ejército, Dwight Eisenhower (1890-1969), en 1943, en la fase final de la segunda guerra mundial:

—Por favor, reúna a sus tropas. Vamos a invadir Europa.

467. Lo curioso es que este mismo estadista estadounidense, Franklin Delano Roosevelt, creó años antes la Oficina para la Fiscalización de los Precios. En calidad de presidente de esta oficina gubernamental, redactó y firmó la siguiente farragosa e indescifrable disposición:

—El máximo precio que un productor de cosméticos puede imponer a un determinado producto, para toda clase de compradores, en relación con las normas para la regulación de precios máximos, debe ser igual al máximo de precios tolerados en las normas de regulación de precios máximos de tales productos vendidos a un comprador de la misma categoría.

Sin duda, se trata de un buen ejemplo de falta de transparencia legislativa.

468. Durante una convención de gerentes de ventas en Los Ángeles, Harry G. Moock (1917-2015), por entonces vicepresidente de Chrysler Corporation, dio su descripción de los rasgos que definirían al vendedor ideal:

—Tiene la curiosidad de un gato, la tenacidad de un bulldog, la amistad de un niño pequeño, la diplomacia de un marido infiel, la paciencia de una abnegada esposa, el entusiasmo de un fan de Sinatra, el aplomo de un licenciado de Harvard, el buen humor de un cómico, la sencillez de un asno y la energía inagotable de un cobrador.

469. En algún momento de su historia, las ventas de los laboratorios Bayer, fabricantes de Alka-Seltzer, se hundieron peligrosamente. Sus más altos ejecutivos buscaban afanosamente la forma de superar tal situación y consultaron a su equipo de analistas de mercados, quienes comenzaron a pensar sesudamente en una solución. En

eso estaban cuando un modesto contable, desde su rincón atiborrado de documentos, les sugirió:

—¿Por qué en lugar de mostrar una sola tableta en la publicidad, no ponen dos?

Desde entonces la publicidad de Alka-Seltzer muestra no una (como antes) sino dos tabletas efervescentes cayendo en un vaso de agua. Las ventas de Alka-Seltzer se duplicaron a partir de aquella «insignificante» sugerencia del contable.

470. Fred Kaiser, ejecutivo de la Detroit-Michigan Stove Company en la década de 1950, contó en cierta ocasión que él había aprendido una importante lección sobre lo que es vender de su propia hija, que siempre le insistía en comprar sus chucherías en una tienda en particular. La regentaba un hombre llamado Nick, al que todos los niños del barrio adoraban, y al cual incluso siguieron prefiriendo después de que un muy bien surtido centro comercial abriera muy cerca. A Kaiser le pudo la curiosidad, y le preguntó a su hija por qué prefería comprar en la tienda de Nick en vez de en el supermercado.

—Nick siempre nos da caramelos de más —contestó la niña—. La chica de la otra tienda siempre nos quita alguno.

Tras investigar un poco, Kaiser dedujo que los dependientes de la tienda grande siempre echaban más de una libra en la bolsa de la báscula y luego sacaban algunos caramelos hasta conseguir el peso solicitado. Nick tenía la costumbre opuesta de comenzar con menos de una libra y luego ir añadiendo caramelos hasta conseguir el peso deseado. Aunque el resultado final era el mismo en ambos casos, los niños estaban convencidos de que hacían un mejor negocio con Nick.

471. Bert H. Schlain, unos de los gurús del marketing en la década posterior a la segunda guerra mundial, solía advertir a los vendedores que acostumbran a seguir hablando aun después de que la venta se haya cerrado:

—Sansón machacó a diez mil filisteos con la quijada de un asno, y cada día miles de pedidos son asesinados de la misma forma.

472. Homer Livingstone, presidente de la Asociación de Banqueros Norteamericanos en la década de 1950, estaba dando un discurso ante una vasta reunión de banqueros en Louisville (Kentucky), cuando el micrófono se estropeó. Livingstone, alzando la voz, preguntó a los de las filas de atrás si le podían oír. «No», gritó alguien. Desde las primeras filas se oyó inmediatamente otra voz que decía: «Le cambio el sitio».

473. La compañía Campbell Soup solía anunciar que producía veintiún tipos diferentes de sopa, y las listaba en su publicidad. Pero en realidad la lista contenía veintidós tipos de sopa. A lo largo de los años, unas setecientas personas escribieron a la compañía señalando la discrepancia. Pero los ejecutivos de la compañía no hicieron nada: estaban contentos con su deliberado error porque provocaba que se hablase de sus anuncios y les daba un *feedback* de cuán cuidadosamente se leían.

474. Quizá la primera persona en descubrir que un vendedor de éxito tiene que convertirse en un profesional de su oficio fue William Maxwell, vendedor jefe de la compañía Thomas Alva Edison. Su definición era:

—Un vendedor profesional es quien sabe qué hacer y qué decir y cómo hacerlo y decirlo en cualquier situación concebible.

475. En 1975, la cadena de pizzerías Domino's Pizza tuvo que afrontar un juicio frente a la azucarera Amstar Corporation, fabricante del azúcar Domino, por presunta violación de los derechos de marca. Aunque el pleito duró un lustro y se llegaron a barajar nombres alternativos como Pizza Dispatch, un tribunal de Nueva Orleans falló finalmente a favor de la pizzería, la cual pudo mantener su marca.

476. Cuando Anita Roddick (1942-2007) abrió en 1976 su primera tienda de productos de belleza y cosmética The Body Shop en la ciudad británica de Brighton, dos pompas fúnebres cercanas se opusieron al uso de ese nombre. Roddick contraatacó sugiriendo a un periódico local que era una mujer emprendedora acosada.

Como suele pasar en estos casos, pese a todo, la publicidad generó el aumento del tráfico de clientes a la tienda que, por lo demás, fue un enorme éxito. A principios de 1990, había ya más de setecientas tiendas Body Shop.

477. La dos veces primera ministra de India (en 1966-1977 y 1980-1984) Indira Gandhi (1917-1984) declaró en cierta ocasión:

—Hay que vigilar a los ministros que no pueden hacer nada sin dinero y a aquellos que quieren hacerlo todo sólo con dinero.

478. El empresario periodístico australiano y nacionalizado estadounidense Rupert Murdoch (1931) afirmó en cierta ocasión en que se hablaba sobre el amarillismo y el populismo de los medios de comunicación social actuales:

—William Shakespeare escribía para las masas. Si viviera hoy en día, sería probablemente el guionista jefe de *Dinastía* o de *Dallas*.

479. En cierta ocasión, una de las personas encargadas de revisar albaranes y facturas en las Fuerzas Aéreas estadounidenses pidió explicación a la empresa Pratt & Whitney sobre a qué se debía que les pretendieran cobrar casi mil dólares por lo que aparentemente parecían unas simples pinzas comunes. La portavoz de esa compañía les respondió:

—Son multiuso. No sólo sirven para poner las abrazaderas, sino también para quitarlas.

480. El manager general del equipo de fútbol inglés Peterborough United en 1991 y 1992, Chris Turner (1951), en un alarde de sinceridad algo suicida, declaró a la prensa en 1992:

—He dicho a los jugadores que necesitamos ganar, porque así podría conseguir el club suficiente dinero para comprar a otros jugadores.

481. En 1991, en el Departamento de Informática de la Universidad de Cambridge sólo estaba permitido hacer café en una habitación muy apartada y muchos se servían sin volver a llenar la cafetera. Este problema, en principio tonto, estaba creando una fuerte ten-

sión que amenazaba con generar un conflicto. En un ejemplo magnífico de cómo la necesidad aguza el ingenio y la creatividad, Quentin Stafford-Fraser y Paul Jardetzky, dos de los afectados por el contencioso de la cafetera, crearon la primera cámara web de la historia, en principio como medio para evitar los pleitos en la oficina. Ambos programaron un servidor, al que llamaron XCoffee, que transmitía en vivo una imagen de 128 x 128 píxeles de la cafetera a través de la red universitaria. Así, al saber que eran vigilados por sus compañeros, todos comenzaron a rellenar la cafetera y, además, antes de aventurarse hacia la cocina, podían ver si había café preparado. Un año más tarde, utilizando el código de XCoffee (renombrado como XCam), salió a la venta la primera cámara web comercial. La cámara original fue apagada el 22 de agosto de 2001.

482. En enero de 1992, un buque portacontenedores partió de Hong Kong con destino a Tacoma, en el estado de Washington (Estados Unidos), cargado, entre otras cosas, con un pedido de pequeños juguetes de baño de plástico fabricados en China para la empresa estadounidense The First Years Inc. El 29 de enero, durante una tormenta en el océano Pacífico Norte, varios contenedores cayeron al agua. Uno de ellos contenía 29.000 juguetes de baño infantiles con diversas formas: castores rojos, ranas verdes, tortugas azules y patos amarillos. Nada más caer al mar, el contenedor se abrió (posiblemente debido a la colisión con otros o con el mismo barco) y los juguetes se liberaron. A diferencia de muchos otros de estos juguetes de baño, los patitos (llamados «Friendly Floattes», algo así como «amigos flotantes») no tienen agujeros, por lo que, al ser estancos, no se llenaron de agua y no se hundieron.

Los oceanógrafos estadounidenses Curtis Ebbesmeyer y James Ingraham, que trabajaban desde un laboratorio de la ciudad de Seattle en el establecimiento de un modelo fiable de las corrientes oceánicas superficiales, comenzaron a rastrear las pautas de dispersión de los juguetes flotantes (de igual modo que ya hacían con una partida de zapatillas Nike perdida en el mar en 1990). Se sabía que el porcentaje de recuperación de objetos en el océano Pacífico era de alrededor del 2 por ciento, por lo que los dos científicos esperaban recuperar unos seiscientos patitos de goma. En los meses siguientes al incidente, comenzaron a divisarse patitos a lo largo de toda la costa de Alaska. La primera recuperación fue de diez unidades, encontradas cerca de Sitka (Alaska), el 16 de noviembre de 1992; estaban aproximadamente a 3.200 km de su punto de partida. Ebbesmeyer e Ingraham se pusieron en contacto con pescadores, trabajadores costeros y residentes para que les ayudasen a recuperar patitos en todo aquel vasto litoral de 850 km de largo. En total, hasta agosto de 1993, se encontraron unos cuatrocientos a lo largo de la costa oriental del golfo de Alaska, lo que suponía una tasa de recuperación del 1,4 por ciento.

Los modelos informáticos de los oceanógrafos predijeron correctamente la llegada de los juguetes al estado de Washington en 1996, así como que otros grupos habrían viajado hacia Alaska, hacia el oeste de Japón y hacia el norte, hasta quedar atrapados por el hielo ártico en el estrecho de Bering. De estos últimos se predijo que, al desplazarse lentamente con el hielo, era de esperar que, en cinco o seis años, alcanzaran el Atlántico Norte, donde se volverían a liberar del hielo. Entre julio y diciembre de 2003, la empresa The First Years Inc. ofreció cien dólares como recompensa a quien recuperase juguetes en Nueva Inglaterra, Canadá o Islandia, lo que aumentó el número de recuperaciones. Blanqueados por el sol y el salitre, los patos se habían decolorado a blanco, mientras se iban haciendo famosos. Se han escrito varios cuentos sobre los patitos de goma, juguetes que se han convertido en objeto de coleccionismo, alcanzando precios tan altos como mil dólares, además de protagonizar varias campañas publicitarias.

483. El departamento de marketing de la marca de cerveza Heineken lanzó un concurso de diseño de envases que, con unas bases algo confusas, autorizaba a la compañía a quedarse con los derechos de todos los diseños presentados a concurso. La cláusula fue denunciada por abusiva en la red por los diseñadores (tanto los que participaron como los que no). Poco después, apareció en los medios una entrevista con el director de marketing de Heineken en la que aseguraba que internet era un medio para conseguir ta-

lento creativo de forma gratuita. La respuesta a estas declaraciones se la dio una página en Facebook, «50.000 litros para la cultura», en la que, de forma irónica, expresaban su indignación, además de pedir diez litros de cerveza Heineken gratis para celebrar actos relacionados con la cultura.

484. En las escuelas de negocios se cuenta la siguiente historia. Un hombre le pidió ayuda a su vecino para que le ayudara a mover un sofá que se había atravesado en una puerta. Uno se fue a un extremo y el otro al opuesto. Forcejearon un buen rato hasta que quedaron exhaustos, pero el sofá no se movía ni para un lado ni para el otro.

—Olvídelo, jamás podremos meter esto —dijo el hombre.

El vecino lo miró con extrañeza y le preguntó:

—¡Ah! ¿Se trataba de meterlo?

485. Un asesor de empresas experto en gestión del tiempo quiso sorprender a los asistentes a una de sus conferencias. Sacó de debajo del escritorio un frasco grande de boca ancha, lo colocó sobre la mesa, junto a una bandeja con piedras del tamaño de un puño, y preguntó: «¿Cuantas piedras creen que caben en el frasco?». Tras hacer los asistentes sus conjeturas, el experto empezó a meter piedras hasta que llenó el frasco. Luego preguntó: «¿Está lleno?». Todos asintieron. Entonces sacó de debajo de la mesa un cubo con gravilla. Metió parte de ella en el frasco y lo agitó. Las piedrecillas penetraron por los espacios que dejaban las piedras grandes. El experto sonrió con ironía y repitió su pregunta: «¿Está lleno?». Esta vez, los oyentes dudaron. Sonriendo, el experto puso en la mesa un cubo con arena, que comenzó a volcar en el frasco. La arena se filtraba en los pequeños recovecos que dejaban las piedras y la grava. «¿Está ahora bien lleno?», preguntó de nuevo. Los oyentes negaron. «Bien», dijo, y cogió una jarra de agua de un litro que comenzó a verter en el frasco. El frasco aún no rebosaba.

—Bueno, ¿qué hemos demostrado? —preguntó.

—Que no importa lo llena que esté tu agenda —respondió uno de los oyentes—, si lo intentas, siempre puedes hacer que quepan más cosas.

—¡No! —dijo el experto—, lo que esta lección nos enseña es que si no colocas las piedras grandes primero, nunca podrás colocarlas después. ¿Cuáles son las piedras grandes en tu vida? ¿Tus hijos, tus amigos, tus sueños, tu salud, la persona amada? ¿O son tu trabajo, tus reuniones, tus viajes de negocio, el poder o el dinero? La elección es tuya. Una vez te hayas decidido, pon esas piedras primero. El resto encontrará su lugar.

486. Un periodista le preguntó a Michael Gelb, autor del libro *Aprenda a pensar como un genio:*

—Me gusta el baloncesto, pero, haga lo que haga, nunca seré como Michael Jordan. Así que, ¿cómo puede alguien pensar ser como Leonardo da Vinci o Thomas Jefferson?

—Es natural sentirse humilde al contemplar la genialidad en cualquier campo de la vida —respondió Gelb—. Si me comparo con Jordan, mis expectativas de lograr proezas en la cancha desaparecen instantáneamente. Pero, si en vez de compararme, pienso en aplicar algunos de los componentes individuales de la maestría de Jordan, como su concentración, su conciencia acerca de la presencia de su compañeros de equipo, la manera en que aprendió a mover sus pies en la defensa o su compromiso en el desarrollo de su juego en todos los niveles a lo largo de su carrera, entonces me inspiro y estoy más preparado para jugar lo mejor que puedo.

487. Una vez se contó, sin grandes visos de verosimilitud, pero sí de gran ingenio, que un grupo de caníbales expertos en telefonía y redes fue contratado por una gran empresa de telecomunicaciones. El responsable de recursos humanos les dijo:

—¡Ahora forman parte de un gran equipo! Disfrutarán de todos los beneficios de la empresa; por ejemplo, podrán ir al casino cuando quieran comer algo. Pero, por favor, ¡no se coman a los otros empleados!

Cuatro semanas más tarde, el jefe directo de los caníbales les llamó y les dijo:

—Están ustedes trabajando muy duro, estoy muy satisfecho, pero uno de nuestros auxiliares administrativos ha desaparecido. ¿Alguno sabe qué le ha podido pasar?

Todos los caníbales negaron con la cabeza. Después de que el jefe se fuera de la oficina, el líder les dijo a los otros caníbales:

—¿Quién fue el que se comió al auxiliar?

Una mano entre el grupo se levantó tímidamente.

—¡Fuiste tú! ¡Cuatro semanas comiendo gerentes, y nadie ha notado nada, pero no, tú tenías que comerte un auxiliar administrativo!

488. En 2003, unos jóvenes finlandeses decidieron convertir su amor por los videojuegos en una compañía, Rovio, que creara sus propios productos. Diseñaron y crearon un juego tras otro, con la esperanza de que alguno de ellos tuviera el éxito suficiente para justificar el proyecto en el que se habían embarcado. Después de 51 proyectos y seis años de duro trabajo, crearon ya con poca esperanza su juego número 52, muy sencillo y en el que el jugador lanzaba unos pequeños pájaros con el objetivo de derribar edificios y estructuras. Lo llamaron «Angry Birds» y hoy tienen más de mil millones de usuarios; la empresa cuenta con unos quinientos empleados y ha creado acuerdos de colaboración con Star Wars, con la NASA e, incluso, con el gobierno chino.

489. Antes de que la red social de Mark Zuckerberg alcanzara el éxito, en Estados Unidos la palabra *facebook* denominaba esos anuarios impresos que, sobre todo, publican las universidades para «poner cara» a los estudiantes matriculados en cada promoción. Cuando Zuckerberg se puso manos a la obra con su proyecto, junto con otros tres compañeros de estudios de la Universidad de Harvard (Eduardo Saverin, Chris Hughes y Dustin Moskovitz), no se complicaron la vida buscándole un nombre original y optaron por *thefacebook* («el cara libro», traducido literalmente al español). El artículo inicial (*the*) desapareció por exigencia de Sean Parker (1979), el creador de Naptser, cuando se convirtió en presidente ejecutivo de Facebook.

490. En el otoño de 2008, Danielle Smith, de treinta y seis años de edad, convenció a su marido Jeff y a sus dos hijos, vecinos todos de un suburbio de la ciudad de Saint Louis, en el estado de Mis-

souri, para que los cuatro posaran para una foto familiar que luego ella utilizó a modo de felicitación de Navidad y que envió a través de Facebook a familiares y amigos. Pero, lo que son las cosas, resultó que, meses más tarde, un amigo suyo visitó la ciudad checa de Praga y se topó con sus amigos los Smith en un gigantesco cartel anunciando un restaurante que adornaba marquesinas y autobuses de toda la ciudad.

491. El primer anuncio escrito que se conoce data aproximadamente del año 3000 a. C. Es el contenido en un cartel encontrado en las ruinas de la ciudad egipcia de Tebas, que ofrece la recompensa de una moneda de oro a quien capture y devuelva a su amo un esclavo huido llamado Shem.

492. En cierta ocasión, el tercer presidente de Estados Unidos, Thomas Jefferson (1743-1826), observó con tono irónico:

—Los anuncios contienen las únicas verdades que se pueden invocar en un periódico.

493. Phineas T. Barnum (1810-1891) tenía por costumbre citar a un escritor anónimo francés, en alguna de cuyas páginas había leído la siguiente consideración sobre el poder de la publicidad:

—El lector de un periódico no ve la primera inserción de un anuncio común; la segunda inserción, la ve pero no lo lee; la tercera, la lee; tras leer la cuarta, mira el precio; tras la quinta, habla del anuncio con su mujer; tras la sexta inserción, ya está preparado para comprar; y después de leer la séptima inserción, compra.

494. Durante un viaje en avión a Chicago, un amigo del multimillonario Philip Knight Wrigley (1894-1977) le preguntó que por qué seguía anunciando todo el tiempo los chicles que fabricaba su empresa si ésta ya era la más exitosa de todos los tiempos en todo el mundo. Wrigley le respondió:

—Por la misma razón que el piloto de este avión deja los motores en marcha cuando ya estamos en el aire.

495. En diciembre de 1999, el Vaticano anunció que estaba horrorizado al conocer el contenido de una campaña publicitaria de la empresa fabricante de armas Beretta; se trataba de una nueva serie de escopetas de siete mil dólares, del modelo Giubileo («Jubileo»), el mismo nombre de la celebración del milenio de los católicos. Pero, lo que sin duda más escandalizó a la jerarquía eclesiástica no fue el nombre del modelo, sino que la publicidad asegurara gratuitamente que «al Papa le gustarían».

496. En Taiwán, una compañía distribuidora lanzó una campaña publicitaria para aparatos de calefacción hechos en Alemania usando como reclamo un sonriente Adolf Hitler que, según los anuncios, «declara la guerra al frente frío». Un representante de la compañía dijo que era importante mostrar el producto como fabricado en Alemania y que no pensaba que los taiwaneses tuviesen algo contra Hitler. No obstante, la campaña publicitaria se canceló inmediatamente.

497. Pizza Hut llevó a cabo una inusual forma de publicitar la comida rápida en los vuelos espaciales en dos ocasiones. En 2001, se convirtió en la primera empresa que envió pizzas al espacio cuando su comida envasada al vacío llegó a la Estación Espacial Internacional, sólo un año después de firmar un acuerdo para colocar un cartel de nueve metros con su logo en el cohete no tripulado Proton, propulsado por el módulo Zvezda.

Posteriormente, la compañía Kodak pagó para que su logo y su eslogan aparecieran en un material cuya durabilidad iba a ser probada en el espacio, y que formaba parte de la superficie de la Estación Espacial Internacional.

En 2008, la marca de aperitivos Doritos emitió al espacio, en colaboración con científicos del Centro Espacial EISCAT Svalbard, de Noruega, el primer anuncio televisivo de la historia en busca de «nuevos consumidores alienígenas». El *spot*, que ganó el concurso «You make it, we'll play it» («Tú lo haces, nosotros jugamos»), fue emitido el 12 de junio de 2008 hacia una estrella lejana, orbitada por planetas que pueden albergar vida, situada en la constelación de la Osa Mayor, a unos cuarenta y dos años luz.

Por otra parte, el primer anuncio filmado completamente en el espacio promocionaba la leche de la empresa israelí Tnuva y fue grabado en el interior de la estación espacial Mir en 1997.

498. En 1993, la compañía estadounidense Space Marketing Inc., en su campaña «Space Billboard» («Cartelera del espacio»), propuso enviar una valla publicitaria iluminada de un kilómetro cuadrado a una órbita terrestre baja capaz de verse desde la Tierra. El anuncio tendría aproximadamente el mismo tamaño y brillo que la Luna e iba a estar construido con láminas de mylar. Se estimó que la basura espacial impactaría contra él unas diez mil veces; esto, unido al hecho de que no se encontró financiación suficiente, impidió que el proyecto llegara a buen puerto.

499. Oficialmente, Google ha comprado 59 compañías desde 2001. Su adquisición más importante fue la empresa DoubleClick, por la que desembolsó 3.100 millones de dólares. Gracias a ello impulsó el negocio de anuncios en la red. En 2006 compró YouTube por 1.650 millones de dólares, hecho que puso a Google en el punto de mira de todas las compañías de medios. Google tiene una división de riesgo llamada Google Ventures, que ha invertido aproximadamente cien millones de dólares en jóvenes compañías tecnológicas.

500. Ronald Reagan (1911-2004), actor reconvertido en el cuadragésimo presidente de Estados Unidos, tenía en su equipo a los mejores redactores de discursos. En uno de ellos dijo una frase que pasará a la historia de las anécdotas de economistas y su eterna disparidad de opiniones:

—Debería existir una versión del Trivial Pursuit para economistas: con cien preguntas y trescientas respuestas.

9. RESPUESTAS FULMINANTES

501. Cierto día, Alberto I Canfrancesco, príncipe della Scala (1291-1329), más conocido como Cangrande della Scala, le dijo impertinentemente al escritor italiano Dante Alighieri (1265-1321):

—Me pregunto, señor Dante, ¿por qué un hombre tan cultivado como usted es odiado por toda mi corte, mientras que mi bufón es tan amado?

—Su excelencia se lo preguntaría menos si considerara que apreciamos más a aquellos que más se parecen a nosotros —respondió un ofendido Dante.

502. A los diez años, el filósofo italiano Giovanni Pico della Mirandola (1463-1494) era un auténtico prodigio. En cierta ocasión, un anciano cardenal, molesto por la inteligencia precoz del muchacho, le dijo en tono imponente:

—La verdadera pena es que, cuando se tiene tanto talento de niño, se suele acabar siendo un imbécil cuando se llega a anciano.

—Por lo que decís, señor, deduzco que vos debisteis ser todo un sabio de niño —le respondió con toda la intención Pico della Mirandola.

503. El salón literario parisiense de Anne Marie Bigot (1605-1694), señora de Cornuel, gozaba de cierta celebridad, particularmente por el ingenio mordaz de la anfitriona. En una ocasión fue a visitarla la señora de Saint-Loup, que, de buenas a primeras, casi a modo de saludo, le espetó:

—Veo que me habían engañado al decirme que habíais perdido la cabeza.

—¡Oh! —respondió madame Cornuel—, no hay que hacer

caso de lo que dice la gente. A mí también me han asegurado que vos habíais encontrado la vuestra.

504. Durante la larga estancia de la reina Cristina de Suecia (1626-1689) en Roma, tras su abdicación del trono, el Papa designó a algunos cardenales para que la acompañaran a ver cuadros y estatuas. De estas últimas, la que más le gustó fue la de Gian Lorenzo Bernini que representa la verdad. Uno de los cardenales, que presumía de ingenioso, le dijo:

—Señora, veo que os gusta la verdad, lo que no es frecuente en las testas coronadas.

—Es que todas las verdades no son de mármol —respondió con ingenio la reina.

505. La mujer del escritor y crítico británico John Dryden (1631-1700) se quejaba de verle todo el día rodeado de libros y absorto en su trabajo.

—Mira, John —decía la pobre mujer—, me gustaría convertirme en libro para que al menos me hicieses un poco de caso.

—Si decides convertirte en libro, hija mía —contesto Dryden con cierta mala uva—, procura que sea en almanaque. Así tendré la oportunidad de cambiarte cada año.

506. El filósofo alemán Gottfried Wilhelm von Leibnitz (1646-1716) acudía con frecuencia a la Universidad de Leiden, donde a menudo sostenía apasionados y polémicos debates con estudiantes y profesores, siempre en latín. Con el tiempo, Leibnitz observó que también acudía regularmente un vecino, que resultó ser zapatero. Finalmente, la curiosidad le pudo, y un día se acercó a él y le preguntó si conocía el suficiente latín como para seguir el hilo de aquellas controversias intelectuales.

—No —contestó el hombre—, de latín no sé nada, ni tengo intención de aprenderlo. Yo sólo vengo a ver cómo discuten ustedes.

—Pero, si no sabe latín, ¿cómo puede saber quién tiene razón en las discusiones? —preguntó el filósofo, cada vez más extrañado.

—¡Oh, es eso! Muy sencillo: cuando oigo que alguien grita mucho, sé con seguridad que no tiene razón.

507. Aconsejaba su médico personal al sabio francés Bernard Le Bovier de Fontenelle (1657-1757), cuando éste era ya anciano:

—Dejad de tomar café, señor; considerad que es un veneno lento, pero veneno al fin.

—Muy lento debe de ser —respondió Fontenelle—, porque hace ochenta años que lo tomo todos los días.

508. El barón de Montesquieu (1689-1755) discutía sobre ciertos asuntos con uno de los consejeros del parlamento de Burdeos, quien, empeñado en defender a ultranza sus argumentos, llegó al siguiente compromiso:

—Si lo que mantengo resultara incierto os regalaré mi cabeza, señor barón.

Montesquieu simuló considerar seriamente la oferta e, irónicamente, dijo:

—La acepto, aunque sé que no es gran cosa, pero incluso estos pequeños detalles son importantes entre amigos.

509. El escritor francés Voltaire (1694-1778) fue invitado por Federico II de Prusia (1712-1786) a pasar un tiempo indefinido en su corte. En 1750 viajó a Berlín y permaneció allí unos dos años, pero su ácido ingenio chocó con el temperamento autocrático del rey y fue la causa de frecuentes disputas entre ambos. Durante aquella estancia, en cierta ocasión en que la conversación giraba en torno a los distintos idiomas, Voltaire hizo la poco elegante afirmación de que el alemán era muy duro y que solamente lo veía apropiado para mandar y dictar sentencias. Incluso llegó a afirmar que, cuando Dios expulsó del Paraíso a Adán y Eva, probablemente les dio la orden en alemán.

—Puede ser —respondió ofendido Federico II—, pero de lo que no hay duda alguna es de que cuando la serpiente tentó a Eva se comunicó con ella en francés.

510. Era bien conocido en su tiempo que el filósofo y escritor francés Voltaire sentía una gran admiración por su colega el suizo Albrecht von Haller (1708-1777), y que el francés no se privaba de hacérselo saber a cuantos quisieran escucharlo. Cierto día, alguien le

contó que Von Haller no hablaba precisamente con la misma devoción de él. Al oír tal cosa, Voltaire comentó irónico:

—Es posible que ambos estemos equivocados.

Igual contestó en cierta ocasión el escritor español Jacinto Benavente en referencia a su colega Valle-Inclán.

511. Cierto día en que se cruzaban improperios los parlamentarios británicos lord Sandwich (1718-1792) y John Wilkes (1725-1797), que en otro tiempo habían sido amigos íntimos y compañeros de correrías y juergas, pero quienes mantenían en los últimos tiempos un enconado enfrentamiento político, dijo el supuesto inventor del sándwich:

—Wilkes, usted morirá en el patíbulo o de sífilis.

—Eso dependerá de si abrazo sus principios o a su querida —le replicó con aparente suavidad Wilkes, famoso por su ingenio.

Wilkes aludía a las famosas andanzas de lord Sandwich con su amante Margaret Reay, una joven plebeya de vida licenciosa.

512. Se cuenta que la zarina Catalina II de Rusia quiso que la soprano italiana Catterina Gabrielli (1730-1796) diese varios conciertos para ella y su corte en San Petersburgo y que la hizo ir allí sin concertar de antemano un precio definitivo. Al final de la gira, Catalina II preguntó a la soprano cuánto quería cobrar. La Gabrielli había decidido que un empresario regio bien podría afrontar un pago digno de la realeza, y dijo con desparpajo:

—Cinco mil rublos.

—¡Cinco mil rublos! —exclamó la zarina—. ¡Vaya!, ninguno de mis mariscales de campo recibe tanto.

—Pues entonces, majestad, haced cantar a uno de vuestros mariscales.

Se dice que la zarina, sin rechistar más, pagó los cinco mil rublos.

Esta misma anécdota ha sido referida a casi todos los grandes cantantes, de ambos sexos y de todos los tiempos, y, en particular, a la también italiana Adelina Patti (1843-1919) y a la griega Maria Callas (1923-1977). Cambiando de escenario, también se ha adjudi-

cado, entre otros, al pianista estadounidense de origen judío Arthur Rubinstein (1887-1982).

513. Al comienzo de la guerra de la Independencia, el primer presidente de Estados Unidos, George Washington (1732-1799), envió a uno de sus oficiales a requisar caballos a los terratenientes locales. Al llegar a una vieja mansión, el oficial fue recibido por la anciana dueña de la casa.

—Señora, vengo a pedirle sus caballos en nombre del gobierno —comenzó.

—¿Con qué autoridad? —preguntó la señora con seriedad.

—Con la autoridad del general George Washington, comandante en jefe del ejército americano —respondió marcialmente el oficial.

—Vuelva y dígale al general George Washington —repuso, sonriente, la anciana— que su madre dice que no puede darle sus caballos.

514. Un conocido se burló de las orejas (un tanto de soplillo) del escritor satírico alemán Georg Christoph Lichtenberg (1742-1799), sin caer en la cuenta de que otro de sus rasgos característicos era el de tener una lengua afilada y de que, por tanto, sin duda, el comentario no se quedaría sin una oportuna réplica.

—Bueno, simplemente, piense en lo siguiente —le replicó Lichtenberg—: con mis orejas y su cerebro completaríamos perfectamente un espléndido asno.

515. El abate Jean Saint Maury (1746-1817) fue uno de los pocos clérigos que asistieron a la Asamblea Nacional salida de la Revolución de 1789 como representante del estamento clerical francés. En cierta ocasión, tras pronunciar un discurso, el conde Mirabeau (1749-1791) se dispuso a rebatirle, pero antes avisó:

—Voy a encerrar al señor abate Maury en un círculo vicioso…

—¿Acaso vais a abrazarme, señor Mirabeau? —le interrumpió Maury.

516. Al estallar la Revolución de julio de 1830 en Francia, el estadista y diplomático Charles Maurice de Talleyrand-Périgord (1754-1838) se pasaba el día asomado a la ventana, sin salir de casa, indeciso del bando al que más le convenía adscribirse. Uno de aquellos días, mientras miraba la calle, le dijo a su mayordomo:

—Los nuestros ya están venciendo.

—¿Y quiénes son los nuestros? —preguntó inocentemente el mayordomo.

—Eso te lo diré mañana —dijo cínicamente Talleyrand.

517. No en vano, en cierta ocasión, el mismo Talleyrand definió en los siguientes términos su condición de funcionario público:

—Servidor fiel, pero reservándome el derecho de mudar de amo.

518. Y, en otra ocasión, Talleyrand llegó a precisar su opinión de que:

—La oposición es el arte de estar en contra tan hábilmente que, luego, se pueda estar a favor.

519. Luis XVIII de Francia (1755-1824) mandó redactar un borrador de Constitución y se lo dio a leer a su ministro de Asuntos Exteriores, Charles-Maurice de Talleyrand-Périgord, quien, tras revisarlo, le dijo:

—Señor, aquí echo de menos una cosa importante.

—¿Cuál? —preguntó el rey.

—El sueldo de los diputados.

—Yo creo que sus servicios han de ser gratuitos y su cargo, honorífico —repuso el rey.

—Señor, si han de ser gratuitos, nos saldrán muy caros.

520. Un mozalbete aspirante a músico pidió en cierta ocasión a Wolfgang Amadeus Mozart (1756-1791) que le dijera cómo había de componer una sinfonía.

—Tú eres muy joven —le contestó Mozart—. ¿Por qué no comienzas con baladas?

—Vos compusisteis sinfonías a los diez años —replicó el compositor en ciernes.

—Sí —respondió Mozart—, pero yo no pregunté cómo se componían.

521. El anatomista y médico francés Franz Joseph Gall (1758-1828), fundador de la frenología, visitaba un día el manicomio de Bicêtre y pasó consulta a algunos de los internos. Uno de ellos llamó su atención sobremanera por su aparente «normalidad», de modo que el mentalista le dijo:

—¿Cómo es que está usted aquí? Me parece que es usted un hombre tan normal como yo. En su cráneo no encuentro signo alguno de locura.

—No le extrañe, doctor —respondió el enfermo—, porque ésta no es mi cabeza, sino una que me puse para sustituir la que me cortaron cuando la Revolución.

522. El médico inglés John Abernethy (1764-1831) asistía a una fiesta en un salón particular de la aristocracia londinense cuando su anfitriona, acompañada de otras señoras, le dijo:

—Doctor, si alguien se le acercara y le dijera que tiene sudor frío, dolor de estómago, algo de fiebre y una gran debilidad...

—No siga usted más —le interrumpió Abernethy—, porque lo que le recomendaría enseguida sería que viniera urgentemente a verme a mi consulta de diez a dos, ya saben ustedes dónde.

523. En cierta ocasión le preguntaron a la ingeniosa escritora francesa llamada Madame de Staël (1766-1817):

—¿Por qué las mujeres bonitas tienen más éxito entre los hombres que las inteligentes?

—Muy sencillo —respondió la escritora—, hay muy pocos hombres ciegos, pero abundan mucho los tontos.

524. En uno de sus muchos enfrentamientos personales, la escritora francesa Madame de Staël le respondió a Napoleón Bonaparte cuando éste le preguntó por qué las mujeres se metían en política:

—Pues verá usted, en un país donde han decapitado a muchas mujeres también es lógico que las pocas que quedamos nos preguntemos por qué.

525. El general y estadista Andrew Jackson (1767-1845), uno de los héroes de la guerra de secesión norteamericana y posteriormente presidente de Estados Unidos, se vio acosado por un impertinente que trataba de conseguir que le hiciese confidencias acerca de su plan de campaña.

—¿Es usted hombre capaz de guardar un secreto? —le dijo, por fin.

—¡Por supuesto, mi general! —contestó el otro, satisfecho de conseguir al cabo su deseo.

—Pues yo también —contestó Jackson.

Y ahí acabaron las confidencias.

Esta misma anécdota se cuenta del político español Eduardo Dato (1856-1921).

526. El ministro de Luis XVIII de Francia, el conde Jacques de Corbière (1767-1853), entró a despachar con el rey y, antes de comenzar a hablar, dejó sobre la mesa la cartera que llevaba, los anteojos, el pañuelo y la cajita de rapé. El monarca, algo molesto por tantos preparativos, le preguntó:

—¿Habéis venido a vaciaros los bolsillos aquí?

—Sí, alteza —replicó Corbière—. Otros vienen a llenárselos.

527. Napoleón Bonaparte (1769-1821) conversaba con un coronel de un batallón húngaro que había sido hecho prisionero en Italia. El coronel mencionó que había luchado en el ejército de María Teresa.

—¡Debe tener unos años bajo su cinturón! —exclamó Napoleón.

—Estoy seguro de que he vivido sesenta o setenta años —replicó el coronel.

—¿Quiere decir —continuó Napoleón— que no ha llevado la cuenta de los años que ha vivido?

—Señor —respondió con rapidez el coronel—, yo siempre cuento mi dinero, mis camisas y mis caballos, pero, en cuanto a mis años, no conozco a nadie que quiera robármelos, y seguramente nunca se perderán.

528. Pasaba revista Napoleón a unas tropas en compañía de un capitán. Terminado el acto, dijo éste al emperador:

—Majestad, aunque sólo soy un oficial de no muy alta graduación, sabed que hay en mí madera de general...

—Quedo enterado —repuso Napoléon con una sonrisa en los labios—; cuando necesite generales de madera no dudaré en recurrir a vos.

529. El dramaturgo francés de finales del siglo XVIII Perpignan se ufanaba de su único estreno y se sentía ya un dramaturgo de *una* pieza (y nunca mejor dicho). Cierto día se cruzó con Debrieu, un autor por entonces muy conocido. A modo de saludo, Perpignan le dijo:

—Adiós, compañero.

—¡Imbécil! —contestó Debrieu por toda respuesta.

—Por eso decía lo de compañero —repuso, rápido, Perpignan.

530. En una cena de gala, la escritora francesa Madame Staël (1766-1817) y su gran amiga, la bella madame Recamier (1777-1849), estaban sentadas a cada lado de un joven dandi.

—Aquí estoy —dijo éste haciéndose el ingenioso y el cortés—, sentado entre la sabiduría y la belleza.

—Exacto —replicó cortante Madame de Staël—, y sin poseer a ninguna de las dos.

531. A mediados del siglo XIX, un joven escritor español que había terminado su primer drama intentó abrirse camino. Queriendo asegurarse de que no había trabajado infructuosamente, o bien deseando hallar una eficaz protección, llevó la obra al por entonces ya célebre poeta Juan Nicasio Gallego (1777-1853), famoso por su cordialidad y afabilidad. Éste, dado su carácter, accedió a escuchar la lectura de la obra. Comenzó a ello el autor y pronto comprobó que Gallego se veía vencido por el sueño. El joven, una y otra vez, elevaba el tono de voz, despertándole, siquiera por breves instantes. Finalmente, harto ya, el autor novel explotó:

—¡Don Juan! Yo he venido aquí a que me dé usted su opinión, no a que se quede dormido.

Pese a tal exabrupto, Gallego le respondió con mesura:

—¿Y quién le ha dicho a usted que mi sueño no es una opinión?

Algo muy similar se cuenta del también dramaturgo español Manuel Linares Rivas (1867-1938).

532. El científico estadounidense Samuel F. B. Morse (1791-1872), inventor del telégrafo, era también un notable pintor. Un día rogó a un amigo médico que contemplase uno de sus cuadros, que representaba un hombre agonizante, y le diese su sincera opinión. Cuando el médico hubo examinado minuciosamente el lienzo, Morse le preguntó:

—Bueno, ¿qué le parece?

—Malaria —contestó lacónicamente el doctor.

533. Como es sabido, Alejandro Dumas, padre (1802-1870), era mulato, hijo natural de una negra haitiana que le dio su apellido. En cierta ocasión en que asistía a una recepción en uno de los salones literarios de París, le fue presentado un señor extranjero de muy cortas entendederas, pero bastante sobrado de impertinencia, que le dijo:

—Perdóneme si soy demasiado curioso, señor Dumas —interpeló el extranjero—. ¿Es usted descendiente de negra y europeo?

—Efectivamente, lo soy —respondió Dumas, quien nunca trató de ocultar su ascendencia.

—¿Y su señor padre?

—Pues... era mulato —contestó el literato, molesto por las preguntas, pero también divertido por la falta de tacto de su interlocutor.

—¿Y su abuelo, señor Dumas? —insistió el hombre.

—Era un negro, de eso tengo la absoluta certeza.

—Ah, ¿y podría saber qué era su bisabuelo?

—¡Un mono, señor mío, un mono! —dijo, ya enfadado, Dumas—. Porque mi linaje comienza donde termina el de usted.

534. En 1862, se hallaba de viaje fuera de Francia el escritor Victor Hugo (1802-1885), parco en palabras y, sobre todo, en gastos. Comoquiera que deseaba conocer la marcha de la venta de su

obra recién publicada *Los miserables*, envió un telegrama a sus editores, Hurst & Blackett, con el más que sucinto texto: «?». Días más tarde, recibió una respuesta igualmente lacónica, aunque también no menos expresiva: «!».

535. Las relaciones entre Alejandro Dumas, padre (1802-1870), y Honoré de Balzac (1799-1850) no fueron nunca lo que se diría precisamente cordiales, debido en buena medida a las pequeñas miserias e, incluso, a las tonterías de la vida. Un día se encontraron en un teatro de París, en los tiempos en que Dumas obtenía grandes éxitos escribiendo dramas y, pese a ello (o, quizá, debido justamente a ello), Balzac le dijo:

—El día que me falte inspiración comenzaré a escribir teatro.

—Pues debéis empezar enseguida —replicó en el acto, y con bastante mala uva, Dumas.

536. Sabido es que Alejandro Dumas, padre, contaba con un equipo de *negros* que le ayudaban (y, a menudo, mucho más que eso) a escribir sus novelas. En el mejor de los casos, él recogía los datos, trazaba el esquema y esbozaba la trama de la novela, y eran sus escritores fantasmas quienes la escribían. Sólo así pudo publicar tanto en tan poco tiempo. A este respecto, se cuenta que los dos Dumas se encontraron un día y que el padre preguntó al hijo:

—¿Has leído, hijo, mi última novela?

—No, padre. ¿Y tú? —replicó el hijo.

537. Como a todo gran maestro, también al músico húngaro Franz Liszt (1811-1886) se acercaban muchos pretendidos artistas noveles deseosos de preguntar su opinión, a pedirle su consejo o a solicitarle su ayuda. Liszt tenía una respuesta tipo para todas las muchachas que le preguntaran:

—Maestro, ¿cree usted que tengo buena voz?

—¡Ah, querida! —respondía Liszt—, ¡«buena» no es la palabra!

538. En otra ocasión, Alejandro Dumas, hijo (1824-1895), volvió sobre el asunto y le reprochó a su padre la gran cantidad de colaboradores que tenía.

—Hijo mío —se defendió inteligentemente el padre—, todas las grandes obras se han hecho en colaboración... Por ejemplo, tú.

539. Cuando llevaba ya algunos años en la Casa Blanca, un amigo personal le preguntó al presidente de Estados Unidos Abraham Lincoln (1809-1865):

—¿Qué tal se lleva eso de ser presidente de Estados Unidos?

—¿Recuerdas —contestó Lincoln— el cuento del hombre cubierto de pez y emplumado a quien llevaban en una carretilla para echarlo de la ciudad? Pues verás: un espectador, perdido entre la muchedumbre, le preguntó si la cosa le gustaba, y el hombre repuso: «Mire usted, si no fuera por el honor que me hacen, preferiría ir a pie».

540. El periodista y político estadounidense Horace Greely (1811-1872) solía recurrir a preguntar espontáneamente a los ciudadanos anónimos la opinión sobre su periódico, *The New York Tribune*, para así poderlo mejorar. Un día, viajando en tren, observó que su compañero de compartimento leía *The Sun*, el periódico de la competencia.

—¿Qué opina usted de *The New York Tribune?* —le preguntó con modestia.

—Ese periódico lo utilizo sólo para limpiarme el culo —respondió el tipo groseramente.

—¡Vaya! —apostillo Greely sin arrugarse—. Pues le aseguro que si sigue haciéndolo cada día, acabará teniendo usted más cerebro en el culo que en la cabeza.

541. Un autor novel se acercó al tempranamente fallecido escritor francés Édouard Ourliac (1813-1848) y le pidió con mucha insistencia el favor de que le ayudara a encontrar un título adecuado para su obra. Viendo que sus negativas no servían de nada, Ourliac le dijo muy serio:

—Veamos, ¿hay algún tambor en su obra?

—Pues... no —contestó extrañado el aspirante a escritor.

—¿Y trompetas? —insistió Ourliac.

—Tampoco.

—Pues no sé qué dificultad tiene usted, porque el asunto está muy claro. El libro debe titularse «Sin tambores ni trompetas».

542. En una recepción en San Petersburgo, el estadista prusiano Otto von Bismarck (1815-1898) conversó largamente con su compañera de baile, dispensándole sus habituales halagos y galanterías. Sin embargo, la mujer permaneció todo el tiempo esquiva y no contestó amablemente a ninguno de sus requiebros. Finalmente, exclamó:

—No se puede creer en nada de lo que digan los diplomáticos.

—¿Cómo es eso? —preguntó Bismarck.

—Está claro: cuando un diplomático dice «sí», quiere decir «a lo mejor». Cuando dice «a lo mejor», quiere decir «no». Y cuando dice «no», bueno, entonces no es un diplomático.

—Señora —replicó Bismarck—, tiene usted toda la razón, me temo que es parte de las desventajas de la profesión. Sin embargo, piense que con ustedes las damas es justo lo contrario.

—¿Cómo dice? —preguntó ella.

—Está claro: cuando una señora dice «no», quiere decir «a lo mejor». Cuando dice «a lo mejor», quiere decir «sí». Y cuando dice «sí», entonces es que no es una señora.

543. Cierta tarde estaba dando una conferencia en el Ateneo de Madrid el poeta Ramón de Campoamor (1817-1901), conocido por sus ideas liberales y por su agnosticismo, cuando, de entre el público, salió una voz que le espetó:

—Usted, mucho hablar, mucho hablar, pero todos los domingos va a la iglesia a oír misa.

—Bueno —se defendió el escritor—, entiéndanme..., entre oír misa y oír a mi señora...

544. Cuando el arqueólogo ruso Daniel Abramovich Chwolson (1819-1911), de religión judía, se convirtió al cristianismo, unos periodistas le preguntaron:

—¿Se ha convertido usted por convicción o por coacción?

—Por convicción —respondió, afectando suma seriedad—. Estoy absolutamente convencido de que es mejor ser profesor en la Universidad de San Petersburgo que no maestro en el gueto de Vilna.

545. La actriz trágica francesa Elisabeth-Rachel Félix (1821-1858), conocida con el nombre artístico de «mademoiselle Rachel», daba unas representaciones en la ciudad rusa de San Petersburgo. Por entonces, Rusia estaba cerrando la victoriosa campaña de la guerra de Crimea y vivía un ambiente eufórico de exaltación nacionalista. Un general, ufano del poderío militar ruso, vino a decir en presencia de la actriz que ningún ejército europeo sería capaz, si llegara la hora, de detenerlos, y acabó dirigiéndose a la actriz en los siguientes términos:

—Iremos hasta París y os aplaudiremos allí, mientras brindamos con vuestro buen champán.

—Muy gentil de vuestra parte —respondió mademoiselle Rachel, con el mismo chovinismo que el militar—, pero he de advertiros que Francia no es tan rica como para dar de beber champán a todos sus prisioneros.

546. El escritor y pensador francés Ernest Renan (1823-1890) daba en cierta ocasión una conferencia. Uno de los asistentes sentado en las primeras filas luchaba obviamente contra el sueño en clara inferioridad —y, a lo que parecía, estaba muy próximo a ser derrotado. Renan se dio cuenta e interrumpió su charla. Se dirigió al adormilado y le dijo:

—¡Oiga! ¡Oiga! Siento mucho no ser capaz de interesarle a usted. Pero, no se preocupe, dentro de diez minutos termino.

El aludido, sin ni siquiera levantarse, abrió un poco los alicaídos párpados y le preguntó:

—¿Cree que habrá dejado de llover dentro de diez minutos? Porque, si sigue lloviendo, mejor estamos aquí, ¿no?

547. Un colega reprochaba a Alejandro Dumas, hijo (1824-1895), el haber escrito en alguna de sus obras la, para él, rimbombante frase: «Un vacío doloroso que ocasionan los momentos de debilidad».

—¡Singular imagen! ¿Cómo una cosa vacía puede ser dolorosa? —le preguntó el amigo.

—Querido amigo, ¿es que usted nunca ha tenido dolor de cabeza? —le contestó Dumas.

548. El biólogo inglés Thomas Henry Huxley (1825-1895) fue el mayor defensor de la teoría evolutiva de Charles Darwin. En 1860, durante un famoso debate sobre el tema con el obispo Samuel Wilberforce (1805-1873), éste llegó a decir:

—¿Que descendemos del mono? ¡Esperemos que no sea verdad o, si lo es, que no corra la noticia!

—Yo prefiero descender de un mono que de un obispo —le replicó Huxley.

549. En cierta ocasión, Thomas Henry Huxley llegó tarde a una ciudad en la cual tenía que dictar una importante conferencia. Colándose en un coche de punto, gritó al conductor:

—Todo lo deprisa que pueda.

Siguiendo las instrucciones al pie de la letra, el cochero fustigó al caballo y el carruaje salió disparado por las calles de la ciudad. Volviendo a la realidad, Huxley gritó al conductor:

—Oiga, oiga, ¿sabe usted adónde quiero ir?

—No, señoría —le dijo el conductor, mientras seguía blandiendo el látigo—, pero voy todo lo deprisa que puedo.

550. Al dramaturgo noruego Henrik Ibsen (1828-1906) no le gustaba hacer vida social. Cuando asistía a alguna recepción procuraba mantenerse aislado de la gente y permanecer sentado tranquilamente en un sillón. Pero en uno de estos encuentros, una señora le descubrió y se le acercó, diciéndole:

—He leído su *Peer Gynt*, pero debo confesarle que no he sido capaz de comprender todo el sentido de este personaje. ¿Sería usted tan amable de explicármelo?

—Lo siento, pero no puedo —contestó Ibsen secamente.

—Pero ¿es que usted no conoce el significado de uno de sus personajes? —se extrañó la señora.

—Señora, cuando escribí *Peer Gynt*, sólo Dios y yo conocíamos el significado del protagonista. Yo lo he olvidado por completo. Tendrá que preguntárselo a Dios.

551. Cuando en 1880 el político liberal español Práxedes Mateo Sagasta (1825-1903) fundó el Partido Fusionista, el general Arsenio Martínez Campos (1831-1900) se unió a él, abandonando las filas del Partido Conservador de Antonio Cánovas del Castillo (1828-1897). Ante aquella deserción, un incondicional de Cánovas le reprochó:

—Don Antonio, la jugada de don Arsenio va a hacer mucho daño a su causa de usted.

—No lo crea —replicó con una sonrisa en los labios Cánovas—, porque el general es como la bomba: sólo hace daño allá donde cae.

552. Cierto día, una persona de su confianza le dijo al político conservador español Antonio Cánovas del Castillo:

—Don Antonio, por todas las tertulias y salones anda Fulano hablando mal de usted.

—Pues me extraña que hable mal de mí —respondió Cánovas con ironía—, porque no le he hecho todavía ningún favor.

553. En su etapa en el Ministerio de Fomento, un subsecretario renunció a su puesto dejando en la estacada al ministro, a la sazón Antonio Cánovas del Castillo. Al día siguiente, los cronistas parlamentarios pidieron a éste una valoración sobre la noticia. Cánovas quitó aparentemente importancia al hecho y sólo dijo:

—Lo he sentido, sobre todo porque yo, a este señor, le he guardado durante años un secreto.

Los periodistas se aprestaron inmediatamente a recibir una confesión noticiable y le asediaron con la pregunta:

—¿Qué secreto?… ¿Qué secreto?…

Cánovas, tras dejarse querer un rato, finalmente, muy serio, les respondió:

—Que era tonto.

554. Un día, el compositor ruso Anton Rubinstein (1829-1894), que también era un magnífico pianista, decidió dar un concierto junto al violinista húngaro Leopold Auer (1845-1930). Durante los ensayos, Auer dijo a Rubinstein:

—Por favor, no toque tan alto, que no puedo oírme.

—Pues no sabe usted la suerte que tiene —le replicó Rubinstein.

555. Cuando era joven y desconocido, el escritor Benito Pérez Galdós (1843-1920) llevó su primer libro a un editor, pero éste, devolviéndole el original, le dijo:

—Créame que lo siento mucho, joven, pero nuestra empresa sólo edita a nombres conocidos.

Sin inmutarse, Galdós volvió a ofrecérselo, diciéndole:

—Entonces, no hay problema: me llamo… Pérez.

556. Hacia 1868, coincidiendo con el estreno de *Los maestros cantores de Nuremberg*, de Richard Wagner, el director de orquesta alemán Hans von Bülow (1830-1894) llegó al teatro de Múnich con el tiempo muy justo. En una escalera mal iluminada, tropezó involuntariamente con un desconocido.

—¡Burro! —rugió el sujeto.

—¡Von Bülow! —respondió Von Bülow quitándose el sombrero e inclinándose levemente.

557. En otra ocasión, paseando por una avenida de Berlín, el director alemán Hans von Bülow tropezó con una dama muy pesada a quien solía evitar siempre que le era posible. Aquel día, sin embargo, no fue el caso y la señora se le acercó y le dijo:

—Buenos días, maestro. Me apuesto lo que quiera a que no me reconoce.

—Usted gana, señora —dijo el interpelado, mirándola de arriba abajo y yéndose.

558. Paseaba con un amigo el escritor madrileño Narciso Serra (1830-1877) cuando preguntó:

—¿Cuántos cornudos te parece que viven en esta calle sin contarte a ti?

—¿Cómo que sin contarme a mí? Esto es un insulto…

—Bueno, no te enfades. Vamos, contándote a ti, ¿cuántos te parece que hay?

559. Cierto día, una dama esnob de la alta sociedad bostoniana le preguntó presuntuosamente al pintor James A. McNeill Whistler (1834-1903) dónde había nacido.

—En Lowell, señora, un pueblecito de Massachusetts —contestó el pintor.

—¡Qué ordinariez! ¿Cómo pudo usted nacer en un sitio así? —exclamó con impertinencia y arrogancia la dama.

—Muy sencillo, mi querida señora, mi madre se encontraba allí y, comprenderá usted, yo quería estar con ella en un día tan señalado.

560. El pintor James A. McNeill Whistler hizo un retrato de un magnate de la industria inglesa y le pidió cien guineas por la obra. El retratado no quiso pagar tan alta cantidad y el asunto llegó a los tribunales. Ante el juez, el retratado adujo:

—No creo que sea justo pagar cien guineas por un retrato en el que el señor Whistler empleó sólo tres horas.

—¿Eso es cierto? —preguntó el juez a Whistler.

—No, señoría —se defendió el pintor—; empleé cincuenta y cuatro años... y tres horas.

El juez dio la razón a Whistler.

561. El rey de Bélgica Leopoldo II (1835-1909) tenía un amigo médico de ideología profundamente antimonárquica (y algo impertinente) que le dijo un día:

—Yo soy un republicano convencido. Pero pienso que usted es muy buena persona y sería un gran presidente de la república.

—Muchas gracias —respondió el rey—. También usted es un médico tan amable que yo creo que podría ser un gran veterinario.

562. En cierta ocasión le plantearon al escritor y humorista estadounidense Mark Twain (1835-1910) la siguiente cuestión:

—En un mundo sin mujeres, ¿en qué se convertirían los hombres?

—En escasos, señor —replicó sabiamente Twain—, en muy escasos.

563. En cierta ocasión, una admiradora le preguntó inocentemente a Mark Twain:

—Señor Twain, ¿es conveniente tener muchos libros en casa?

—Sí señora, ya lo creo —respondió sarcástico Twain—. Para mí es indispensable. Cuando un mueble cojea, necesito un libro para ponerlo debajo y nivelarlo. Las paredes de mi despacho tienen grietas, y las disimulo con libros. Si me enfado con mi perro, le tiro un libro a la cabeza. Y menos mal que soy alto, porque si fuese bajito, necesitaría poner un libro sobre la silla cada vez que me siento a la mesa.

564. Ocasionalmente, Mark Twain asistía a los servicios del reverendo Doane, más tarde obispo de la ciudad de Albany. Una mañana de domingo, Twain le dijo al final de los servicios:

—Doctor Doane, me ha encantado su servicio de esta mañana. Le felicito como viejos amigos que somos. Pero, sabe usted, yo tengo en casa un libro que contiene cada una de las palabras que usted ha dicho.

—No lo tiene —dijo indignado el doctor Doane.

—Lo tengo.

—Bien, mándeme el libro. Me gustaría verlo.

—Se lo mandaré —prometió Twain.

Al día siguiente, el doctor Doane recibió un diccionario.

565. El actor y gerente teatral inglés Henry Irving (1838-1905) era de humilde origen y de escasa formación escolar. Una dama de la alta sociedad londinense trató de afeárselo, preguntándole en público:

—¿Ha estado usted en Oxford, señor Irving?

—No —replicó éste—; pero mi secretaria, sí.

566. El rabino británico de origen alemán Hermann Adler (1839-1911) seguía con todo rigor los preceptos judíos y, por ello, nunca comía alimentos impuros. Un día su amigo, el cardenal católico Vaugh, en tono jovial, le dijo:

—¿Cuándo permitirá usted que le ofrezca un poco de jamón, rabino?

Sin perder el humor, Adler le respondió aludiendo al precepto católico, no menos imperativo, del celibato sacerdotal:

—Cuando me lo pueda servir la esposa de su eminencia.

567. El apodo de «el Tigre» con que se conoció al estadista y escritor francés Georges Clemenceau (1841-1929) provino de la dureza despiadada de sus decisiones políticas y de su frialdad y falta de corazón al aplicarlas. A ese respecto, se cuenta que una vez, en la Cámara de los Diputados, debutaba un joven político que hizo, inesperadamente, un muy buen discurso. Clemenceau, felicitándole momentos después, le dijo:

—Dejad que os estreche sobre mi corazón.

—No; eso no —dijo el joven parlamentario—. Me da miedo el vacío.

Al parecer esta mordaz contestación gustó tanto a Clemenceau que la primera vez que presidió el gabinete ofreció una cartera de ministro al joven político.

568. En cierta ocasión, el escritor y político toscano Ferdinando Martini (1841-1928) recibió la visita de una novelista aficionada que acudía a él para solicitarle su opinión sobre una de sus muy numerosas obras y que, pese a sus muchos intentos, no lograba dar una vez en el blanco.

—Le aconsejo que lea mucho —le dijo Martini por toda respuesta.

—¿Leer? Me parece bien, ¿pero qué?

—Cualquier cosa. Lo importante es que usted lea.

—¿Y para qué me servirá una lectura tan desordenada? —inquirió sorprendida, la dama.

—¿Para qué le servirá? Mientras lea, señora, no podrá usted escribir…

569. En una ocasión, Georges Clemenceau (1841-1929) le preguntó al primer ministro polaco y antiguo célebre pianista Ignaz Paderewski (1860-1941), bien conocido por ser una persona algo soberbia y muy pagada de sí misma:

—¿A qué se dedicaba usted antes de ser primer ministro?

—Era pianista.

—¡Pues sí que ha caído usted bajo! —dijo con mucho sarcasmo Clemenceau.

570. En su juventud, Georges Clemenceau había mantenido posturas y actitudes muy revolucionarias. Cuando ya era presidente del Consejo de Ministros, un sagaz periodista le preguntó durante una rueda de prensa:

—¿Qué piensa ahora el señor presidente acerca de las revoluciones?

—Exactamente lo mismo que pensaba en mi juventud —repuso Clemenceau—. Con una sola diferencia: que ahora lo pienso desde el otro lado.

571. Siendo jefe del gobierno francés, Georges Clemenceau recibió en su despacho a otro político el mismo día de la muerte de uno de sus ministros. El visitante le dijo:

—Quiero ponerme a su disposición por si cree que puedo ocupar el puesto del ministro fallecido.

—Eso no es cosa mía, pregúnteselo a los de la funeraria —le respondió Clemenceau.

572. El cirujano Carl Gussenbauer (1842-1903), perfeccionador de las técnicas de gastrectomía y resección intestinal, preguntó una vez a un colega que tenía una consulta privada por qué no optaba por abrir y operar un absceso.

—Me inclino por el planteamiento conservador —le respondió el colega.

—Bien hecho —replicó con ironía Gussenbauer—, pero son los pacientes lo que debes conservar, no los abscesos.

573. Dicen que, en cierta ocasión, la actriz francesa Sarah Bernhardt (1844-1923) se encontraba muy enferma antes de una representación de *Hamlet*. El director de la obra, al ver su tan lamentable estado, le sugirió suspender por esa vez la función, a lo que Sarah se opuso rotundamente. En escena, su actuación resultó impecable, por lo que todos (director y actores) estaban sorprendidos

por tan singular transformación. Cuando cayó el telón, Sarah se desplomó inconsciente, absolutamente exhausta. Una vez recuperada, el director trató de reconvenirla, a lo que Sarah repuso:

—Recuerde que quien estaba enferma era Sarah Bernhardt, no Hamlet.

574. En cierta ocasión una señora se acercó al inventor estadounidense Thomas Alva Edison (1847-1931) y, con un evidente tono impertinente y desdeñoso, le hizo la siguiente pregunta:

—¿Es usted quién ha inventado la primera máquina que habla?

—No, señora —respondió Edison acorde al tono de la pregunta—; la primera máquina parlante la construyó Dios de una costilla de Adán. Yo he inventado una máquina que se puede parar cuando habla.

575. El marqués de Tierceville entró una tarde en el salón parisiense de una aristocrática dama precedido de un cortesano que, queriendo demostrar su ingenio, dijo:

—Señora, he aquí al marqués de Tierceville, que no es tan tonto como parece.

—Señora —replicó ágil Tierceville—, es la diferencia que hay entre este señor y yo.

576. El escritor satírico vigués Luis Taboada (1848-1906) era tuerto. Sin embargo, al parecer, no fue eso algo que le preocupara mucho. Cuando alguien le compadecía por ello, él solía responder con mucho (y buen) humor:

—Me alegro de haber perdido un ojo, porque acabo de encargarme uno de mirada lánguida, que me va a sentar mucho mejor que el que tenía.

577. El escritor y parlamentario escocés Robert Bontine Cunningham (1852-1936), descendiente de los condes de Glencain, se pasó toda la vida jactándose de sus pretendidos derechos dinásticos al trono de Inglaterra. Un día una señora le preguntó:

—¿Es verdad que en su familia hay sangre real?

—Señora —replicó en tono cordial Cunningham—, si yo reclamara mis derechos al trono sería rey de Inglaterra. ¡Y qué fin de semana tan bueno pasaríamos todos!

578. El novelista y dramaturgo alemán Hermann Sudermann (1857-1928) conoció una vez al químico alemán Emil Fischer (1852-1919) y comenzó felicitándole por el descubrimiento del veronal, el primer somnífero, que resultó una gran ayuda contra el insomnio:

—No sabe usted lo eficaz que es, ni siquiera tengo que tomármelo, es suficiente con que lo vea en mi mesilla de noche —añadió Sudermann con ironía.

—Qué coincidencia —replicó, sin quedarse atrás, Fischer—. Cuando yo tengo problemas para dormirme, cojo una de sus novelas. De hecho, me basta con ver uno de sus maravillosos libros en la mesilla e inmediatamente caigo dormido.

579. De cuando en cuando, y tal vez con demasiada reiteración, los periódicos se consideran obligados a realizar encuestas que consisten en preguntar a personalidades destacadas de la literatura, el arte, la política, etc., cosas peregrinas, como por ejemplo: «¿Cuáles son, en su opinión, los cien mejores libros del mundo?». Una vez, al escritor irlandés Oscar Wilde (1854-1900) le hicieron tal pregunta, y él, extrañado, contestó:

—¿Los cien…? Hasta ahora sólo he escrito cinco.

580. En cierta ocasión, un aristócrata que se dedicaba a escribir visitó al escritor irlandés Oscar Wilde y le preguntó:

—¿A qué le parece a usted que se debe que yo no consiga tener éxito?

—Tal vez la culpa la tiene su nombre. Si se llamara Oscar y de apellido Wilde…

—Le hablo en serio —le interrumpió el noble—. Considero que se ha hecho una conjura de silencio contra mí.

—En ese caso, sólo puedo aconsejarle que se una a la conjura —concluyó Wilde.

581. En Viena, el pianista y compositor Moritz Moskowsky (1854-1925) paseaba con su amigo y colega, el ruso Alexander Glazunov (1865-1936). En el curso de su caminata, pasaron frente a la Casa de Schubert, en la que Glazunov vio una placa conmemorativa, lo que le llevó a preguntarle al amigo:

—¿Crees que cuando yo muera también colocarán una placa en mi casa?

—Por supuesto —respondió Moskowsky.

—¿Y qué escribirán en ella?

—¡Oh, seguro que «Se alquila»!

582. El escritor francés Jean Lorrain (1855-1908), célebre en su época, no podía ver al pintor Henri Toulouse-Lautrec (1864-1901), a quien un día, discutiendo, le espetó:

—¿Usted me toma por imbécil?

—En absoluto, pero puedo equivocarme —le respondió Toulouse-Lautrec.

583. Idéntica es la anécdota protagonizada por el dramaturgo y actor cómico francés Tristan Bernard (1866-1947), que entabló una acalorada discusión con el taquillero de una pequeña estación de ferrocarril provinciana y que, en un momento dado, el empleado, en el colmo de la excitación, exclamó:

—¡Oiga, supongo, caballero, que no creerá que soy imbécil!

—¡No, de ninguna manera! —respondió, imperturbable, Bernard—. Pero no soy infalible. Bien puedo equivocarme.

584. Al presidente estadounidense Thomas Woodrow Wilson (1856-1924), que rigió los destinos de su país durante la primera guerra mundial, le preguntaron en cierta ocasión:

—¿Cuánto tiempo tardaría usted en escribir un discurso de cinco minutos de duración sobre el Estado de la Unión?

—Un par de semanas como mínimo —respondió Wilson.

—Entonces, para pronunciar un discurso de cinco horas sobre el mismo asunto tardaría un año, ¿no?

—No crea; para un discurso de esa duración no necesito tiempo de preparación alguno; podría empezar ahora mismo.

También se ha asignado esta anécdota, por confusión, al primer ministro inglés Harold Wilson (1916-1995).

585. En una ocasión cenaba el escritor irlandés George Bernard Shaw (1856-1950) con dos amigos, un cirujano y un abogado. El abogado quiso probar la admirable capacidad creativa del escritor, y lo retó:

—¿A que no sería capaz de inventar un chiste protagonizado por un cirujano y un abogado?

—A que sí. Verá: «Un cirujano abrió a un enfermo. No le encontró ningún órgano dañado, pero para justificar la operación, le extirpó la conciencia. Así le pudo cobrar sin remordimiento. El enfermo sanó, pagó al cirujano y, ya sin conciencia, se hizo abogado y ganó mucho dinero».

586. En una tertulia literaria a la que acudía el escritor irlandés George Bernard Shaw, una señora le planteó el siguiente problema:

—Se dice que la *Odisea* y la *Ilíada* no son de Homero. Hay incluso quien dice que Homero no existió. ¿Usted qué opina?

—Querida señora —respondió muy serio el humorista—, respecto a este punto tengo hechas mis averiguaciones personales. Estoy convencido de que Homero existió, pero no fue él quien escribió la *Odisea* ni la *Ilíada*. Los dos poemas son obra de otro escritor griego, de la misma época, que se llamaba también Homero. Y de ahí la confusión y el error que se ha venido manteniendo hasta nuestros tiempos.

587. George Bernard Shaw le envió a Winston Churchill (1874-1965) dos entradas para el estreno de una de sus obras, acompañadas de una nota que decía:

—Para usted y un amigo, si acaso lo tiene.

Sin perder ese mismo tono provocador e hiriente, Churchill se excusó de asistir con una nota en que le prometía:

—Asistiré al reestreno, si acaso lo tiene.

588. No es de extrañar que, con ese tipo de comportamiento, George Bernard Shaw llegara a tener numerosos enemigos en la alta sociedad inglesa. Durante otra recepción a la que asistía, un joven

lord se acercó a él, y, en tono que dejaba traslucir la insolencia y la mala intención, le dijo:

—¿No fue su padre un modesto sastre?

—En efecto —respondió Shaw.

—¡Me gustaría, entonces, saber cómo es que usted no es también sastre!

—¿Su padre no era un perfecto caballero? —le respondió con una media sonrisa Shaw.

—¡Naturalmente!

—A mí también me gustaría saber entonces por qué no lo es usted.

589. Preguntaron en cierta ocasión a George Bernard Shaw:

—Oiga, señor Shaw, en su opinión, ¿qué es lo más importante para un hombre?

—Tener su propia casa —respondió Shaw sin titubeos.

—¿Y después de poseer casa? —insistió el interpelante.

—Casarse y tener a su lado una mujer hermosa.

Al observar que le iba a dirigir una tercera pregunta, Shaw se anticipó:

—Y en cuanto a lo tercero más importante para un hombre, sin duda, tener un coche veloz para poder huir de su casa y de su señora, a otra parte.

590. Un editor le dijo un día a George Bernard Shaw:

—¡Daría un dólar por saber en qué piensa usted ahora mismo!

—¡Bah! —repuso Shaw—. No vale ni eso.

—Pero ¿qué es? —insistió el editor.

—En usted.

591. El líder sindicalista británico John Burns (1858-1943) hacía campaña política en el condado de Derby con ocasión de su candidatura laborista a la Cámara de los Comunes. Dando un discurso ante sus potenciales electores, surgió de repente una voz de entre la multitud que dijo:

—Yo no le daría mi voto ni aunque fuera usted el arcángel san Miguel.

—Si yo fuera el arcángel san Miguel —contestó Burns en el acto— usted no podría votar por mí. No estaría usted registrado en mi distrito.

592. Estaba la sufragista británica Emmeline Pankhurst (1858-1928) pronunciando uno de sus encendidos discursos sufragistas, cuando una fuerte voz masculina le interrumpió:

—Señora, ¿le gustaría ser un hombre?

—A mí no... ¿y a usted? —respondió rápida ella, antes de seguir con su arenga feminista.

593. El escritor británico Arthur Conan Doyle (1859-1930) no buscaba nunca los elogios, ni siquiera los aceptaba de buen grado. Se cuenta que una vez, en una reunión social en que alguien le estuvo dedicando alabanzas, le dejó que hablara sin interrumpirle. Y cuando el otro hubo acabado, le dijo:

—Puede que todo eso sea cierto. Pero yo lo único que envidio y que me gustaría tener es la piel de un hipopótamo. Sobre todo, los días de lluvia.

Dicho lo cual, se dio media vuelta y se fue.

594. Un crítico muy conocido envió al actor francés Lucien Guitry (1860-1925) el manuscrito de una obra teatral suya con una nota en que se leía:

—Mi querido Guitry, ¿me acepta usted la apuesta de un luis a que no es capaz de leer esta comedia?

Al día siguiente, Guitry le devolvió el manuscrito, con un giro de 20 francos (correspondientes al luis de la apuesta) y esta respuesta:

—Ha ganado usted.

595. Daba un discurso el diputado madrileño tradicionalista Juan Vázquez de Mella (1861-1928) cuando el republicano Rodrigo Soriano (1868-1944) interrumpió una frase en que el orador recordaba que Jesucristo había nacido en un pesebre con la siguiente ocurrencia:

—Donde menos se piensa, salta la liebre.

—Y ahora ha saltado de la cabeza de su señoría —le atajó, sin inmutarse, Vázquez de Mella.

596. Se ha contado muchas veces que, mientras acompañaba en 1890 a su hermano Alberto en un viaje electoral a Vich, ciudad por la que éste presentaba su candidatura, el pintor y escritor catalán Santiago Rusiñol (1861-1931) ofreció construir un puente. Al recordarle los lugareños el ligero inconveniente de que no tenían río, Rusiñol, sin arredrase, respondió:

—Pues… ¡os haré un río!

Sin embargo, al parecer, lo que realmente sucedió fue que, en un momento de su discurso, Rusiñol dijo:

—Mi hermano os promete, y yo en su nombre, y nunca hemos faltado a nuestra palabra, que os haremos un puente. ¿Ya tenéis río?

—¡Sí! —le contestaron.

—Bien. Entonces, ¿cómo queréis el puente: que venga, como todos, de un lado a otro de las orillas, o, en honor al pueblo, fijaos bien, en el mismo sentido que el río?

En otra ocasión, durante aquella misma campaña, pero en otra localidad, prometió:

—Os haré una carretera.

—Ya tenemos —le avisaron.

—Tenéis la de ida; pero yo os haré la de vuelta.

597. Aparentemente, el dramaturgo francés Georges Feydeau (1862-1921) es el creador del viejo chiste de restaurantes sobre el bogavante con una sola pata. Supuestamente, cierto día, un camarero le llevó un ejemplar así a su mesa, explicándole que los bogavantes, a menudo, se peleaban en los tanques de agua y se mutilaban de esa manera.

—Entonces, llévese éste y tráigame al ganador —dijo Feydeau.

598. Los estadistas franceses Aristide Briand (1862-1932) y Georges Clemenceau (1841-1929) eran enemigos políticos. Sin embargo, cuando fue nombrado presidente del Consejo, el pragmático exsocialista Briand ofreció una cartera al radical Clemenceau.

—¿A un enemigo político? —le preguntaron sus correligionarios.

—Por lo mismo, prefiero tenerle dentro del gobierno antes que fuera, en la oposición —contestó astutamente Briand.

599. El escritor italiano Gabriele D'Annunzio (1863-1938), como de costumbre arrogante, hablaba con el también escritor, francés en su caso, Anatole France (1844-1924), y le decía:

—Sorprende la pobreza de vocabulario de los escritores franceses. Vos mismo sólo utilizáis cinco mil palabras distintas. En el diccionario francés hay cuarenta mil. ¿Qué hacéis con las otras treinta y cinco mil?

—Esas treinta y cinco mil —le dijo con hiriente humor France— sólo las usan los traductores del italiano cuando traducen al francés las obras de un tal D'Annunzio.

600. En 1946, el compositor y director de orquesta alemán Richard Strauss (1864-1949), con sus ochenta y tres años recién cumplidos, accedió a contestar unas preguntas a los periodistas. Uno de ellos le preguntó:

—¿Qué planes tiene para el futuro?

—¡Morirme! —contestó lacónico el maestro.

601. En una reunión social a la que asistía el escritor británico Rudyard Kipling (1865-1936) alguien le preguntó:

—Si la especie humana llegase a desaparecer de la Tierra debido a una catástrofe imprevista, ¿cuál cree usted que sería el rey de la creación? ¿El elefante?

—¿El elefante? —contestó Kipling—. No creo. Es demasiado honrado. Quizá la zorra.

602. Un día, la actriz británica Patrick Campbell (1865-1940) hubo de soportar como compañero de mesa durante una comida a un tipo muy estirado y machista, que, entre otras lindezas, llegó a afirmar:

—He comprobado que las mujeres carecen de sentido del humor.

—Dios lo hizo a propósito —replicó la actriz, ya harta—, para que las mujeres podamos enamorarnos de los hombres, en vez de reírnos de ustedes.

603. Al estrenarse en París una de las principales obras de Jean Jacques Bernard, titulada *Le feu qui reprend*, el padre del autor, el famoso Tristan Bernard (1866-1947), se hallaba entre el público y tuvo la satisfacción de asistir al éxito de su hijo. Alguien sospechó que él había retocado el manuscrito y, por eso, al felicitarle, le dijo:

—Usted también tiene parte en el éxito de esta noche.

—No sólo tengo parte —contestó Tristan Bernard—, sino que todo el éxito se me debe a mí.

—¿De veras? —contestó el otro, gozoso al ver que sus sospechas se confirmaban—. Luego la obra es suya…

—La obra no —replicó Tristan Bernard—; pero el autor, sí.

Algo muy similar se cuenta de Alejandro Dumas, padre (1802-1870), quien, con ocasión del exitoso estreno de la adaptación teatral de la novela de su hijo La dama de las camelias, *al ser felicitado por algún despistado por su sonoro éxito, comentó con sorna: «No, no; esta vez yo no soy el autor de la obra. Yo soy el autor del autor de la obra».*

604. El autor francés Tristan Bernard, que empezó su carrera como escritor en periódicos y revistas contando historias y cuentos humorísticos, ganó una vez un premio en un concurso que buscaba la mejor respuesta a la pregunta:

—Si hubiese un incendio en el Louvre y sólo pudiese salvar un cuadro, ¿cuál salvaría?

—El más cercano a la salida —fue su respuesta.

605. En muchas ocasiones Tristan Bernard reunía a sus nietos y les contaba imaginativas historias africanas. En una de esas ocasiones les relató:

—Iba yo un día por las selvas del Congo, sin armas ni nada y, de repente, oí el rugido de un león. Rápidamente di media vuelta y comencé a correr en dirección al poblado. Pero en una revuelta del camino me encontré de bruces con un salvaje lujurioso y lascivo que quería abusar de mí.

—¿Y entonces qué hiciste, abuelo? —le preguntó uno de sus nietos.

Bernard se acarició filosóficamente las barbas y respondió:

—¡Eso no importa, hijos míos!... ¿No estáis contentos de que vuestro abuelo esté aquí, sano y salvo?

606. Se cuenta que un día se encontraron en una estrecha acera de Madrid los escritores Jacinto Benavente (1866-1954) y José María Carretero (1887-1951), más conocido por su seudónimo de «El Caballero Audaz». Éste, que se distinguía por su gran corpachón, su metro noventa de estatura y por ser un espadachín hábil y habitual, contemplando con desdén al gran dramaturgo, de constitución física pequeña, delgada, barba cuidada y fama de afeminado, dijo:

—Yo no cedo el paso a maricones.

—Pues yo sí —dijo Benavente, bajando de la acera.

Esta misma anécdota se cuenta también de Miguel de Unamuno.

607. Un crítico que visitaba una de las primeras exposiciones del pintor francés Henri Matisse (1869-1954) iba mirando rápidamente las obras expuestas y mostraba ante todas ellas su desaprobación. Tocaba uno a uno los cuadros y decía en voz muy alta:

—Nada... Nada... Nada de nada...

Al verlo, Matisse se acercó irritado a él, le tocó la cabeza y dijo, en voz muy alta:

—¡Nada!

Seguidamente le tocó el vientre y añadió mientras se iba:

—¡Mucho!

608. El compositor de operetas húngaro Franz Lehár (1870-1948) paseaba con un amigo por una gran avenida de Viena. Al pasar junto a una casa, oyeron los bellos sones de un piano. Tras escuchar muy interesados durante un rato, el amigo dijo:

—Señor Lehár, ¿no es esta bella melodía una de sus composiciones?

—No —respondió el compositor—; aún no.

609. En el verano de 1931, durante una de las sesiones dedicadas al debate de la Constitución española, un diputado se dirigió al presidente del Congreso, el socialista Julián Besteiro (1870-1940), para preguntarle:

—Señor presidente, ¿podemos quitarnos las chaquetas?

—Sí, señoría, pero cada uno la suya —contestó Besteiro.

610. Al poeta francés Paul Valéry (1871-1945), que no destacaba precisamente por su elegancia ni su sentido estético, le dijo cierto día una joven dama de la alta sociedad de París a la que acababa de ser presentado:

—Señor Valéry, perdone que le diga que su aspecto no se aviene con su arte. Si le viera por la calle, me figuraría que usted es todo menos poeta. Su aspecto no hace pensar en un elegido de las musas.

El poeta, a modo de respuesta, se acercó a ella, ahuecó un poco la voz y, en tono confidencial, le confesó:

—Tiene usted razón, señorita; pero es que yo soy de la poesía secreta.

611. A finales de octubre de 1932 visitó Madrid Édouard Herriot (1872-1957), a la sazón presidente del gobierno francés, y, como es lógico, fue objeto de muchas atenciones por parte de las autoridades y del propio pueblo. Al ir a comenzar su viaje de regreso a París se congregó en la estación del Norte una considerable multitud que pugnaba por acercarse al vagón donde ya se encontraba el ilustre huésped. Un señor enjuto y menudo pretendía como el que más llegar hasta primera fila, repitiendo constantemente:

—¿Me hacen el favor de dejarme pasar?

—También querría pasar yo y no puedo —le dijo otro del compacto grupo—. Aguántese, como los demás nos aguantamos.

—Es que yo —contestó el hombre menudito— soy el ministro de la Gobernación.

Y era verdad. Se trataba de Santiago Casares Quiroga (1884-1950), persona pequeña y de débil complexión física.

612. En cierta ocasión, el escritor nicaragüense Rubén Darío (1867-1916) dijo públicamente sobre su colega Pío Baroja (1872-1956), aludiendo a su negocio familiar:

—Es un escritor con mucha miga: se ve que es panadero.

—Bueno —repuso Pío Baroja—, pues a partir de ahora yo diré de él: Darío es un escritor con muy buena pluma: se ve que es indio.

613. Un día, un adversario político del lacónico presidente de Estados Unidos Calvin Coolidge (1872-1933) se le acercó por detrás y le tocó la cabeza, diciendo en voz alta, con aviesa y clara intención burlesca:

—Esto me recuerda el trasero de mi señora.

El imperturbable Coolidge se acarició suavemente la cabeza y afirmó con toda la retranca del mundo:

—Pues es verdad... Es verdad...

614. En una sesión del Parlamento de la Segunda República española, el diputado Ángel Ossorio (1873-1946) describía la situación política con tintes negros y se lamentaba del estado de cosas que se vivía por entonces. En un momento de su discurso, el orador adoptó su tono más patético y exclamó enfáticamente:

—¿Qué será de nuestros hijos?

Desde las últimas filas del hemiciclo salió una voz que dijo:

—¡Al de su señoría le hemos hecho subsecretario!

615. Cuando tenía ya ochenta y pico años de edad, el estadista británico Winston Churchill (1874-1965) hizo una visita a la Cámara de los Comunes con ocasión de un debate en el que tenía mucho interés en que se impusieran sus tesis. Su aparición desvió la atención de lo que se estaba produciendo en aquellos momentos, por lo que un parlamentario exclamó irritado:

—Y luego dirán que es un viejo chiflado.

—También dicen que ya no oye —terció Churchill con gesto irónico.

616. Un día, al entrar en el baño de caballeros de la Cámara de los Comunes, el conservador Winston Churchill se encontró con el por entonces primer ministro laborista Clement Attlee (1883-1967) de pie ante un urinario, ocupado en lo propio de tal lugar. Churchill prefirió situarse al otro extremo, cuán lejos pudo.

—Hoy queremos guardar las distancias, ¿eh, Winston? —comentó jocoso Attlee.

—Eso es —contestó Churchill—. Es que sé que, cada vez que ves algo grande, lo quieres nacionalizar.

617. Visitaba en cierta ocasión el escritor alemán Thomas Mann (1875-1955) a una dama cuya hija tocaba el piano. La señora insistió en que la niña demostrara su (escasa) maestría, y así se hizo. Acabada la primera pieza, la madre cantó las excelencias de su retoño:

—Puede hacer con el piano lo que usted le diga, lo que quiera.

—¿De verdad puede hacer cualquier cosa con el piano? —dijo Mann, para añadir—: ¿podría, por ejemplo, cerrarlo?

618. En cierta ocasión, un amigo íntimo del poeta francés Max Jacob (1876-1944) le invitó a pasar una semana en el campo. El poeta, poco partidario de las ventajas de las giras campestres, le dijo casi iracundo:

—¿Siete días en el campo? ¿En ese horrible lugar sin cafés, ni gente y donde los pollos se pasean crudos? ¡Antes la muerte!

Y no fue.

619. Durante una visita a Londres, a invitación de lord Haldane, Albert Einstein (1879-1955) asistía a una reunión social. En el curso de una conversación sobre temas mundanos, un noble inglés explicó al científico que había perdido a su mayordomo y no había podido encontrar sustituto. El aristócrata comentó:

—Me he tenido que hacer yo mismo la raya del pantalón, y el planchado me ha costado casi dos horas.

—Me lo va a decir usted a mí —contestó Einstein—. ¿Ve usted estas arrugas de mi pantalón? Pues he tardado casi cinco años en conseguirlas.

620. Albert Einstein dio una conferencia en el Colegio de Francia ante muchas personalidades que allí se habían reunido, interesadas en las amplias controversias que había levantado su teoría de la relatividad. Entre ellos estaba el poeta Paul Valéry (1871-1945), que le preguntó:

—Profesor Einstein, cuando usted tiene una idea original, ¿qué hace: la anota en un cuaderno o en una hoja suelta?

—Cuando tengo una idea original no se me olvida —contestó Einstein.

621. Un inoportuno le preguntó a Albert Einstein cuál era, según su punto de vista, el secreto del éxito, y le pidió que le condensara la respuesta en una fórmula, cosa que, añadió, «le sería muy sencillo a un sabio tan eminente». Einstein, comprendiendo la urgencia de despachar al preguntón, escribió en un trozo de papel la fórmula: «A = X + Y + Z» y se lo dio.

—¡Magnífico! —exclamó el inoportuno.

Leyó lo que ponía en el papel y, al no comprender nada, volvió a preguntar:

—¿Y esta fórmula...?

—Muy sencilla —aclaró Einstein—. A es el éxito; X, el trabajo, e Y, la suerte.

—¿Y la Z?

—Z es el silencio.

622. Según cuenta Noel Clarasó, una vez que invitaron a su amigo Wenceslao Fernández Flórez (1879-1964) a una fiesta de sociedad, la anfitriona, para animar al resto de los invitados, les decía:

—Estará con nosotros Fernández Flórez, el famoso humorista. Lo pasaremos muy bien.

Sin embargo, Fernández Flórez no abrió la boca durante la fiesta hasta que una señora le provocó, diciéndole en voz alta:

—¿De modo que es usted el famoso humorista?

—Pues sí, señora.

—Pues a ver si se le nota. ¡Díganos algo gracioso!

—De ningún modo. Yo el primero, no. En todo caso, que empiece otro.

—Es que no hay ningún otro humorista.

—No tiene nada que ver —matizó Fernández Flórez—. ¿Cuál es la profesión de su esposo?

—Cirujano.

—Envidiable profesión. Pues que empiece su esposo.

—Mi esposo no tiene ninguna gracia.

—Es que no hace falta que la tenga. ¿No es cirujano? Pues que le saque el apéndice a cualquiera de ustedes que todavía lo tenga. Y, después, yo. ¿Cómo quieren que sea yo el único que ejerza aquí mi profesión?

623. El dramaturgo Pedro Muñoz Seca (1881-1936) se hallaba preso durante la guerra civil española. Varios de sus compañeros de cárcel habían sido fusilados. Una tarde, algunos milicianos llegaron a buscarlo. Muñoz Seca, con gran presencia de ánimo, les dijo:

—Vosotros podéis quitarme todo..., la libertad..., mis bienes..., la vida..., pero hay algo que no me quitaréis.

—¿Qué es? —le preguntaron extrañados.

—¡El miedo que tengo...! —respondió.

624. El compositor ruso nacionalizado estadounidense Ígor Stravinski (1882-1971) procuraba pasar bastante desapercibido en todas partes. Un día, una señora le saludó amablemente y le dijo:

—Señor Stravinski, su obra es una maravilla, pero, por encima de todo, yo admiro su *Sherezade*.

Stravinski se quedó de piedra y le respondió con toda la amabilidad que pudo reunir:

—Yo no he compuesto *Sherezade*, señora. Esa obra es de Rimsky-Kórsakov.

—Venga hombre —repuso la señora—. No sea usted tan modesto.

625. Con motivo de un banquete oficial al que asistía, el filósofo José Ortega y Gasset (1883-1955) se vio obligado a comer frente por frente con cierto importante hombre de negocios. Durante la cena, éste le dijo:

—Oiga, don José, ¿usted cree que toda la filosofía junta tiene algún valor?

Ortega se encogió de hombros y siguió cenando. Pero el empresario no se dio por vencido y prosiguió con el tema:

—Convendrá conmigo en que el trecho que separa a un filósofo de un hombre común o incluso de un ignorante no es muy grande.

—Está usted en lo cierto —le respondió Ortega, ya harto—; ese trecho es apenas el ancho de la mesa que nos separa.

626. El dramaturgo francés Sacha Guitry (1885-1957) dio este consejo a un joven que le preguntaba sobre la mejor manera de elegir esposa:

—Que sea graciosa, vivaracha, bonita, seductora y con facilidad de establecer contactos humanos... Sólo así tendrás casi la total seguridad de que otro hombre no tardará en librarte de ella.

627. En cierta ocasión, el escritor francés André Maurois (1885-1967) buscaba una secretaria y recibió a numerosas candidatas: jóvenes, maduras, guapas, feas..., de todos los tipos, y todas con excelentes certificados de aptitud. Pero una de ellas le causó muy buena impresión por encima del resto. Sencilla, lista, agradable, callada..., exactamente lo que el escritor deseaba. La solicitante, dándose cuenta del buen efecto causado y con el afán de aumentar sus probabilidades de éxito, añadió un nuevo mérito:

—Y, además, maestro, escribo más de ochenta palabras por minuto.

Maurois mostró su sorpresa y, levantando los brazos al cielo, exclamó:

—¡Pero, mujer, por Dios! ¿De dónde quiere usted que yo las saque?

628. En cierta ocasión, recibió el escritor francés François Mauriac (1885-1970) la visita de una bella joven que fue a pedirle una recomendación para que le confiaran un primer reportaje en un importante diario. En apoyo de su demanda, dijo:

—Comprenda usted, yo no tengo más que mi pluma para vivir.

—Y yo —repuso con severidad Mauriac—, ¿o cree usted que vivo de mi belleza?

629. A los autores no les gusta recortar sus textos. En ese aspecto, el dramaturgo estadounidense Eugene O'Neill (1888-1953) era insobornable. Un día, el director teatral Russel Crouse (1893-1966) le pidió que acortase su drama *Ah, Wilderness!* Al día siguiente, O'Neill lo llamó por teléfono y le dijo:

—Ya está. He suprimido quince minutos.

—Señor O'Neill —comentó asombrado el director—, le agradezco este detalle, y estoy impaciente por ver lo que ha recortado.

—No he cortado nada —respondió O'Neill—. La obra tenía cuatro actos y he fundido dos en uno. Así ganamos quince minutos de entreacto.

630. Al artista y cantante francés Maurice Chevalier (1888-1972) no le gustaba viajar en tren porque le reconocían y no le dejaban tranquilo. Aun así, en ocasiones le resultaba imprescindible hacerlo. En uno de esos no deseados viajes, uno de los compañeros de viaje se apoderó de él y no dejó de contarle cosas que a Chevalier poco le importaban, y menos aún al ver que su contertulio intentaba por todos los medios hacerse el ingenioso. En esto estaban cuando, al cruzar unos campos, vieron un gran rebaño de vacas, paciendo. El molesto compañero de viaje dijo:

—Yo cuando veo tantas vacas reunidas…

—Yo las cuento —le interrumpió Chevalier—. Nada me divierte tanto como contar vacas.

—Sí, pero tantas no da tiempo a contarlas —señaló el otro.

—A mí, sí —aseguró Chevalier. Hizo como que las contaba y dijo—: Setecientas cuarenta y dos.

—Es admirable. ¿Cómo se las arregla usted para contar tan deprisa?

—Muy sencillo. Cuento las patas y las divido por cuatro.

631. Según contó su hijo Nathaniel, el humorista estadounidense Robert Benchley (1889-1945) salió cierta noche del restaurante Tro-

cadero, en Hollywood (Los Ángeles), con mejor humor que nunca, pero también con la vista ligera y alcohólicamente nublada y, palmeando con suavidad en la espalda a una persona uniformada que se encontraba en la puerta, le dijo:

—Consíganos un coche, por favor.

—Lo siento mucho —respondió furioso el aludido—, pero sucede que no soy portero, sino un almirante de la Armada de Estados Unidos.

—Muy bien —respondió Benchley sin arredrarse—, entonces consíganos un acorazado.

632. El presidente del Consejo de Ministros de la Unión Soviética Nikita Kruschov (1894-1971) estaba pronunciando un discurso en el que denunciaba los crímenes de su antecesor Stalin, cuando un individuo gritó desde el fondo de la sala:

—Si Stalin era un criminal, ¿por qué se callaban ustedes?

Kruschov preguntó quién había sido, pero nadie dio la cara:

—¿Prefiere usted callarse? Pues por esa misma razón nos callábamos todos.

Y continuó sin más su discurso.

633. Durante una sesión de la Academia de las Ciencias rusa, el agrónomo Denisovich Lysenko (1898-1976), fundador del llamado darwinismo creativo, daba una conferencia sobre la herencia de los rasgos adquiridos a la que asistía el físico de origen azerbaiyano Lev Landau (1908-1968), quien, tras escuchar atentamente los argumentos de Lysenko, le preguntó:

—Entonces, usted mantiene que si a una vaca se le corta una oreja, y a su descendencia se le corta también una oreja, y así sucesivamente, en algún momento comenzarán a nacer vacas sin orejas, ¿no?

—Sí, así es —contestó Lysenko.

—Entonces, ¿cómo explica usted que sigan naciendo vírgenes? —preguntó Landau.

634. En una recepción muy concurrida que se celebraba en un jardín inglés, se acercó una dama a la actriz cómica británica de origen

canadiense Beatrice Lillie (1898-1989) —más conocida, tras su matrimonio, como Lady Peel—, que en aquella ocasión lucía las famosas perlas Peel y le dijo maliciosamente:

—¡Qué encantadoras perlas, Beatrice! ¿Son auténticas?

—Por supuesto —respondió sin dejar de sonreír—, siempre lo puede comprobar mordiéndolas.

—¿Ah, sí? Déjeme ver —dijo la impertinente.

—Con mucho gusto, duquesa —dijo Lady Peel, aproximándole sus joyas—, pero recuerde que no se puede comprobar la autenticidad de unas joyas mordiéndolas con dientes postizos.

635. Pronunciaba el político español José María Gil Robles (1898-1980) un discurso en el Congreso durante una sesión de 1934 cuando desde lo más alto del hemiciclo salió un grito:

—¡Su señoría es de los que todavía llevan calzoncillos de seda!

Acalladas las risas, Gil Robles, sin perder la compostura, replicó:

—No sabía que la esposa de su señoría fuese tan indiscreta.

636. Al director de orquesta inglés John Barbirolli (1899-1970) le gustaba mantenerse al tanto de las vicisitudes personales de los miembros de su orquesta. Un día, recibió a la joven esposa del concertino, quien le confesó su preocupación por la aventura que, según ella, estaba segura que su marido vivía con una cantante. Barbirolli, tras escucharla atenta y amablemente, trató de consolarla con una frase, cuando menos, ambigua:

—En cierta forma, yo no puedo reprocharle nada a su marido. Porque cada día está tocando cosas mejores.

637. Anciano y ciego, el escritor argentino Jorge Luis Borges (1899-1986) se encontraba ante una audiencia multitudinaria en la Universidad de San Marcos de Lima. Los estudiantes le insultaban porque algunas de sus recientes declaraciones chocaban clamorosamente con la ortodoxia revolucionaria que aquellos universitarios creían profesar. A duras penas se consiguió restablecer el silencio, y Borges pudo acabar su charla sobre literatura. Terminada ésta, llegó el turno de preguntas, y un estudiante le dijo:

—¿Cómo es posible que un hombre tan culto e inteligente

como usted, señor Borges, se empeñe en oponerse al curso de la historia?

—Oiga, joven —replicó Borges—, ¿no sabe usted que los caballeros sólo defendemos causas perdidas?

638. El dramaturgo y actor inglés Noël Coward (1899-1973) estaba visitando una exposición de arte en el Victoria & Albert Museum de Londres cuando se topó con un amigo que le invitó a cenar. Educadamente, Noël declinó la invitación, explicando que estaba a punto de partir hacia Jamaica.

—¿Cuándo regresa? —le preguntó su amigo.

—En primavera —dijo Coward—. Con las golondrinas. Me reconocerá fácilmente entre ellas.

639. Cuando la actriz cinematográfica estadounidense Katharine Hepburn (1907) fue contratada por la Metro-Goldwyn-Mayer para su primer papel protagonista, no dejó de sentir cierta inquietud al saber que iba a trabajar con Spencer Tracy (1900-1967), un astro de la pantalla que gozaba ya de extraordinario prestigio. Claro está que procuró disimularlo y el primer día de actuación conjunta entró resuelta al escenario, decidida a ser ella quien dominase la situación. Tras ser presentados, Hepburn miró a Tracy un momento y, con cierto énfasis, dijo:

—¡Oh, señor Tracy, me temo que yo resulte demasiado alta para usted!

Spencer la miró de pies a cabeza con ojos de fría indiferencia y contestó:

—No se preocupe por eso. Pronto la haré sentirse más pequeña.

640. Fue probablemente en 1952, durante su primera campaña presidencial contra Dwight D. Eisenhower (1890-1969), cuando se acercó una entusiasta mujer al gobernador y candidato demócrata Adlai E. Stevenson II (1900-1965) y le dijo:

—Gobernador, toda persona con capacidad de raciocinio votará por usted.

—Señora —replicó Stevenson—, eso no basta. Necesito conseguir la mayoría.

641. La escritora, poeta y crítica teatral Dorothy Parker (1893-1967) hizo gala de su ingenio contestando con su característico sarcasmo a un hombre ebrio que le dijo:

—No puedo soportar a los tontos.

—Al parecer, su madre sí que pudo.

642. El coronel MacLeod, felicitando en nombre de una ciudad escocesa al rey Jorge VI de Inglaterra (1895-1952) por su entronización, terminó su discurso deseándole al nuevo soberano que su reinado durara tanto tiempo como el sol.

—¿Queréis, acaso —le preguntó con ingenio el rey— que mis sucesores reinen a oscuras?

643. La actriz francesa Madeleine Renaud (1900-1994) dijo en cierta ocasión a Salvador Dalí:

—Quiero que sepa que no tengo ninguna duda de que es usted un genio y que le admiro muchísimo.

El pintor sonrió y se limitó a contestar:

—Yo también, señorita.

—¿Es que me ha visto trabajar?

—No hablo de usted, señorita, sino de mí. Yo también me admiro mucho.

644. Un día, el payaso circense español del siglo XX Leonardo Sánchez López, más conocido con el nombre artístico de Chanini, aparcó el coche en las cercanías del edificio del Congreso de los Diputados y un guardia le puso una multa. Chanini trató de que aquél revocara su decisión, diciéndole:

—Pero, hombre, si está la acera vacía.

—¿No ve usted que ahí dentro están todos los ministros? —le dijo, indignado, el guardia.

—¿Y a mí que me importa eso —le dijo, con sorna, Chanini—, si llevo antirrobo?

645. Como se sabe, el pintor francés Henri Toulouse-Lautrec (1864-1901) era de muy corta estatura y tenía las piernas deformes. Estaba una vez en una fiesta conversando con otros invitados, en un grupo

donde casualmente todos eran altos, fuertes y bien constituidos. Uno de ellos, que acababa de llegar —algo enano en lo mental—, le dijo:

—Hombre, Lautrec, vengo a salvarle. Supongo que aquí, entre esos gigantes, se siente usted demasiado pequeño.

—Pues, sí —contestó el pintor—; está usted en lo cierto. Me siento pequeño como una monedita de oro entre un montón de calderilla.

La misma anécdota se contó también del estadounidense Oliver Wendell Holmes (1809-1894).

646. La escritora romántica inglesa Barbara Cartland (1902-2000), abuela de Lady Di, princesa de Gales (1961-1997), fue entrevistada por un periodista que, con evidente mala fe, le preguntó:

—¿Cree usted que el matrimonio de su nieta con un príncipe significa que ya no existen clases sociales en Inglaterra?

—Evidentemente que existen —respondió la dama—. Si no fuera así, una persona como yo no podría estar sentada aquí con una persona como usted.

647. Un diplomático estadounidense le reprochó en cierta ocasión al escritor y diplomático español Agustín de Foxá (1903-1959) su conocido antiamericanismo activo diciéndole:

—Ustedes critican a los estadounidenses, pero no tienen inconveniente en recibir los dólares de la ayuda.

—También nos gusta el jamón y no nos tratamos con los cerdos —replicó Foxá sin pelos en la lengua.

648. El político y diplomático británico George Alfred Brown (1914-1985) tenía una conocida debilidad por el champán. Se cuenta que un día, en una recepción, a él le correspondía abrir el baile como decano del cuerpo diplomático. Cuando oyó que la orquesta se arrancaba con los primeros compases, se acercó tambaleante al centro de la sala y dijo:

—Preciosa señorita de vestido escarlata, ¿quiere usted hacerme el honor de acompañarme en este primer vals?

La interpelada respondió con voz enérgica y grave, muy grave:

—De ninguna manera, caballero. Primero, porque usted ha bebido demasiado. Segundo, porque esto no es un vals, sino el himno nacional de Venezuela. Y tercero, porque yo no soy una señorita con vestido escarlata, sino el nuncio de Su Santidad.

649. Nada más conocerse la noticia de que le había sido concedido el Premio Nobel al escritor gallego Camilo José Cela (1916-2002), un periodista le preguntó:

—¿Le ha sorprendido ganar el Premio Nobel de Literatura?

—Muchísimo, sobre todo porque me esperaba el de Física —respondió desabridamente Cela.

650. Al inicio de su campaña electoral de 1961 como candidato a la presidencia de Estados Unidos, un periodista hizo la siguiente pregunta a John Fitzgerald Kennedy (1917-1963):

—¿Por qué quiere ser presidente?

—Porque es donde está el poder —contestó con toda sinceridad el candidato Kennedy.

651. La primera vez que cierto director dirigía al actor cinematográfico estadounidense Robert Mitchum (1917-1997), le dijo:

—Le advierto, querido Mitchum, que no soy dueño de mis nervios. Cuando me enfado con un actor, le insulto, aunque sea de la talla de usted. Claro que el enfado se me pasa muy pronto y quedo tan amigo como antes.

—Es una curiosa coincidencia —respondió el actor con toda tranquilidad—. A mí los nervios se me alteran también muy fácilmente. Y en cuanto me dicen algo desagradable, me lío a puñetazos. Claro que el enfado se me pasa también enseguida y, entonces, lo primero que hago es ir a la clínica a ver a la víctima.

652. Estando en cierta ocasión en Madrid, durante una conferencia de prensa, un periodista le preguntó al estadista italiano Giulio Andreotti (1919):

—Señor ministro, ¿el poder desgasta?

—Sí —respondió lacónicamente Andreotti—, sobre todo cuando no se tiene.

653. En cierta ocasión, un avión de línea se estrelló contra la pista y sobrevivieron apenas la mitad de los pasajeros. Resultó que uno de ellos declaró a los periodistas que había conservado la calma durante los intentos de aterrizaje de emergencia leyendo una novela del británico Arthur C. Clarke (1917). Cuando se enteró de este hecho, Clarke hizo fotocopias del recorte de periódico donde se reflejaba la noticia y la envió a todos sus amigos, incluido Isaac Asimov (1920-1992), con quien mantenía una amistosa y mundialmente famosa rivalidad. A éste se lo envió con la siguiente nota escrita a mano al pie de página:

—«Qué pena que no estuviera leyendo una de tus novelas. Habría seguido dormido durante toda la terrible experiencia».

—Al contrario —respondió Asimov—, la razón por la que estaba leyendo tu novela era porque si él hubiese estado entre los fallecidos, la muerte le habría llegado como una liberación celestial.

654. En 1995, los políticos franceses Jacques Chirac (1932) y Lionel Jospin (1937) quedaron como únicos candidatos a la presidencia de Francia en la segunda vuelta de las elecciones. Después de celebrarse un debate televisado, el socialista Jospin dijo elegantemente a Chirac:

—Que gane el mejor.

—Gracias —respondió Chirac, con menor elegancia, pero mayor sinceridad.

655. La primera vez que los Beatles viajaron a Estados Unidos, en 1964, visitaron al púgil Muhammad Alí (1942), llamado aún por entonces Cassius Clay. El boxeador, después de haber hablado largo y tendido con ellos, les dijo:

—No sois tan tontos como parecíais.

Sin perder la compostura, John Lennon (1940-1980) le respondió:

—Pues tú eres igual de tonto de lo que nos parecías.

656. En cierta ocasión coincidieron la *top model* Claudia Schiffer (1971) y la cantante transexual estadounidense, nacida en Hong Kong, Amanda Lear (1946), que había vivido unos años a la sombra de

Salvador Dalí y que acababa de publicar un libro autobiográfico sobre su experiencia con el pintor ampurdanés, bajo el título de *El Dalí de Amanda*. La modelo alemana le dijo maliciosamente a ésta:

—He leído tu libro, y me ha gustado mucho. ¿Quién te lo ha escrito?

—¿Y a ti quién te lo ha leído? —contestó indignada Amanda Lear.

657. Enrico Caruso tenía (al menos) dos aficiones: la pintura y la flauta. En cierta ocasión, un vendedor trataba de convencerle de las ventajas de un fonógrafo. Curioso, Caruso grabó un solo de flauta en uno de los cilindros del fonógrafo. Cuando oyeron la grabación, Caruso preguntó, con asombro:

—¿Y esto es lo que yo he tocado?

—¡Exactamente, señor! —dijo, exultante, el vendedor.

—Luego ¿así toco yo la flauta? —siguió diciendo Caruso.

—¡Así es, señor! Ya le dije que esto es maravilloso.

—¡Claro, claro…! —comentó el tenor.

—Quiere decirse… —dijo el vendedor— que me compra usted el fonógrafo.

—No, señor —repuso Caruso—. Pero le vendo la flauta.

658. Durante uno de sus discursos políticos, esta vez en Londres, el estadista liberal británico David Lloyd George (1863-1945) hablaba en defensa de sus ideas autonomistas para las tres coronas del Reino Unido y decía:

—Creo en la autonomía de Escocia… Creo en la autonomía del País de Gales… Creo en…

—Cree en la autonomía del infierno —le interrumpió una voz desde el fondo de la sala.

Lloyd George frunció el ceño y, con gesto adusto, se dirigió al interpelante:

—Hace usted bien en acordarse de su pueblo.

Se dice que el discurso continuó hasta que alguien le lanzó, sin acertar, una herradura a la cabeza, y el ocurrente político, sin perder ni un momento la calma, pidió un momento de silencio y dijo:

—Por favor, el caballero que ha perdido su zapato puede venir a recogerlo.

659. Stephen Hawking (1942), uno de los científicos más importantes de nuestro tiempo dejó claro que también es una de las mentes más ingeniosas y rápidas cuando, durante una entrevista, le dio la siguiente respuesta al cómico John Oliver (1977) ante una pregunta un tanto incómoda.

—Usted ha declarado que cree que puede haber un número infinito de universos paralelos. ¿Significa eso que no hay universo en el que yo pueda ser más listo que usted?

—Sí. Y también hay un universo en el que tú eres gracioso —le respondió Hawking.

10. COMENTARIOS MORDACES

660. Cuenta Plutarco, en su *Vida de Catón*, que una vez alguien manifestó al pensador y orador romano Marco Porcio Catón *el Censor* (234-149 a. C.) su extrañeza porque, en un tiempo en que tantas gentes grises tenían una estatua, él no la tuviera todavía, y ni siquiera la reclamase.

—Prefiero —contestó Catón— que me pregunten por qué no tengo estatua a que me pregunten por qué la tengo.

661. Alejandro Magno (356-323 a. C.) recibía a los embajadores del rey de Persia, Darío. Les preguntaba cosas de su país y ellos le hablaban de las riquezas que Darío atesoraba. Al fin, Alejandro les dijo:

—Vuestro rey es rico, pero su riqueza se la puedo arrebatar. Yo no soy rico, pero soy grande; y mi grandeza no me la puede quitar nadie.

662. Euclides (c. 325-c. 265 a. C.) impartía una clase en Alejandría cuando uno de sus alumnos le preguntó que para qué servían todas aquellas demostraciones tan extensas y complejas que explicaba el matemático. Pausadamente, Euclides, se dirigió a otro de los estudiantes presentes y le dijo:

—Dele una moneda y que se marche. Lo que éste busca no es el saber, es otra cosa.

663. Acusado el filósofo griego Sócrates (c. 470-c. 399 a. C.) de ateísmo y de corrupción de jóvenes por su enemigo el poeta Melito, fue condenado a beber la mortal cicuta. Poco tiempo después de tan terrible desenlace, la causa fue revisada, y Melito fue condenado también a muerte, mientras los atenienses levantaban estatuas y templos en memoria de Sócrates. En su obra *Hechos y dichos me-*

morables, el autor latino Valerio Máximo cuenta que, cuando Sócrates iba a ser ajusticiado, su mujer, Xantipa, gritaba entre lágrimas que su esposo iba a morir siendo inocente; y Sócrates la cortó, diciendo:

—¿Acaso, pues, preferirías que muriera siendo culpable?

664. Narra Plutarco (c. 46-c. 120) en su *Vidas paralelas*, que el patricio Paulo Emilio tenía una esposa joven, bella, rica y honrada llamada Papiria (hija de Papirio Masón) a la que, para asombro general, él repudió un día. Como el divorcio no parecía fundado en ningún motivo aparente, sus amigos se lo reprocharon, pero él contestó con el siguiente apólogo:

—¿Veis mi calzado? —les dijo, mostrándoles el pie revestido con una rica *solea*, o sandalia—, ¿habéis visto otro mejor trabajado, ni más elegante? Sin embargo, yo sé en dónde me lastima el pie.

665. Hablando del juez Lecoigneux, famoso por su severidad, decía el cardenal francés Giulio Mazarino (1602-1661), jefe del consejo de ministros y tutor de Luis XIV:

—Es tan buen juez que rabia por no poder condenar a las dos partes.

666. Es bien conocida la aversión que el dramaturgo francés Jean-Baptiste Poquelin, llamado Molière (1622-1673), tuvo hacia los médicos. Como muestra de ello, baste saber que, cierto día en que se hallaba enfermo y en que su esposa había mandado llamar al doctor, Molière dijo:

—¡Que no entre! Decidle que estoy enfermo, que ya iré yo a visitarle cuando mejore.

667. El ascenso social del obispo francés Esprit Flechier (1632-1710), hijo de un humilde fabricante de velas, creaba envidias en la frívola corte del rey Luis XIV. De ahí que cierto prelado de rancio abolengo le expresara su asombro, si no su extrañeza, porque, no obstante su humilde origen, hubiese llegado a tan alto puesto. Monseñor Flechier le atajó con maneras amables, pero firmes:

—Con semejante manera de pensar, temo que, de haber nacido vos en tan plebeya cuna, no habríais pasado de fabricar velas.

668. Alguien le preguntó al escritor Jonathan Swift (1667-1745) en qué proyectos literarios se hallaba inmerso y él respondió:
—Ahora estoy ensayando un experimento muy frecuente entre los autores modernos; esto es: escribir acerca de nada.

669. Preguntado en cierta ocasión el político inglés lord Chesterfield (1694-1773) sobre sus últimas voluntades y sus disposiciones para sus exequias, él apuntó:
—Lo único que deseo para mi entierro es no ser enterrado vivo.

670. El filósofo y escritor francés Voltaire (1694-1778) fue detenido y conducido a la cárcel de la Bastilla en varias ocasiones a lo largo de su vida (tantas casi como tuvo que exiliarse). Una de las veces lo encerraron por haber escrito un panfleto contra las hijas del regente Felipe II, duque de Orleans. Al cabo de un año, el regente se apiadó de él, lo liberó e, incluso, le pagó una indemnización. Recibido en audiencia a tal fin, Voltaire cogió el dinero y, con su mordacidad intacta, dijo:
—Le agradezco a vuestra alteza que se ocupe de mi manutención. Pero le agradeceré que en el futuro no se ocupe más de mi alojamiento.

671. Al ser nombrado embajador en París en septiembre de 1775, el científico, filósofo y político estadounidense Benjamin Franklin (1706-1790) declaró modestamente:
—Soy viejo y no sirvo para nada; pero, como dicen los comerciantes de paño cuando llegan al fin de la pieza: éste es el último pedazo, tomadlo por el precio que queráis.

672. Cierto día que Benjamin Franklin (1706-1790) estaba cenando en París, otros de los comensales expuso la siguiente cuestión: «¿Qué circunstancia humana genera más piedad?». Cada invitado propuso un ejemplo de una circunstancia tal. Cuando llegó el turno a Franklin, él ofreció la siguiente:
—Un solitario hombre en un día lluvioso que no sabe cómo leer.

673. Al devolver un original no solicitado a un autor novel, el sabio estadounidense Samuel Johnson (1709-1784), sin más miramientos, le dijo:

—Su manuscrito es a la vez bueno y original; pero la parte que es buena no es original, y la parte que es original no es buena.

674. Un día, el escritor francés Nicholas Chamfort (1740-1794) conversaba con un ministro que le hacía sentir demasiado la superioridad de su cargo. Perdida la paciencia, Chamfort le dijo:

—Señor, no creáis que ignoro que sois superior a mí, pero sé también que es más fácil ser mi superior que mi igual.

675. La escritora francesa llamada Madame de Staël (1766-1817) vivió un largo y enconado enfrentamiento personal con Napoleón Bonaparte, que intentó, en vano, hacerla claudicar y doblegar su espíritu libre (uno de los pocos que se le resistió), pero que a lo más que llegó fue a provocar que ella se exiliase en varias ocasiones. De ella dijo el emperador:

—Sólo tiene una falta. Es insufrible.

676. Al compositor francés Daniel Auber (1782-1871) no le gustaba pensar en la muerte, por lo que no era raro oírle decir:

—No hay que pensar en cosas tristes.

Sin embargo, en sus últimos años, la vida le fue acostumbrando (como a todos) a la desaparición de muchos de sus amigos. Precisamente, al asistir a las honras fúnebres de uno de ellos se le oyó decir:

—Tengo la desagradable impresión de que ésta es la última vez que participo en estas ceremonias como aficionado.

677. A pesar de que sus contemporáneos dieron testimonio de que sentía un gran amor por su esposa, Eugenie, a la que conoció como dependienta de una boutique parisiense, la última voluntad del testamento del poeta satírico alemán Heinrich Heine (1797-1856) decía lo siguiente:

—Dejo todo mi patrimonio a mi mujer con la condición de

que se vuelva a casar, así habrá al menos un hombre que lamente mi muerte.

678. En cierta tertulia de intelectuales se hablaba de la gloria literaria, y alguien dijo que Victor Hugo (1802-1885), a los treinta años de edad, era ya tan famoso que incluso en pequeñas localidades encontraba su nombre escrito en algunas paredes. Al oír aquello, el escritor Tristan Bernard (1866-1947) preguntó malintencionadamente:

—¿La primera vez que iba o la segunda? Porque si era la segunda, seguro que el nombre lo había escrito él mismo la primera vez.

679. Es bien conocida la vida desordenada del escritor francés Alejandro Dumas, padre (1802-1870), aun en su edad más madura, precisamente cuando no sólo por su condición de padre, sino por la propia edad que ya tenía, podía esperarse de él mayor cordura. Su hijo, aludiendo a la conducta del autor de sus días, decía con frecuencia:

—Mi padre es un chiquillo que tuve yo cuando era pequeño.

680. Prácticamente toda la era victoriana vivió una alternancia en la jefatura de gobierno británico entre dos políticos de mucha talla: Benjamin Disraeli (1804-1881) y William E. Gladstone (1809-1898). Pero, siendo ambos de tanta talla, no fue sorprendente que ninguno de los dos quisiese que el otro le hiciera sombra. Del conservador Disraeli es bien conocida su lengua acerada; y del liberal Gladstone, su excesiva gravedad y perfeccionismo. Uniendo ambos rasgos, no es raro que, en cierta ocasión, Disraeli opinara sobre su adversario:

—No tiene un solo defecto que lo redima.

Era tanta la suma «perfección» de Gladstone, que su propia esposa llego a decirle:

—Si no fueras un hombre tan grande, serías un pelmazo terrible.

681. La enemistad entre Disraeli y Gladstone era equilibrada, pero no así la batalla verbal, en la que casi siempre vencía el primero, mucho más viperino que el mejor educado Gladstone. Decía por ejemplo Disraeli:

—Si Gladstone se cayera al Támesis, eso sería un accidente; si alguien lo rescatara, eso sería una calamidad.

682. El emperador francés Napoleón III (1808-1873), esposo de la española Eugenia de Montijo, era muy mujeriego. Cuando el obispo de París vino a proponerle que cerrase los burdeles por decreto, se quedó desconcertado y dijo:

—¡Hombre!, ¡cerrar los burdeles...! Es que usted o yo podríamos necesitarlos.

683. El célebre periodista católico francés Louis Veuillot (1813-1883) era hijo de un modesto tonelero. Un día tropezó con un noble presuntuoso que no hacía más que vanagloriarse de sus antepasados, y le calló la boca diciéndole:

—Yo asciendo de una familia muy humilde de modestos campesinos que pasó todo tipo de privaciones y miserias. ¿Usted de quién desciende, señor?

684. Llegando a la iglesia de Plymouth un domingo, el pastor congregacionista y escritor estadounidense Henry Ward Beecher (1813-1887) —quien, como su hermana, Harriet Beecher Stowe (1811-1896), la autora de *La cabaña del Tío Tom*, era un ferviente defensor del abolicionismo, por lo que recibía muchas amenazas— encontró en su buzón una carta que sólo contenía una palabra: «Loco». Durante el servicio de esa mañana, relató el incidente a su congregación, apostillando:

—En ocasiones he recibido cartas de personas que habían olvidado firmar con su nombre, pero es la primera vez que he recibido una carta firmada con el nombre de su remitente, pero que ha olvidado escribir la carta.

Algo muy similar se cuenta en ocasiones del dramaturgo irlandés George Bernard Shaw (1856-1950).

685. Se cuenta que, en cierta entrevista, un periodista preguntó al compositor italiano Giusseppe Verdi (1813-1901) si él tenía, como Richard Wagner, una teoría sobre la finalidad última de su obra e,

incluso, sobre el propio teatro. Verdi, sin pensárselo mucho, respondió:

—Sí, ¡el teatro tiene que estar lleno!

686. El escritor español Manuel Fernández y González (1821-1888) consideraba que había sido maltratado por el crítico Luis Alfonso, persona de corta estatura. Éste entró un día en el saloncillo del teatro Español, coincidiendo con Fernández y González, quien, con la altivez que le caracterizaba, miró al crítico de arriba abajo (lo que, todo hay que decirlo, si las crónicas no mienten, no le costó mucho) y le gritó, con voz estruendosa:

—¡Átomo!

687. Una vez, en una tertulia de escritores, Manuel Fernández y González se las daba de modesto ante la incredulidad de todos los que le escuchaban. Al notarlo, elevó la voz y dijo:

—¡Sí, señores, modesto... muy modesto! Si no lo fuera, ¿creen ustedes que iba a estar aquí con gente como ustedes?

688. Una vez, en una animada tertulia, estaba el compositor español Cristóbal Oudrid (1825-1877), muy amigo de la murmuración, poniendo a caldo una obra recién estrenada. En esto llegó el autor de dicha obra y, tras el inevitable silencio, Oudrid dirigió sus diatribas contra un cantante de zarzuela, al que trituró con inimitable gracia. Cuando más fuerte reía su auditorio, se presentó el cantante en cuestión, en vista de lo cual Oudrid cambió de blanco y comenzó a despellejar a un aficionado a la música que se había permitido publicar algunas composiciones. Pero éste llegó como por arte de magia... Oudrid ya no pudo contenerse: se levantó y exclamó:

—Caballeros, me voy y no vuelvo en mi vida. Aquí no se puede hablar mal de nadie.

689. Cuando los liberales ingleses propusieron reducir el número de establecimientos dedicados a la venta de cerveza por represalia contra los grandes cerveceros adscritos casi en su totalidad a las filas conservadoras, el pretexto invocado fue, naturalmente, el de-

seo de combatir el alcoholismo y la embriaguez, aunque, en realidad, se trataba de una simple maniobra electoral. El político británico Robert Gascoyne-Cecil (1830-1903), tercer lord Salisbury, al combatir la proposición, dijo, con desdén, que la embriaguez y el alcoholismo no dependían del número de tabernas. Y, en apoyo de su tesis, añadió:

—En mi casa de Hatfield hay cien camas —añadió—, y no he visto nunca que esto haga dormir más a nadie.

690. Le insinuaron, en cierta ocasión, a Emilio Castelar (1832-1899) que su rival político Segismundo Moret (1838-1913) estaba muy molesto por lo mal que hablaba de él en sus ausencias.

—Pues dígale a don Segismundo —aclaró Castelar— que debe darme las gracias, pues si en privado hablo pestes, en público me hago de él lenguas, y yo supongo que no le gustará que cambie de sistema.

691. Un día que un adversario parlamentario intentó poner en ridículo al estadista español Emilio Castelar, éste se levantó de su escaño muy enfadado y le espetó:

—Sepa usted, caballero, que no pienso asistir a su entierro.

692. El escritor y humorista estadounidense Mark Twain (1835-1910) recibió un día una carta en la que otro escritor le preguntaba, entre otras cosas, si era eficaz para el desarrollo de la inteligencia comer mucho pescado. Twain le respondió con una epístola, en la que le contestaba con toda claridad y detalladamente:

—Sí, mi querido señor: el consumo de pescado, por efecto del fósforo que contiene, es excelente para el cerebro. En el caso de usted, puede estar seguro que con dos o tres tiburones, aunque no sean de los grandes, bastará.

Algo muy parecido se cuenta del compositor italiano Gioacchino Rossini.

693. En 1907, cuando fue a Oxford a recibir el doctorado honoris causa por aquella universidad y aprovechó para pasar una larga tem-

porada en Europa, el escritor y humorista estadounidense Mark Twain gozaba de muy buena salud. Entonces, un diario de Nueva York, a causa de una confusión de noticias, dio la de que había fallecido. Al enterarse, Twain telegrafió sarcástico al director del periódico: «Rumores de mi muerte muy exagerados. Mark Twain».

694. Igual ocurrió tiempo después con el poeta y narrador británico, nacido en la India, Rudyard Kipling (1865-1936), de quien un periódico al que estaba suscrito publicó por error una esquela dando a conocer su repentina (y falsa) muerte. Kipling escribió al director una breve nota en la que decía:

—Acabo de leer que estoy muerto. No olvide borrarme de la lista de suscriptores.

695. En cierta ocasión, el escritor estadounidense Mark Twain dijo sobre el gran dominador del comercio internacional de diamantes, el británico Cecil John Rhodes (1853-1902), gran financiador y organizador del imperio colonial británico en el África austral:

—Le admiro, lo confieso con franqueza, y, cuando llegue su hora, compraré un trozo de la cuerda como recuerdo.

696. En ocasiones, Mark Twain prefería añadir dramatismo a sus discursos contando por ejemplo cuentos como el siguiente:

—Había un incendio en la ciudad de Hannibal, y el anciano Hankinson se vio atrapado en el cuarto piso del edificio en llamas. Ninguna de las escaleras era lo bastante larga como para llegar hasta él. La multitud estaba expectante, a nadie se le ocurría alguna solución. En eso, de pronto se me ocurrió una idea. «Consigan una cuerda —grité—. ¡Que alguien consiga una cuerda!» Con gran presencia de ánimo, lancé un extremo de la cuerda hacia el anciano Hankinson. «Átesela al pecho», le grité. El anciano así lo hizo y yo tiré de él hacia abajo.

697. En una tertulia de escritores y artistas franceses se había empezado por referir anécdotas de los ausentes, y pronto se pasó a contar las propias, a cual más peregrina e hiperbólica. Cuando le llegó el turno, el escritor francés Alphonse Daudet (1840-1897), que

figuraba entre los contertulios, cortó aquel torrente de inverosimilitudes ingeniosas diciendo:

—Mi mejor anécdota fue una que le sucedió a mi abuelo, que murió soltero.

698. Dijo en cierta ocasión el estadista francés Georges Clemenceau (1841-1929) acerca de la imagen social de sus compañeros de profesión política:

—Cuando un político muere, mucha gente acude a su entierro. Pero sólo lo hacen para estar completamente seguros de que se encuentra de verdad bajo tierra.

699. Georges Clemenceau hubo de enfrentarse políticamente muchas veces con el líder socialista Jean Jaurès (1859-1914). En el curso de alguno de aquellos enfrentamientos llegó a decir de su oponente, al que consideraba un mero idealista y, en definitiva, un vendedor de humo:

—Se reconoce un discurso de Jaurès porque todos los verbos están en futuro.

700. Cierto amigo visitó al dramaturgo irlandés George Bernard Shaw (1856-1950) muy pocos días antes de su muerte. Le encontró con la mente muy despejada, y después contaba que, entre otras cosas, Shaw le había dicho:

—Los hombres, hasta los cien años de edad, deberían estudiar; entre los cien y los ciento veinte, ejercer una profesión; y, pasada esta edad, si habían sido buenos observadores, refugiarse en la filosofía del conocimiento de los hombres.

701. Recibió George Bernard Shaw la visita de su amigo el actor inglés Cedric Hardwicke (1893-1964), que venía acompañado de su hijo, un muchacho de catorce años de edad. Al despedirse, le dijo Shaw al chaval, mientras le ofrecía su mano tendida:

—Bien, muchacho. Dentro de veinte años podrás decir que estrechaste la mano de Bernard Shaw… Y todo el mundo te preguntará quién diablos era Bernard Shaw.

702. En un pueblo de la provincia de León, el concejo municipal debatía la propuesta de erigir un monumento al marqués de Alhucemas, Manuel García Prieto (1861-1938), natural de Astorga y a la sazón presidente del gobierno. Todos los concejales estaban a favor, menos uno, que explicó así su postura:

—Yo estoy conforme con la estatua proyectada, con sólo una pequeña modificación: que sea ecuestre... y sin jinete.

703. Al escultor Mariano Benlliure (1862-1947) se le atribuye una explicación que también se ha adjudicado a otros buenos escultores antes que a él. Tras preguntarle si era difícil trabajar directamente el mármol o la piedra, él contestó:

—No. La figura ya está hecha dentro del bloque. Sólo hace falta quitar lo que sobra.

704. En una tertulia se comentaba la suerte de un escritor malo, que, para sorpresa de muchos, estaba teniendo éxito con una comedia. Uno de ellos dijo:

—¡Mentira parece! Un hombre que sólo sirve para que le pongan los cuernos.

Al oír eso, el dramaturgo francés Georges Feydeau (1862-1921), presente en la tertulia y que participaba de la misma opinión de todos, remachó la cuestión:

—Y aun para esto necesita que le ayude su mujer.

705. La escritora estadounidense Edith Wharton (1862-1937) mostró en cierta ocasión su mordacidad al comentar del siguiente modo algo que le resultaba extraño en la ópera:

—Una inalterable e incuestionable ley del mundo musical requiere que los textos germanos de las óperas francesas cantados por artistas suecos deban ser traducidos al italiano para su mejor comprensión por los públicos anglohablantes.

706. Álvaro de Figueroa y Torres (1863-1950), conde de Romanones, se quejaba de que oía muy mal. No todos opinaban igual, y muchos argüían que era necesario hablarle en voz alta sólo porque no hay peor sordo que el que no quiere oír. Alguien le insinuó (es

de suponer, que a gritos) que siempre hubo sordos de conveniencia, y el conde, al oír (es de suponer) aquello, replicó:

—No. Palabra. Ya no oigo ni lo que me conviene.

707. El estadista liberal británico David Lloyd George (1863-1945) fue objeto de no pocas críticas de sus adversarios políticos, y de alguno de sus propios colaboradores. Sobre todo se criticó —o, tal vez, se envidió— su facilidad oratoria. Por ejemplo, dijo de él su colega francés Georges Clemenceau (1841-1929):

—¡Ah, si yo pudiera orinar como él habla!

Por su parte, el escritor inglés Arnold Bennett (1867-1931) añadió:

—Lloyd George habló durante ciento diecisiete minutos, período en el cual solamente fue pillado una vez utilizando un argumento.

Y el editor de periódicos británico, de origen canadiense, Maxwell Aitken (1879-1964), lord Beaverbrock, se fijó más en su capacidad de liderazgo:

—No parecía preocuparle en qué dirección viajaba, mientras él ocupase el asiento del conductor.

708. El actor danés, afincado en Hollywood, Carl Brisson (1893-1958) hizo en cierta ocasión una visita al compositor finlandés Jean Sibelius (1865-1957) en su modesta casa de piedra blanca, a 48 kilómetros de Helsinki. Tras ella, refirió que paseaba por el modesto jardín junto al compositor y éste le dijo:

—La música más bella del mundo es ésta: el concierto natural de las aves y el viento.

Así continuaron el agradable paseo por el jardín y sus alrededores, con Sibelius divirtiéndose al identificar por su canto respectivo los diferentes pájaros que cantaban alegremente en las ramas de los árboles. Sin embargo, en un preciso momento, algo vino a disturbar aquel plácido paseo. Sin previo aviso, pasó por encima de sus cabezas un cuervo, graznando escandalosamente. Y Sibelius, arrugando el entrecejo, apuntó:

—¡Y ahí va el crítico!

709. La opinión de Sibelius sobre los críticos no era, obviamente, muy favorable. Por ejemplo, el 5 de abril de 1951, la revista francesa *Les Nouvelles Littéraires* publicaba una entrevista con él, en la que se leía la siguiente consideración sobre el valor de los críticos:

—Yo me atengo a un hecho indiscutible: no hay ninguna ciudad del mundo en la que se encuentre la estatua de algún crítico.

710. Cierto día, el escritor Ramón María del Valle-Inclán (1866-1936) estaba en su tertulia enredado casualmente en una disertación sobre las arañas, por las que sentía una verdadera aversión, especialmente porque, como señalaba, es frecuente entre ellas la homofagia. En ese punto, uno de los presentes cometió la imprudencia de interrumpirle pidiendo que le explicara qué es la homofagia.

—Comer animales de la misma especie —le aclaró Valle-Inclán—. Usted, por ejemplo, cometería homofagia si comiera besugo.

711. La enemistad entre los escritores Ramón María del Valle-Inclán (1866-1936) y José de Echegaray (1832-1916) era enconada y notoria. En una ocasión, Valle-Inclán contó lo siguiente:

—Correos tiene un personal de primera. Le envié una carta a Echegaray poniendo en el sobre: «Para el viejo idiota»; y le ha llegado.

712. En su tertulia de El Ateneo, Jacinto Benavente (1866-1954) comunicaba a sus amigos y contertulios, con el habitual tono contrito propio de estas ocasiones, la muerte de un escritor más o menos conocido, cuando uno de los presentes le preguntó:

—¿De qué murió?

Benavente, con su voz suave, pero cambiando por completo el tono y la intención, le dijo:

—Si jamás se supo de qué vivía, ¿cómo vamos a saber de qué murió?

713. Hablando de un cantante de ópera de escasas cualidades, Tristan Bernard (1866-1947) mostró todo su ingenio y su ironía cuando dijo:

—Es un tenor de primera fila... Desde la segunda ya no se le oye.

714. Arturo Toscanini (1867-1957) dirigía en el Metropolitan de Nueva York una ópera protagonizada por el cantante y compatriota suyo Enrico Caruso (1873-1921). En cierta ocasión en que el tenor alargó una nota para aumentar su lucimiento personal, Toscanini le esperó pacientemente. Finalizado el lucimiento del artista, dio con la batuta en el atril y, en voz alta, para que se le oyera, dijo:

—Bueno, bueno, ¿ha acabado usted ya, señor Caruso?

715. A una famosa diva del Metropolitan de Nueva York, que se mostraba ofendida por haber recibido una reprimenda del exigente director italiano Arturo Toscanini y que sacó a relucir su condición de estrella, le replicó éste cáusticamente:

—Señora mía, las estrellas están en el cielo. Aquí en el teatro, no somos más que músicos y cantantes; unos buenos, y otros, malos. Y usted es de los malos.

716. Tras su primera demostración pública en Europa en el hipódromo de Hunaudière, el 8 de agosto de 1908, los hermanos Wright fueron asediados a preguntas por los periodistas. Los hermanos mantenían un casi absoluto silencio, sin responder a ninguna de ellas. Los periodistas trataban de convencerles de que era su obligación informar al gran público de sus hazañas, de modo que, haciendo un gran esfuerzo, Wilbur Wright (1867-1912) dijo:

—El loro es el pájaro que más habla y menos vuela.

717. Una tarde, el psiquiatra austríaco Alfred Adler (1870-1937), efímero colaborador de Freud, estaba dando una conferencia sobre su teoría de que los hándicaps personales influían, por vía de la compensación y la superación, en la elección de trabajo de las personas. Así, decía: «[...] los tartamudos se convertirían en actores; los niños gordos, en corredores de fondo; las personas con problemas visuales, en pintores [...]».

—Señor Adler —le preguntó alguien con toda la intención—, ¿no se deduciría de su teoría que las personas poco inteligentes tienden a convertirse en psiquiatras?

718. El filósofo británico Bertrand Russell (1872-1970) fue encarcelado por actividades antibélicas durante la primera guerra mundial por un, al parecer, nefando crimen: mantenerse firme en sus hondas convicciones pacifistas y, en consecuencia, condenar públicamente a ambos bandos. Ya en la cárcel, al responder a la pregunta sobre su filiación religiosa con el término «agnóstico», el funcionario le comentó:

—¡Ah, sí! Lo veneramos a nuestra propia manera, ¿no?

719. El estadista británico Winston Churchill (1874-1965) dijo en cierta ocasión coincidiendo con el brote del primer europeísmo:

—En Europa hay demasiados demoledores, demasiados pocos albañiles y ni siquiera un arquitecto.

720. Finalizada la segunda guerra mundial, corrió por Westminster un sarcasmo sobre Clement Attlee (1883-1967), primer ministro británico entre 1945 y 1951, atribuido a Winston Churchill, aunque este último siempre lo negó. Según el chisme, Churchill había dicho:

—Llegó un taxi vacío al 10 de Downing Street y, al abrirse sus puertas, salió Attlee.

Lo que sí parece totalmente comprobado es que, en otra ocasión, Churchill dijo sobre Attlee:

—Dicen que es un lobo con piel de cordero. Creo que es algo peor que eso: es un cordero con piel de cordero.

721. Una fría mañana de invierno, al leer en el periódico una noticia que hablaba de un viejo de noventa años de edad que había sido detenido en un parque por hacerle proposiciones deshonestas a una muchacha, Winston Churchill comentó:

—Con noventa años y a cuatro bajo cero... ¡Noticias así hacen que me sienta orgulloso de ser ciudadano del Imperio británico!

722. Muchas de las obras del novelista y dramaturgo británico William Somerset Maugham (1874-1965) se llevaron al cine, pero el autor no parecía tener mucho interés por estas adaptaciones salvo para

mostrar su desagrado... y para aceptar los buenos rendimientos económicos de la operación. Se cuenta que, cierta vez, al explicar una de sus novelas, dijo:

—He sacado el tema de una película.

—¿Con permiso del autor? —le preguntaron.

—Sin permiso alguno. No hacía falta. Era una película basada en una de mis anteriores novelas, que se parecía tan poco a mi obra que me ha inspirado otra.

723. En su obra *Gente de ayer*, Diego San José de la Torre contó, en referencia al escritor y libretista cómico Enrique García Álvarez (1875-1931), lo siguiente:

—Comoquiera que supe el género de vida absurdo que llevaba García Álvarez: se pasaba días y aun semanas enteras en la cama, sin tener dolencia alguna, y sin levantarse recibía a las visitas y trabajaba, le dije que aquel régimen que llevaba no podía ser saludable. Y me respondió: «No lo creas; yo resisto mucho echado».

724. Confesó en cierta ocasión el director de orquesta y empresario operístico inglés Thomas Beecham (1879-1971), que llevaba algunos años viudo:

—La gente sigue preguntándome si me volveré a casar. Es como si después de haber tenido un accidente con el coche quisieras tener otro.

725. Por fin, después de numerosos intentos y pruebas (se dice que tras unos nueve mil fracasos en forma de intentos fallidos), Thomas Alva Edison (1847-1931) se hizo famoso, entre otras cosas, por el invento más revolucionario de todos: la bombilla. (Aunque para muchos otros, el verdadero inventor fue Nikolas Tesla, pero ésa es otra historia.) Y es que la energía y el genio de Edison (que él definía como «1 por ciento de inspiración y 99 por ciento de transpiración») eran inagotables. Tiempo después, un joven periodista le preguntó qué sentía sobre sus numerosos fracasos. Su respuesta fue muy reveladora:

—No fracasé ni una sola vez. Inventé la bombilla de luz. Sólo que fue un proceso de dos mil pasos.

726. Cuando le criticaban al dramaturgo Pedro Muñoz Seca (1881-1936) que malgastara su evidente talento en obras fáciles dirigidas al gran público, él se defendía diciendo:

—Prefiero pasar hoy en automóvil por donde está la estatua de Cervantes a que mis hijos pasen a pie por donde mañana pudiera estar la mía.

727. El filósofo José Ortega y Gasset (1883-1955) formó parte de las Cortes republicanas dentro de la agrupación llamada Intelectuales al Servicio de la República. Sus intervenciones parlamentarias eran muy esperadas por su gran altura intelectual, aunque también se distinguían por su excesivo tono profesoral. En cierta ocasión, mientras se dirigía hacia la tribuna para hacer una intervención, se oyó la voz del líder socialista Indalecio Prieto (1883-1962) que dijo:

—¡Atención, va a hablar la masa encefálica!

728. Acercándose el final de la segunda guerra mundial, cuando los aliados avanzaban ya por Alemania, el general estadounidense George Smith Patton (1885-1945) recibió una comunicación del cuartel general en que se le decía que observara una mayor seriedad en la redacción de sus partes de guerra. Al mismo tiempo se le ordenaba que dejara atrás el pueblo de Triers, puesto que se necesitarían cuatro divisiones para tomarlo. Cuando la orden llegó, Triers ya había caído, y Patton informó con un renovado estilo comunicativo:

—He tomado Triers con dos divisiones. ¿Quieren que lo devuelva?

729. Asistió una vez el escritor francés André Maurois (1885-1967) a un teatro donde daban un vodevil muy malo, pero que tenía mucho éxito de público. Se cuenta que a la salida comentó:

—Lo siento por el autor. Está perdido.

—Pero si es un éxito —le puntualizaron.

—Precisamente por eso. Cualquier buen autor es capaz de superar un fracaso. Pero ningún mal autor ha sido nunca capaz de superar un éxito. Está perdido.

730. En 1924, al preguntarle los periodistas que por qué quería escalar el Everest, el inglés George Mallory (1886-1924), que moriría trágicamente en su intento de coronar el techo del mundo, respondió con toda sencillez:

—Porque está ahí.

731. En una visita oficial que realizó el rey de España Alfonso XIII (1886-1941) a una pequeña localidad, alabó los festejos y el engalanamiento que en su honor se habían dispuesto. Al oír aquellos elogios, el astuto e ingenioso alcalde aprovechó para decirle:

—Señor, hemos hecho lo que debíamos..., y debemos lo que hemos hecho.

732. Al poeta estadounidense, nacionalizado británico, T. S. Eliot (1888-1965) le preguntaban por qué no escribía más, y él respondía:

—Para dar ejemplo. El principal enemigo de la buena literatura es que los escritores tengan necesidad de ganarse la vida con lo que escriben. Porque el resultado de esta necesidad es que todos sucumben a los tres demasiados: empiezan a escribir demasiado pronto, escriben demasiado rápido y escriben demasiado.

733. Le preguntaron en una ocasión al escritor y cineasta francés Jean Cocteau (1889-1963) si iba a aceptar o rechazar una distinción oficial que acaba de recibir, y él se limitó a decir:

—No hay que rechazar las recompensas oficiales; lo que se debe hacer es no merecerlas.

734. Alguien preguntó a Jean Cocteau si él creía en la suerte.

—¡Naturalmente que sí! —contestó con ingenio—. ¿De qué otro modo puede uno explicar el éxito de las personas que no le gustan?

735. El escritor y abogado estadounidense Erle Stanley Gardner (1889-1970) cobraba por palabras: tres centavos de dólar por cada una. Su media solía ser unas doscientas mil palabras al mes. Notando que en todas las novelas protagonizadas por su personaje Perry

Mason, sobre todo en las del comienzo de su carrera, los malos sólo caen ya cuando no les queda ni una última bala en el revólver, un amigo le dijo:

—Tus héroes tienen siempre muy mala puntería.

—Mala puntería no —respondió Gardner—. Cada «bang, bang» que escribo son dos palabras que me valen seis centavos. No querrá usted que acabe el tiroteo cuando todavía tengo quince centavos de munición en mi arma.

736. Caso contrario era el del escritor estadounidense Mark Twain (1835-1910), quien no cobraba por palabras, sino por derechos de autor y que, por tanto, confesó en cierta ocasión:

—Nunca he escrito la palabra «metrópolis» por siete centavos porque puedo conseguir el mismo precio por «ciudad». Tampoco he escrito nunca «policía» cuando puedo conseguir el mismo dinero por «poli».

737. La novelista inglesa Agatha Christie (1890-1976) parece ser que estaba encantada con que su segundo esposo, Max Mallowan (con quien se casó en 1930), fuera un distinguido arqueólogo, y justificaba así esa satisfacción:

—Es una ventaja para una mujer, porque así el interés de mi esposo hacia mí va creciendo con los años y le parezco más interesante conforme voy haciéndome más antigua.

738. El dirigente y primer presidente de Kenia Jomo Kenyatta (c. 1891-1978) afirmó en cierta ocasión al respecto del proceso de colonización occidental de África:

—Cuando los blancos vinieron a África, nosotros teníamos la tierra y ellos tenían la Biblia. Nos enseñaron a rezar con los ojos cerrados: cuando los abrimos, los blancos tenían la tierra y nosotros la Biblia.

739. El comediógrafo francés Marcel Pagnol (1895-1974) contaba la siguiente historia inventada:

—Dos locos pasean junto a la piscina de un manicomio. Uno le dice al otro: «Te apuesto lo que quieras a que aguanto diez minutos debajo del agua». «Sí, bueno, pero te ahogarás», le contestó el otro. «Vaya, ya te han dicho el truco», repuso el primero.

740. En el complicado entramado que Adolf Hitler impuso al tradicional Estado alemán, el ministro de Propaganda Joseph Goebbels (1897-1945) tenía la misión esencial de vigilar que no se dijese nada contrario a la ortodoxia nacionalsocialista. Hasta tal extremo llevó su celo profesional que decidió que lo mejor era suprimir la crítica en la nueva Alemania:

—En lugar de criticar la obra de arte —precisó—, habrá que contemplarla.

Cuando alguien le preguntó el motivo de tan drástica medida, Goebbels explicó:

—Pues porque se comienza criticando el *Fausto* y se acaba criticando al Führer.

741. El texto completo del famosísimo relato de Augusto Monterroso (1921-2003) titulado «El dinosaurio», publicado en diciembre de 1959, es: «Cuando despertó, el dinosaurio todavía estaba allí». En cierta ocasión, un amigo común iba a presentarle a Monterroso a una señora:

—¿Conoce usted a Augusto Monterroso? —le preguntó a la señora.

—Sí —contestó envalentonada ella—, lo he leído.

—¿Y qué le parece el cuento de «El dinosaurio»? —volvió a preguntarle el amigo.

—Ése es uno de los que más me gustan —respondió la señora—, pero apenas voy por la mitad.

742. Poco después de haber sido contratado como profesor de música por la Universidad de California Los Ángeles (UCLA), le preguntaron al violinista y compositor rusoestadounidense Jascha Heifetz (1901-1987) qué había provocado este cambio de dirección en su carrera.

—Tocar el violín es un arte perecedero —dijo Heifetz solemnemente—. Debe ser juzgado como una habilidad personal; si no, se pierde. —Y, con una sonrisa, continuó—: Recuerdo a mi viejo profesor de violín en Rusia. Decía que algún día yo sabría lo bastante como para enseñar.

743. A una aspirante a actriz que le preguntó en cierta ocasión que, en su opinión, qué podría aportar ella al teatro estadounidense, la actriz —ésta sí— Tallulah Bankhead (1902-1968) le dio el siguiente consejo:

—Si realmente quieres ayudar al teatro americano, no seas actriz. Sé público.

744. Esa misma mordaz e hiriente ironía utilizó en otra ocasión la misma Tallulah Bankhead cuando le preguntaron su opinión sobre su compañera Bette Davis (1908-1989):

—Bette Davis y yo somos muy buenas amigas. No hay nada malo que yo pueda decir sobre su rostro..., sobre ninguno de los dos.

745. El escritor y diplomático español Agustín de Foxá (1903-1959) era un fascista confeso, aunque ello no le impidió nunca mantener una extraña distancia crítica —y cínica— con todo y con todos. Por ejemplo, solía decir sobre el camino histórico que debía tomar España:

—Hagamos de España un país fascista, y vayámonos a vivir al extranjero.

746. El escritor Arthur Koestler (1905-1983), tras saludar a un ferviente admirador que le expresaba su emoción por haber podido llegar a conocerle en persona, le dijo:

—El que te guste un escritor, o sea, su obra, y quieras conocerlo después es como si te gustara el *pâte de foie* y quisieras conocer a la oca.

747. En cierta ocasión afirmó el director de cine estadounidense y de origen austríaco Billy Wilder (1906-2002) que su forma de morir más deseada era:

—Me gustaría morir a los ciento cuatro años de edad, completamente sano, asesinado por un marido que me acababa de pillar, in fraganti, con su joven esposa.

748. Le preguntaron en cierta ocasión al escritor italiano Alberto Moravia (1907-1990) qué le parecía la política, y él, sin dudarlo mucho, respondió:

—Es el arte de conseguir que los ricos te entreguen su dinero mientras los pobres te votan y, una vez conseguido eso, defender a los unos de los otros para que haya tranquilidad en la República.

749. Tanto en sus películas como en sus giras de conferencias, sus libros o su vida privada, al actor británico David Niven (1909-1983) le gustaba hacer reír a la gente. Un amigo que le conoció durante la segunda guerra mundial, en la que Niven sirvió como comandante, recordó en cierta ocasión que, en el transcurso del desembarco de Normandía, en junio de 1944, el actor arengó a sus tropas con estas palabras:

—Vamos, muchachos, esto no es gran cosa para vosotros. Pensad en mí, que tendré que recrear esta escena más adelante... ¡y con Errol Flynn!

750. El presidente mexicano Adolfo López Mateos (1910-1969) recibió en visita oficial a su homólogo estadounidense, John F. Kennedy. Durante una comida oficial, Kennedy alabó el reloj de pulsera del mexicano:

—¡Qué bonito es su reloj, señor presidente!

López Mateos se quitó el reloj y se lo entregó a Kennedy. Esa noche durante la cena, López Mateos le dijo a Kennedy:

—¡Qué guapa es su esposa, señor presidente!

En ese momento Kennedy se quitó el reloj y se lo devolvió a López Mateos.

751. En una fiesta, el poeta galés Dylan Thomas (1914-1953) estaba dando un verdadero recital de cómo hacer compatible el consumo vertiginoso de alcohol con la verborrea más libérrima; y así llevaba un buen rato, cuando, inesperadamente, se detuvo en seco y dijo:

—Alguien me está aburriendo. Y creo que ése soy yo.

752. Hay personajes públicos que responden con sinceridad a cualquier pregunta, pero también hay otros que parece que respon-

dieran con «demasiada» sinceridad. Fue tal vez el caso del actor estadounidense Robert Mitchum (1917-1997), que llegó a definirse a sí mismo del siguiente modo:

—Te diré qué clase de niño fui. Si encargaras un camión lleno de hijos de puta y al abrir el portón sólo me vieses a mí dentro, podrías considerar que el encargo estaba cumplido.

753. La campaña electoral de 1960 en Estados Unidos finalizó, como se sabe, con el éxito de John F. Kennedy (1917-1963), que fue nombrado presidente de Estados Unidos. Más tarde, explicando sus primeros días de mandato, Kennedy confesaría:

—Lo que más me sorprendió cuando subimos al poder fue descubrir que las cosas eran tan malas como habíamos estado diciendo que eran.

754. Respondió en cierta ocasión la actriz estadounidense de origen húngaro Zsa Zsa Gabor (1918) cuando le preguntaron cuál era su pareja ideal:

—Quiero un hombre que sea amable y comprensivo. ¿Es eso mucho pedir de un millonario?

755. Dijo en cierta ocasión Pío Cabanillas Gallas (1923-1991), político español varias veces ministro en el régimen franquista y también en la etapa de la Transición, famoso por su humor y su cinismo:

—Estamos ganando, pero no sabemos quiénes.

756. Dijo en cierta ocasión durante un debate el hombre de negocios y político estadounidense James H. Donovan (1923-1990) defendiendo su postura favorable a la pena de muerte:

—¿Qué hubiera sido del cristianismo si Jesús hubiera sido condenado a una pena de quince años, con redención por buena conducta?

757. Justo antes de morir, el dramaturgo irlandés Brendan Behan (1923-1964) miró a la enfermera que le tomaba el pulso y, sonriendo débilmente, le dijo:

—Dios la bendiga, hermana. Ojalá todos sus hijos sean, por lo menos, obispos.

758. Jerry Lewis (1926) dijo durante una gala de entrega de los Premios Oscar que él presentó:

—No pude ver toda *Guerra y paz* porque el niño que estaba sentado en la butaca de delante creció.

759. En 1959 se celebró un encuentro entre el entonces vicepresidente de Estados Unidos Richard Nixon (1913-1994) y el presidente cubano Fidel Castro (1926). Tal y como se esperaba, la reunión resultó ser un completo desastre. Cuentan que justo antes de comenzar, mientras la delegación cubana esperaba, entró un funcionario estadounidense y dijo:

—Les presento a mister Fulano, responsable de asuntos cubanos.

—¡Y yo que pensaba que el responsable de los asuntos cubanos era yo! —comentó en voz alta Fidel Castro.

760. Requerido el economista estadounidense Alan Greenspan (1926), a la sazón gobernador de la Reserva Federal y, como tal, gurú de las finanzas estadounidenses y mundiales, para que aclarase ciertas declaraciones suyas con un lenguaje menos técnico, se excusó diciendo:

—Me temo que he de prevenirle: si hablo demasiado claro es probable que no me entienda en absoluto.

761. En cierta ocasión, el humorista y comentarista político canadiense Mort Sahl (1927) dijo sobre el presidente John Fitzgerald Kennedy (1917-1963):

—Se dice que al presidente le gusta reírse de sí mismo. Eso está bien. Pero ¿cuándo extenderá ese privilegio a nosotros?

762. En 1987, Mijaíl Gorbachov (1931), comentando durante una entrevista las principales diferencias políticas entre los sistemas políticos estadounidense y soviético, declaró a un periodista:

—Si cualquier ciudadano norteamericano es libre para presentarse ante Reagan y ponerle a parir, nosotros no seremos menos. A partir de ahora, cualquier ciudadano ruso es libre de presentarse ante mí y poner a parir... a Reagan.

763. La respuesta de Bill Clinton (1946) al republicano Dan Quayle (1947) cuando éste le dijo que iba a ser un pitbull en la campaña electoral estadounidense de 1992 fue tan cómica como precisa:

—Eso tiene preocupadas a todas las bocas de riego de Estados Unidos.

764. Cuando en mayo de 1977 la actriz Bette Davis (1908-1989) se enteró de que su gran rival Joan Crawford (1904-1977) había fallecido, dijo en una entrevista:

—No se deben decir cosas malas de los muertos, sino sólo buenas... Joan Crawford ha muerto... Bien.

765. Hablando en 1989 de la influencia que ejercen (o no) los videojuegos sobre los niños, dijo Kristian Wilson (1973), de Nintendo:

—Los videojuegos no influyen sobre los niños. Si el *Pac-Man* [*Comecocos*] hubiese influido a nuestra generación, estaríamos todos corriendo en salas oscuras, masticando píldoras mágicas y escuchando música electrónica repetitiva.

11. ASTUCIAS, ESTRATAGEMAS Y SALIDAS AIROSAS

766. El pintor ateniense de la segunda mitad del siglo v a. C. Zeuxis de Heraclea presumía ante su rival artístico, Parrasio, de haber pintado en un cuadro unas uvas tan reales que los pájaros intentaban picotearlas. Parrasio le desafió a que era capaz de realizar una pintura más perfecta que aquella. Cuando Zeuxis llegó al estudio de Parrasio, el lienzo objeto del desafío estaba tapado por una tela. Zeuxis le pidió que retirara la tela para ver la supuesta maravilla y Parrasio le contestó que acababa de ganar la apuesta, puesto que la tela estaba pintada sobre el lienzo.

767. Parecida es la anécdota protagonizada por el pintor italiano Giovanni Cimbaue (c. 1240-c. 1302), aún en su época de alumno de Giotto (c. 1266-1337). En cierta ocasión le dio por pintar una mosca sobre la nariz de uno de los personajes retratados por su maestro. Tan realista fue el dibujo que, cuando Giotto volvió a trabajar sobre el lienzo, intentó reiteradamente y sin éxito espantar a la mosca, hasta que al final se dio cuenta que había sido víctima de nuevo de una de las bromas de su alumno.

768. El célebre general y estadista ateniense Alcibíades (c. 450-404 a. C.), nieto del gran Pericles y discípulo del no menos grande Sócrates, tenía un hermoso perro que le había costado la por entonces elevadísima cantidad de sesenta minas y que era la comidilla de toda la ciudad. Cierto día se le antojó ordenar que le cortaran la cola y así lo hizo, ante la sorpresa de todos. Los atenienses, sus amigos y sus enemigos, reprobaron esta acción por absurda, pues la cola de aquel animal era, según cuentan, hermosísima. Tras hacerse rogar, Alcibíades explicó al fin (pero sólo a sus amigos) que eso era justamente lo que pretendía, que sus enemigos hablasen

de la cola de su perro y no directamente de él ni de su acción de gobierno. Basándose en esta anécdota se aplica la expresión «el perro de Alcibíades» a los actos o palabras que personas destacadas realizan o pronuncian para distraer la atención pública de lo verdaderamente importante.

769. Avanzada su vida, el filósofo griego fundador de la escuela cirenaica, Aristipo (435-350 a. C.) consiguió una cómoda posición en la corte del tirano Dionisio I el Viejo, de Siracusa. Un día, al observar cómo su colega Diógenes el Cínico (c. 412-323 a. C.) se preparaba unas humildes lentejas para comer, le dijo:

—Si supieras adular al monarca, no tendrías que vivir de lentejas.

—Y si tú supieras vivir de lentejas, no tendrías que adular al monarca —le replicó Diógenes.

770. En otra ocasión, Aristipo intercedía ante Dionisio por un amigo, y al no obtener lo que pedía, se arrojó a sus pies, implorando. Como algunos le echaran en cara después tal actitud, Aristipo, sabedor de que los tiranos sólo escuchan a los sumisos, se justificó diciendo:

—¿Y qué queréis que haga si Dionisio tiene los oídos en los pies?

771. Algunos de sus cortesanos le dijeron al rey de Macedonia Filipo II (382-336 a. C.), padre de Alejandro Magno, que un vasallo suyo hablaba mal de él y le aconsejaron que, por lo menos, le desterrase del reino. Se negó Filipo a tomar tal medida contra el maldiciente, y cuando, extrañados, le preguntaron la causa, dio una respuesta inteligente que demostraba su astucia:

—Porque cuanto más se aleje de donde yo estuviese, serían más los que le oyeran.

772. Según cuenta Plutarco en sus *Vidas paralelas,* la primera vez que Julio César (100-44 a. C.) llegó a África tuvo la mala fortuna de tropezar y caer a tierra nada más desembarcar. Con gran presencia de ánimo, César se sobrepuso al instante al accidente y, levantándose, dijo: «*Teneo te, Africa*» («¡Te tengo, África!»), dando a

entender así que no había sido una caída casual, sino más bien un acto voluntario con el que simbolizaba que había tomado posesión de aquella tierra.

773. Predijo un astrólogo que cierta dama, predilecta del rey de Francia Luis XI (1423-1483), moriría en el plazo de una semana. Así fue, y Luis XI, irritado, se propuso vengarse del astrólogo. Previno primero a los criados para que, a una señal suya, lo echaran por la ventana, y, con todo dispuesto a su gusto, ordenó que el astrólogo compareciera.

—Ya que sabes tanto —le dijo el rey, regodeándose en su próxima venganza—, sabrás la fecha en que has de morir.

—Sí, señor; tres días antes que vuestra majestad.

El rey, que era supersticioso, no hizo la señal. Dejó vivir al astrólogo y, a partir de entonces, siempre temió que muriera.

774. Según un relato tradicional, el escritor francés François Rabelais (*c.* 1494-1553), con ocasión de un viaje, se halló en un apartado pueblo y sin dinero suficiente para pagar la factura de la posada ni para regresar a París. Sin dejarse vencer por ello, enseguida pergeñó una solución; llenó tres bolsas con polvo de ladrillo machacado, las etiquetó respectivamente: «veneno para el Rey», «veneno para el Regente» y «veneno para el Delfín», y las dejó bien a la vista. Al dueño de la posada le faltó literalmente tiempo para denunciar inmediatamente al «envenenador». Acudieron raudos los guardias y se lo llevaron directamente —como Rabelais había previsto— a París, donde —no sin algunas dificultades— explicó su estratagema y consiguió que le pusieran en libertad.

775. Cierto día, el fisiólogo belga Andrés Vesalio (1514-1564), considerado el fundador de la anatomía moderna, tuvo que tratar de una enfermedad, como médico de la corte que era, al emperador Carlos V. Los demás médicos reales, influidos por las ideas astrológico-terapéuticas de la época, le objetaron que la Luna no era favorable a las disposiciones que él se aprestaba a tomar. Vesalio, ni corto ni perezoso, se dirigió a los ventanales, echó las cortinas y dijo:

—Ahora ya no se entera la Luna.

776. El cardenal Richelieu (1585-1642) era hombre de pocas palabras. En una de las fiestas en que se veía obligado a participar, permanecía apartado del resto de los invitados y se dedicaba a observar todo lo que sucedía a su alrededor. Notando su soledad, un duque se le acercó y le dijo:

—¿Se aburre, su eminencia?

—No —contestó lacónicamente Richelieu.

—¿De veras no se aburre, su eminencia? —insistió el duque al rato.

—No, estimado duque; no me aburro jamás, a no ser que los demás insistan en aburrirme.

777. En cierta ocasión, el rey español Felipe IV (1605-1665) le pidió al escritor Francisco de Quevedo (1580-1645) que improvisara una cuarteta.

—Dadme pie —le dijo Quevedo.

El rey, creyendo hacer una gracia, le alargó la pierna. Pero el escritor, que siempre fue de respuesta rápida e ingenio agudo, lejos de darse por vencido, improvisó, como le habían pedido, la siguiente cuarteta:

—En semejante postura / dais a comprender, señor, / que yo soy el herrador / y vos la cabalgadura.

778. En cierta ocasión, el filósofo francés Voltaire (1694-1778) hubo de hablar, contra su voluntad, ante la tumba de una persona por la que nunca había sentido, ni mucho menos, predilección. Comenzó pues su panegírico diciendo:

—Era un gran patriota, un amigo fiel, un esposo abnegado y un padre ejemplar…, suponiendo, claro está, que haya muerto.

779. Cuando estaba en el noviciado, el aventurero veneciano Giovanni Giacomo Casanova (1725-1798) consiguió una dispensa para fumar. Ninguno de sus compañeros entendía cómo lo había conseguido pues estaba prohibido, así que le preguntaron:

—¿Quién te ha dado permiso para fumar? Nosotros fuimos al rector y le preguntamos: «¿Podemos fumar mientras meditamos?»; y él nos dijo que no.

—Es que yo no le formulé así la pregunta —respondió Casanova—. Yo le dije: «¿Puedo meditar mientras fumo?». Y me dio enseguida el permiso.

780. Casanova también relata en sus memorias que, en cierta ocasión, tras almorzar en un café vienés con Lorenzo da Ponte (1749-1838), libretista habitual de Mozart, se dio cuenta a la hora de pagar de que no llevaba dinero encima y urdió un pequeño engaño. Hizo venir al camarero y le dijo:

—Se me cayó por detrás del respaldo una moneda de cinco coronas, cobraos de ella y mañana pasaré para que me deis la vuelta.

—Señor, ¿qué pasará si no la encuentro? —preguntó suspicaz el camarero.

—En ese caso, quedáoslo todo como propina —repuso Casanova.

781. En una reunión social, el intelectual francés Antoine Rivarol (1752-1801) estuvo todo el tiempo hablando a dos atentas señoras que tenían bien ganada fama de ser insoportables. Un amigo le preguntó después:

—¿Cómo has podido hablar tanto rato con esas dos mujeres?

—Ha sido la única forma de evitar el suplicio de escucharlas yo a ellas —se justificó Rivarol.

782. El poeta y dramaturgo romántico vienés Zacharias Werner (1768-1823) se convirtió al catolicismo y se ordenó después de haber llevado una vida disipada. Pero su actuación como sacerdote fue muy especial, sobre todo por lo que respecta a sus sermones y homilías, muchas de las cuales rayaron en el delirio. Cierto domingo dio un sermón acerca de «ese diminuto trozo de carne, el accesorio más peligroso del cuerpo de un hombre». Continuó explayándose gráficamente ante una congregación que, sucesivamente, se sonrojaba y palidecía (hasta el punto de que varias damas se desmayaron). Habló de los daños que este malvado trozo de carne había causado a lo largo de la historia. Y así continuó hasta que, finalmente, concluyó alzando la voz hasta

convertirla en un grito que hizo que la masa de fieles diese, al unísono, un respingo:

—¿Quieren que les enseñe ese diminuto trozo de carne?

No se oyó una mosca, todos expectantes, hasta que volvió a exclamar:

—¡Señoras y señores, contemplen la fuente de nuestros pecados!

Sonriendo, Werner sacó la lengua.

783. El científico francés Antoine Laurent Lavoisier (1743-1794) publicó, en 1775, un escrito sobre la inexistencia del llamado «flogisto» (un supuesto gas que permitía la combustión), publicación con la cual demostró que la combustión es una oxidación (es decir, formación de ciertos compuestos con adición de oxígeno). Pero se le recriminó no haber mencionado en su escrito el descubrimiento del oxígeno hecho, el año anterior, por Joseph Priestley (1732-1804), hallazgo del cual le había puesto en conocimiento personalmente el mismo Priestley. Entonces, Lavoisier se defendió afirmando:

—Es bien sabido que el que levanta la liebre no es siempre el que la mata.

784. El filósofo alemán Arthur Schopenhauer (1788-1860) impartió clases en la Universidad de Berlín. Al empezar uno de los cursos, les hizo esta pregunta a sus futuros alumnos:

—¿Quisiera saber si alguno de ustedes conoce mi ensayo sobre la influencia de la mentira en las relaciones humanas?

Se levantaron muchas manos, y Schopenhauer exclamó:

—Muy bien. Ahora sé que voy a poder hablar de este tema con conocimiento de causa, pues la gran verdad es que yo jamás he escrito ese ensayo.

785. El enfrentamiento del escritor francés Alejandro Dumas, padre (1802-1870), con un prometedor joven político se hizo tan profundo que el duelo se hizo inevitable. Como ambos eran magníficos tiradores, decidieron echar a suertes y acordaron que el perdedor se suicidara de un disparo. Dumas perdió. Pistola en mano,

se dirigió dignamente y en total silencio a la habitación contigua, cerrando la puerta tras él. El resto de los presentes esperaban en tenso suspense el sonido del disparo que significaría el final de la carrera (y la vida) de Dumas. Finalmente, el disparo sonó. Todos corrieron hacia la puerta, la abrieron y allí estaba Dumas, con el humeante revólver en la mano.

—Caballeros, ha ocurrido la cosa más lamentable. He fallado —se disculpó.

786. El compositor y pianista húngaro Franz Liszt (1811-1886) estaba hospedado en el castillo de Jassy, en su patria. Le dijeron que, por las cercanías, había una buena *troupe* de músicos zíngaros y quiso oírles. Así pues, les invitaron al castillo. Liszt los oyó tocar y cantar con evidente agrado, y después les dijo:

—Ahora, si os place, me oiréis tocar a mí.

El que dirigía a los zíngaros, de nombre Barbo, escuchó con suma atención y respeto las complicadas improvisaciones que Liszt, deseoso de lucirse, interpretó al piano. Al terminar, Barbo se sentó al piano y tocó lo mismo que había tocado Liszt; exactamente igual, sin un solo error, falta o añadido. Al acabar, Liszt le abrazó emocionado y le dijo:

—Yo soy incapaz de hacer eso. ¡Y todo el mundo me conoce! Y a ti no te conoce casi nadie.

—Es que yo, señor —contestó el músico zíngaro—, sólo vivo para la música. Y que me conozcan o no me tiene sin cuidado.

787. Se cuenta que, en una de sus primeras lecciones, el doctor José de Letamendi (1828-1897), catedrático de Patología en la Universidad de Barcelona, llevó a sus alumnos a ver un cadáver. Situados todos ante él, les dijo:

—Dos condiciones ha de tener un buen médico: no sentir repugnancia por nada de lo que a los enfermos se refiere y poseer en alto grado lo que entre nosotros llamamos ojo clínico, que es una especie de intuición profesional que nos hace darnos cuenta, sin error, del tipo de afección que padece el enfermo.

Dicho esto, invitó a los estudiantes a imitarle en todo cuanto él hiciera. Introdujo el dedo índice en el ano del cadáver y, sin limpiarlo, se lo metió después en la boca. Todos y cada uno de los alumnos, venciendo su más que natural repugnancia, para quedar bien, repitieron la doble operación. Entonces, el doctor Letamendi les dijo:

—Muy bien y muy mal a la vez, puesto que queda probado que saben ustedes vencer la repugnancia natural; pero también que en cuanto a ojo clínico andan muy mal, ya que ustedes han usado siempre el mismo dedo, sin darse cuenta de que yo he usado dos; uno para introducirlo en el cadáver y el otro para introducírmelo en mi boca.

788. Presidía la sesión del Congreso español Cristino Martos (1830-1893). Un diputado, de apellido Burrell, pidió la palabra hasta cuatro o cinco veces, siéndole denegada por la presidencia que, un poco molesta por el tono usado por el diputado en su solicitud, le anunció que se la concedería cuando fuera oportuno. A renglón seguido, otro diputado enunció un largo ruego al gobierno relacionado con la cría de cerdos en Salamanca. Al acabar éste, Martos le dijo a Burrell:

—Tiene su señoría la palabra… por alusiones.

789. El periodista y político británico Henry Labouchere (1832-1912) fundó el semanario *Thruth* («Verdad») pese a que, paradójicamente, era considerado uno de los mayores embusteros del momento. Por ejemplo, se contaba de él que, un día, de estudiante, se paseaba por Oxford del brazo de una prostituta cuando se tropezó con uno de sus profesores.

—Le presento a mi hermana —le dijo, improvisando, al profesor.

—No soy tonto —le dijo éste—. Todo el mundo sabe a qué se dedica esta señorita.

—De acuerdo, pero no me parece correcto que me eche usted en cara las desgracias de mi familia —se rehizo Labouchere.

790. En cierta ocasión, Mark Twain (1835-1910) tuvo que hablar en público después de una comida y comenzó su intervención con una pregunta:

—Díganme: ¿han comido bien y a gusto?

Todos, formando un gran coro, le dijeron que sí.

—Ahora me siento más tranquilo, pues estoy convencido de que después de haber comido bien y a gusto, se aplauden las mayores tonterías.

Hizo una pausa ante el estupor de todos y prosiguió:

—Y como las mayores tonterías las he dicho ya en mis libros, que por supuesto ustedes ya han leído, no hace falta que las repita.

Tras lo cual, dando por acabado su breve discurso, se sentó con el aplauso general.

791. En cierta ocasión, le hicieron un homenaje a Mark Twain (1835-1910), no muy amigo de hablar en público. A los postres, no tuvo más remedio que dirigirse a la concurrencia. Se levantó y, con voz muy suave, dijo:

—Pues les voy a contar un sueño que he tenido esta noche. Yo era un cristiano condenado a ser comido por las fieras en tiempo de los romanos. Estaba solo en la arena del coliseo y todo el público gritaba: «¡El león! ¡El león!». Y, de pronto, apareció el león. Iba con la boca abierta como si estuviera hambriento..., y yo le dije algo en voz baja y se detuvo a escucharme. Le hablé al oído y, en vez de devorarme, se alejó sin ni siquiera tocarme. Al ver este prodigio, me perdonaron la vida, a condición de que les dijera cómo había conseguido apaciguar al león y qué le había dicho. Y yo les dije la verdad; les dije que le había dicho: «Oye, león, te advierto que aquí es costumbre, después de comer, hacer un discurso; de manera que, si me devoras, ya sabes lo que te toca». Y así salvé la vida.

Tras unos segundos de sorpresa, todos los asistentes a la cena de homenaje rompieron en aplausos, lo cual aprovechó Twain para sentarse discretamente y dar por acabado aquel incómodo discurso.

792. En otra ocasión, a Mark Twain, aficionado, como acabamos de ver, a contar falsedades de sí mismo, de su familia y de sus antepasados, le dio por contar lo siguiente:

—En mi familia hemos sido todos siempre muy curiosos. Y, por simple curiosidad, hemos reunido piezas únicas muy extrañas. Mi bisabuelo tenía una de las botas que llevaba Colón la primera vez que desembarcó en América, y tanto se dedicó a buscar la otra, que llegó a encontrar cuatro. Mi abuelo había conseguido cruzar una paloma mensajera con un loro; y el resultado fue una paloma mensajera que, si se extraviaba, podía preguntar el camino. Mi padre tenía un faisán hembra valorado en diez mil dólares. Y no es extraño un precio tan alto, pues era el único faisán hembra cuyos huevos eran cuadrados.

—¿Y salían crías de faisán de esos huevos? —le preguntó alguien.

—No —respondió Twain—, salían faisanes grandes. Tan grandes que echaban a volar y no pudimos conservar ninguno. El faisán madre huyó a caballo, le confundieron con un indio y lo mataron.

793. El compositor de óperas italiano Giacomo Puccini (1838-1924) tuvo, como es habitual, sus incondicionales y sus detractores. Pero, entre éstos, un crítico en especial le trataba siempre sin consideración. Puccini se encontró un día con él en una cervecería, en evidente actitud de esperar a alguien. El crítico, curiosamente, amenizaba su espera silbando un pasaje de una de las óperas de Puccini, que había criticado abiertamente en el momento de su estreno. Puccini se le acercó y le dijo:

—Nunca ha alabado mi música y, sin embargo, cuando está solo, la recuerda.

—La silbo aquí —se rehízo el sorprendido crítico— lo mismo que la silbaría en el teatro.

794. El escritor español Salvador María Granés (1840-1911) había pasado la noche de juerga con un amigo actor. Ya por la mañana, de retirada, quisieron buscarse un último momento de diversión y, para ello, entraron en una lechería. Granés, dirigiéndose al dueño, le dijo con toda seriedad:

—¿Quiere usted darnos un metro de leche?

El lechero, que tenía además de buena leche, mejor humor,

advirtió que se encontraba ante dos guasones y, sin inmutarse, como si fuera la cosa más normal del mundo, metió un dedo en el jarro de la leche y trazó después sobre el mostrador una línea de un metro aproximado de extensión. Ante tal ocurrencia, el actor y el autor quedaron, de momento, desconcertados y no supieron qué decir. Pero, al fin, Granés, con la más amable de sus sonrisas, suplicó al lechero:

—¿Quiere hacer el favor de envolvérnoslo?

795. Adelina Patti (1843-1919) había sido contratada para cantar *La traviata* en Milán. El trato fijaba en veinticinco mil libras lo que debía cobrar antes de empezar la función. Una hora antes, el empresario acudió al camerino de la Patti llevándole sólo cuatro mil libras y pidiéndole que le disculpara por no entregarle el resto hasta después de la representación. La artista se negó por completo. Luego de súplicas y promesas, acordaron que le entregarían diez mil libras, y con esto la cantante decidió vestirse para la obra, pero no calzarse. Cinco mil libras más, que le entregaron después de reiniciada la discusión, lograron que se pusiera una media; otras cinco mil, que le enviaron al poco tiempo, acabaron de calzarla; las cinco mil restantes, que le llevaron minutos ante de la hora fijada para comenzar la función, le permitieron trasladarse al escenario...

796. Cuando la actriz francesa Sarah Bernhardt (1844-1923) tenía más de setenta años y una pierna de menos, fue objeto, en Londres, de un homenaje maravilloso, que consistió en un desfile inmenso de personas que le fueron presentadas una a una. Cuando había saludado ya a unas quinientas, preguntó:

—¿Cuántas faltan?

—Más o menos un número igual —le respondieron.

—Está bien.

Al poco tiempo cayó desmayada. En cuanto la sacaron de entre el gentío, la actriz abrió los ojos tranquilamente y sonrió con malicia. De algo le habría servido el haberse desvanecido y hasta haberse muerto tantas veces en la escena.

797. En cierta ocasión, el que luego sería famoso escritor zamorano Miguel Ramos Carrión (1845-1915) llevó una obra suya (se dice que la titulada *Doña Homobona*, que diez años después sería estrenada, mejorada, con el nuevo título de *La costilla de Pérez)* al gran actor Julián Romea para que éste la leyera y le diese su opinión. Transcurrido un plazo que el autor novel estimó más que prudencial sin recibir noticias de Romea, volvió a visitar al que por entonces era gran patriarca de la escena española. Romea intentó deshacerse rápidamente del joven escritor con algunas frases estereotipadas y unos cuantos lugares comunes, que hicieron sospechar al autor que ni siquiera había leído la obra. Para cerciorarse de ello, y acaso también como represalia, le solicitó opinión concreta al maestro sobre determinados pasajes de la obra, hasta que llegó a decirle:

—Lo que sí le habrá gustado a usted es la escena de los carneros.

—Hombre, sí. Ésa está mejor hecha —le respondió muy seguro Romea.

Esta respuesta quitó toda duda a Ramos Carrión sobre si el maestro había leído o no su obra, pues en ella no había ninguna escena en la que apareciese carnero alguno. Así se lo hizo ver a Romea, ante el azoramiento de éste.

798. Cuando el inventor estadounidense Thomas Alva Edison (1847-1931) estaba desarrollando la lámpara incandescente, encargó al matemático Francis R. Upton (1852-1921), que trabajaba a sus órdenes, que calculara el volumen de cierta bombilla para basar sobre ese dato otros trabajos posteriores. Pasaron dos días, y Upton estaba aún trabajando afanosamente, haciendo más y más cálculos. Entonces Edison se le acercó y le dijo:

—Mire, creo que existe una forma más simple de resolverlo.

Upton lo miró asombrado. Era un matemático excelente, y Edison, como había confesado él mismo muchas veces, «no sabía nada de matemáticas». Entonces, Edison tomó la bombilla de cristal vacía, la llenó de agua y volcó después el líquido en un recipiente graduado, diciéndole:

—Si mide usted el agua, tendrá el resultado de inmediato.

Upton lo miró unos instantes y comentó:

—Tiene la sencillez de razonamiento del genio.

799. El escritor satírico español Luis Taboada (1848-1906) publicó en 1890 un tomo titulado *Madrid en broma*. A todos y cada uno de sus amigos y conocidos (que, dados su buen humor y su bondad, no eran pocos) les fue diciendo:

—Perdona, chico, si en mi libro te aludo un tanto así... descaradamente. No hay nada de mala intención.

El amigo, intrigado, compraba el libro y no veía en él alusión alguna a su persona. En pocos días se agotó la edición.

800. En cierta ocasión, el político inglés Randolph Henry Spencer Churchill (1849-1895) (padre de Winston Churchill), se cruzó al salir de su club con un colega parlamentario que comenzó a contarle una historia muy larga. Lord Churchill era muy educado, pero tenía prisa y no estaba dispuesto a perder el tiempo con aquel pesado, así que detuvo a un transeúnte que acertó a pasar por allí y le dijo:

—Haga usted el favor de escuchar a su señoría hasta que acabe, que yo no puedo esperar y tengo que irme.

801. Ejerciendo el cargo de presidente de la Audiencia de Madrid, José de Aldecoa (1838-1917), quien fuera luego magistrado del Tribunal Supremo, ventilaba en su tribunal un pleito de bastante importancia en el que intervenían dos labradores castellanos. Uno de ellos, que lo tenía poco menos que perdido, visitó a su abogado, Juan Díaz Caneja (1877-1948), quien le comunicó las impresiones más pesimistas.

—¿Y si le hiciera un regalo al presidente de la Audiencia? —preguntó el cliente.

—No diga usted disparates. El señor Aldecoa le metería en la cárcel si lo intentara.

Pasaron varios días y el pleito fue fallado en favor del representado de Díaz Caneja.

—¿Lo ve usted? —le dijo el cliente—. Gracias al regalo que le hice al señor Aldecoa...

—Eso no es posible, no lo creo.

—Pero ¿no se ha enterado? Le envié un buen regalo…, pero a nombre de mi contrario. Creo que van a procesarlo, después de devolverle el regalo.

802. El escritor irlandés Oscar Wilde (1854-1900), que cultivaba la insolencia, cuando le invitaban a una reunión o una cena a la que no pensaba asistir, solía enviar una tarjeta impresa en que se leía:

—El señor Wilde, retenido por un compromiso posterior, no podrá estar con ustedes.

803. El secretario de uno de los más importantes productores cinematográficos de Hollywood llamó por teléfono al actor estadounidense John Barrymore (1882-1959), hombre de mundo, para invitarle a una reunión que el actor preveía insoportable, así que le contestó con voz suave y exquisita cortesía:

—Lo lamento, pero tengo un compromiso previo que contraeré cuanto antes.

804. El dramaturgo irlandés George Bernard Shaw (1856-1950) no vestía precisamente como un dandi cuando se quedaba en su casa escribiendo. En una oportunidad, llegó una aristocrática dama, cuidadosamente vestida, a tomar el té con la esposa del escritor. Al llegar al jardín, donde escribía Shaw para aprovechar el sol, ésta no lo reconoció y le preguntó:

—Señor, ¿trabaja usted para la señora Shaw?

—Claro —contestó sin inmutarse Shaw—. Llevo veinticinco años trabajando para ella.

—¿Y así lo tiene vestido? ¿Tantos años trabajando y no se ha dignado pagarle o vestirlo mejor? Eso es esclavitud —dijo muy enfática la noble dama.

—Sí señora, denomínelo como quiera —respondió Shaw—. Yo prefiero llamarlo matrimonio.

805. Un actor mediocre molestaba continuamente a Bernard Shaw pidiéndole una carta de recomendación para un importante empresario de Londres. Para librarse de una vez de él, Shaw le dio la

carta, redactada en los siguientes términos: «Mi querido amigo: el dador de la presente representa a Shakespeare, a mí y a otras celebridades del teatro. Además, toca la flauta y juega al tenis. Esto último es lo que hace mejor. Afectuosamente, Bernard Shaw».

806. Un desconocido solicitó ser recibido por Bernard Shaw, pero no lo consiguió hasta que, de tanto insistir, éste deseó quitárselo de encima. Le recibió de pie, como para anunciar que la entrevista sería corta. El desconocido se limitó a pedirle dinero, con el siguiente peregrino argumento:

—Somos de la misma familia, y es justo que nos ayudemos unos a otros.

—¿De la misma familia? —preguntó Shaw.

—Sí, los dos descendemos de Adán y Eva.

Shaw, sin discutir, le dio un chelín y le dijo:

—Ahí va esto. Y si los demás miembros de la familia le dan lo mismo, no tardará en ser mucho más rico que yo.

807. El comediógrafo español Guillermo Perrín (1857-1923) se hallaba cierto día en casa junto a su esposa y su hijo Guillermo, de diez años de edad. Inesperadamente, éste preguntó:

—Dime, papá, cuando mamá y tú hicisteis vuestro viaje de bodas, ¿iba yo con vosotros?

—Saliste conmigo y regresaste con tu madre —contestó imperturbable Perrín.

808. El compositor español Isaac Albéniz (1860-1909), que se hallaba a la sazón en el extranjero, envió a su esposa, que se había quedado en España, un telegrama en estos términos: «Ven pronto. Estoy gravísimo». Seriamente preocupada, la mujer se puso en camino cuanto antes pudo, pero cuál no sería su sorpresa cuando, al llegar a la estación de la ciudad donde ella había supuesto que su marido se hallaba gravemente postrado, encontró que éste la esperaba fumándose un puro enorme y rebosante de salud y felicidad.

—Pero ¿no estabas enfermo? ¿No decías que estabas gravísimo? —le preguntó.

—Sí —contestó Albéniz—; gravísimo. Estaba empezando a enamorarme.

809. Al comediógrafo francés Georges Feydeau (1862-1921) le gustaba mucho el café. Pero el auténtico, sin mezclar con achicoria, cosa que en su tiempo no siempre era fácil de conseguir, y menos aún en Francia. Un día quiso tomar café en una posada rural. Previsoramente, llamó a la muchacha que atendía las mesas y le dijo:

—¿Tendrías achicoria por casualidad?

—Pues sí; tenemos.

—¿Mucha?

—Un paquete empezado y otro por abrir.

—Quizá me baste. Déjamelos ver. Es por el tamaño de los paquetes, ¿sabes?

La muchacha le puso sobre la mesa los dos paquetes. Feydeau los cogió y dijo:

—Y, ahora, ¿me haces un café?

810. Sonado fue el romance que mantuvieron las dos estrellas del cine mudo, Rodolfo Valentino (1896-1926) y Jean Acker (1893-1978), que acabó en un fugaz y corto matrimonio que se acabó la misma noche de bodas, cuando la recién casada decidió abandonar a su recién estrenado marido. Al ser preguntada por el motivo de tan rápida separación, la actriz contestó:

—Valentino es un buen amante…, pero de la tranquilidad.

811. En los primeros tiempos de la aviación, invitaron al matemático alemán David Hilbert (1862-1943) a dar una conferencia sobre un tema de su elección. La conferencia creó una gran expectación, ya que el tema elegido por Hilbert fue «La demostración del último teorema de Fermat», asunto que, al parecer, traía (y aún trae) de cabeza a muchos científicos. Llegó el día indicado, y Hilbert dio la conferencia. La exposición fue muy brillante, pero no tuvo nada que ver, ni por asomo, con el último teorema de Fermat. Cuando le preguntaron el porqué del título, él contestó:

—¡Oh!, el título era solamente para el caso de que el avión se estrellara.

812. Casi idéntica anécdota se cuenta de G. H. Hardy cuando se disponía a volver a Inglaterra desde Dinamarca. El viaje debía hacerlo en barco, y hacía un tiempo bastante desapacible. Decidió entonces enviar una tarjeta postal por adelantado diciendo: «He demostrado la hipótesis de Riemann», que era entonces, y sigue siendo, uno de los problemas sin resolver más importantes de las matemáticas. Desde luego Hardy no había resuelto el problema, pero pensaba (a pesar de que no era muy creyente), que Dios no permitiría que el barco se hundiese y quedara la duda de si había conseguido tan gran hazaña.

813. Un día, Aristide Briand (1862-1932), por entonces ministro de Justicia francés, empezaba a estar harto de que todos los visitantes a los que había dado cita esa mañana le pidieran algún favor. Al final, cuando sólo quedaba una visita, Briand, agotado, hizo entrar al hombre y lo recibió con un abrazo, mientras le decía:

—¡Hombre! ¡Gracias a Dios! Ya es hora de que venga a verme un buen amigo sólo por el gusto de abrazarme, y no para pedirme un favor, como hacen todos.

El visitante no se atrevió a exponer el verdadero objeto de su visita y se fue de allí sin haber pedido nada.

814. Se examinaba el político Alejandro Lerroux (1864-1949), más tarde líder del Partido Radical, de una de sus últimas asignaturas de la licenciatura de Derecho cuando uno de sus catedráticos, en tono relajado, le quiso poner en un apuro:

—¿De qué color eran las zapatillas de Mahoma? —le preguntó sorprendentemente.

—Verdes —respondió sin dudar Lerroux.

—No, eran azules —le corrigió el catedrático guasón.

—Tenía dos pares, me consta —apostilló Lerroux.

815. Allá por 1920, un grupo de damas trataba por todos los medios de convencer a Jacinto Benavente (1866-1954) para que diese una conferencia en el Lyceum Club de Madrid. El comediógrafo se las veía y se las deseaba para escurrir el bulto con todo tipo de

excusas, a cuál más ingeniosa; pero ninguna servía para que las damas se desalentaran. Una de ellas llegó a decirle:

—Vamos, don Jacinto, pero si usted no necesita prepararse nada especial para nosotras. Usted llega, nos dice cualquier cosa, como sólo usted sabe decirlas, y nosotras quedamos encantadas.

Benavente, abrumado, intentó excusarse, rebatiendo semejante sugerencia:

—No puedo, señora, no puedo… Además, ¡no voy a ir allí a hablar a tontas y a locas!

816. El escritor francés Tristan Bernard (1866-1947) presumía a menudo de ser muy despistado. Por ejemplo, contaba:

—Miren ustedes si soy distraído que ayer me metí en el baño vestido.

—¿Y no se dio cuenta? —inquirió alguien.

—No, porque, como soy tan distraído, me había olvidado de llenar la bañera.

817. Estaba el tenor checo Leo Slezak (1873-1946) en plena representación del *Lohengrin*, de Richard Wagner, cuando, nada más acabar de cantar la «Despedida», se acercó caminando hacia el bote arrastrado por un cisne simulado en que había de montarse. Sin embargo, algo falló, los tramoyistas movieron demasiado rápido el cisne y Slezak no llegó a tiempo de montarse en él. Ni corto ni perezoso, el tenor avanzó hacia el público y con una fenomenal presencia de ánimo preguntó:

—Por favor, ¿saben a qué hora pasa el próximo cisne?

818. Cuando el productor de cine estadounidense Samuel Goldwyn (1879-1974), fundador de la Metro-Goldwyn-Mayer, quería pedir un favor, llamaba a un amigo y le decía:

—Oye. Me han dicho que querías pedirme un favor.

Como es lógico, el amigo se quedaba desconcertado:

—Debes de estar confundido, Sam.

Y entonces Goldwyn contraatacaba:

—Pues mira, ya que tú no necesitas nada, ¿te importaría hacerme un favor a mí?

819. Durante una breve temporada de descanso que pasaba Albert Einstein (1879-1955) en la mansión rural de una rica familia, una de las damas invitadas demostró gran interés por conocer su famosa teoría de la relatividad «en palabras sencillas». Así que, mientras recorrían los suntuosos jardines de la residencia, le dijo:

—Cómo no, señora —replicó Einstein—. Va a ver usted: un día paseaba yo por un parque con un amigo que tenía la desgracia de ser ciego y le dije que tenía deseo de beber un vaso de leche. «¡Leche! —replicó mi amigo ciego—. ¿Qué es "leche"?» «Un líquido blanco», contesté yo. «"Líquido" ya sé que es —repuso mi amigo ciego—, ¿pero qué es "blanco"?» «"Blanco" es, por ejemplo, el color de las plumas del cisne», le expliqué. «Ya sé lo que son "plumas" —fue la respuesta de mi desgraciado amigo—, ¿pero qué es un "cisne"?» «Un cisne —tuve que explicar yo— es un ave con el cuello arqueado.» «Sé lo que es "cuello", pero no sé lo que significa "arqueado"», dijo el ciego. Entonces, tomé el brazo de mi amigo y lo arqueé como si fuera el cuello de un cisne, diciendo: «Esto es arqueado...». Mi amigo ciego contestó con una sonrisa: «¡Ah...! ¡Ahora sé lo que es "leche"...!».

820. En otra ocasión, Albert Einstein explicó de una manera aún más gráfica la esencia de su teoría de la relatividad:

—Pon la mano sobre una estufa caliente durante un minuto y te parecerá una hora. Siéntate junto a una mujer bonita durante una hora y te parecerá un minuto. Eso es relatividad.

Y es que, como dijo en otra ocasión:

—No entiendes realmente algo a menos que seas capaz de explicárselo a tu abuela.

821. El dramaturgo español Luis Antón del Olmet (1886-1923) estrenó en San Sebastián, coincidiendo con la estancia veraniega de los reyes en la capital donostiarra, su obra *El capitán sin alma*. Aunque el autor y la compañía, que dirigía el poeta y escritor madrileño Gregorio Martínez Sierra (1881-1947), confiaban mucho en la obra, ésta obtuvo un fracaso total y absoluto, sin paliativos. Martínez Sierra resumió lo sucedido diciendo:

—El público no ha sido del agrado del autor.

822. Algo similar dijo en cierta ocasión Oscar Wilde (1854-1900) tratando de forma irónica el fracaso de una obra teatral suya:

—La obra fue un gran éxito, pero el público fue un desastre.

823. El 6 de noviembre de 1919, se hallaban reunidas en sesión conjunta la Real Sociedad y la Real Sociedad Astronómica británicas cuando fueron anunciados públicamente los resultados de la observación de un eclipse que confirmaban la predicción de Albert Einstein sobre la curvatura de la luz por efecto de la ley de la gravedad. Cuando, tras comentar ampliamente la novedad, los científicos se estaban ya retirando, el físico y matemático Ludwig Silberstein (1934) se acercó al astrónomo y físico Arthur Eddington (1882-1944) y le dijo:

—Profesor Eddington, usted debe de ser una de las tres únicas personas del mundo que comprende la teoría de la relatividad.

Como Eddington tardaba en responder, Silberstein añadió:

—No sea modesto, Eddington.

—Al contrario —replicó Eddington inmediatamente—, estaba tratando de averiguar quién pudiera ser esa tercera persona a la que usted se refiere.

824. El físico danés Niels Bohr (1885-1962) desarrolló un curioso sistema para zafarse de las preguntas difíciles en los coloquios: cuando se sentía arrinconado por alguien, sacaba su caja de cerillas con el pretexto de volver a encender su pipa y «accidentalmente» dejaba caer todos los fósforos al suelo. Tras tomarse su tiempo en recogerlos, continuaba con su exposición sin que nadie (y sobre todo el que había preguntado) pudiera recordar si tenía lo que decía algo que ver o no con la pregunta realizada.

825. El hijo del novelista estadounidense Nathaniel Hawthorne (1888-1953), Julian, siguió el ejemplo de su padre y se hizo también escritor. Ello dio lugar a que padre e hijo fueran a menudo confundidos entre sí. Un día, al ser presentado Julian a una dama, ésta le dijo:

—Oh, señor Hawthorne, acabo de leer su novela *La letra escarlata*, y creo que es una auténtica obra maestra.

—Sí —dijo Julian, afectando modestia—, y eso que la novela fue escrita cuando yo tenía sólo cuatro años.

826. Alguien reprochaba en cierta ocasión al comediógrafo argentino Julio Escobar (1892-1957) que, a pesar de su depurado gusto artístico y sus excelentes condiciones de escritor, estrenase a veces obras que sólo buscaban halagar el mal gusto de la mayoría.

—Oye —le dijo Escobar a su interlocutor—, cuando vas a pescar, ¿qué pones en el anzuelo: lo que te gusta a ti o lo que le gusta al pez?

827. Durante la época de la dictadura peronista en Argentina, el escritor Jorge Luis Borges (1899-1986) se negó a colgar en su despacho un retrato del dictador. Esto motivó que fuera expulsado de la presidencia de la Asociación de Escritores. Una noche, un ardiente peronista llamó a su casa y amenazó a la madre de Borges con matarla a ella y a su hijo.

—Bueno, señor —le contestó la madre con gran presencia de ánimo—, si quiere matar a mi hijo, es muy fácil: sale todos los días a las ocho de la mañana hacia su oficina y lo único que tiene que hacer es esperarle. En cuanto a mí, tengo ya ochenta años y si quiere matarme, más vale que se dé prisa pues es posible que me muera yo antes.

828. El comediógrafo francés Marcel Achard (1899-1974) hizo la adaptación teatral de la novela de su compatriota Pierre-Ambroise Chorderlos de Laclos (1741-1803) *Las amistades peligrosas*, que fue estrenada en París en 1952. Antes de aquel estreno, le preguntaron si el público no se escandalizaría por el conocido atrevimiento de algunas de sus escenas.

—No —les tranquilizó Achard—, he hecho el arreglo de tal modo que todo lo excesivamente escabroso ocurre durante los entreactos y nadie lo ve.

829. Se dice que Irving Thalberg (1899-1936), productor de la Metro-Goldwyn-Mayer, tenía la costumbre de retener a sus visitantes en la sala de espera durante períodos de tiempo irrazonablemente

largos antes de dejar que entraran en su despacho. En una ocasión, los hermanos Marx fueron a verle, y perdieron la mañana... y la paciencia. Cuando, tras varias horas de espera, Irving salió a recibirles, se encontró a todos los hermanos completamente desnudos y asando patatas en la chimenea de la sala de espera. Nunca más les hizo esperar.

830. El francés Gustave Charles inventó un aparato para buscar tesoros. Consistía en una barra de metal en cuyo extremo se movía un plato giratorio de hojalata que —explicaba él— estaba impregnado con ciertas sustancias que respondían al magnetismo enviado por el oro, la plata y otros metales nobles. Al sentir su presencia, el plato se ponía a girar. La velocidad de aquellos giros indicaba la cantidad exacta del metal enterrada. Vendió a buen precio muchos de esos artilugios, y así se enriqueció. Un día, un suspicaz le preguntó:

—Señor Charles, ¿alguien ha encontrado un tesoro con su aparato?

—Quién sabe —respondió Charles, con una sonrisa en los labios—. Yo sí encontré uno.

831. Existía hace algún tiempo en La Habana un matón que por la menor cosa la emprendía a bofetadas con cualquiera. Un día fue llevado ante el juez correccional León Armisén (famoso por sus justísimas sentencias), quien, enterado de que el matón había jurado matarle si le condenaba, le dijo:

—Ya sé que piensa usted quitarme de en medio si le condeno, y como estoy muy a gusto en este mundo, voy a absolverle. Pero sepa usted que absolveré igualmente a todos cuantos le peguen a usted.

La sentencia corrió rápidamente por La Habana y fueron tales las palizas que recibió el matón, que éste desapareció para siempre.

832. Una tarde de 1965, el pintor Salvador Dalí (1904-1989) llevó con él a su cachorro de ocelote a un lujoso restaurante de Nueva York y lo ató a la pata de la mesa, mientras pedía un café. Una dama de mediana edad pasó al lado y miró aterrorizada al animal.

—¿Qué es eso? —gritó.

—Sólo es un gato —dijo Dalí sarcástico—. Lo he pintado al estilo op-art.

La mujer, algo avergonzada por su reacción inicial, le echó una ojeada de cerca y, ya tranquila, dijo:

—Ahora veo qué es. Al principio pensé que era un ocelote auténtico.

833. En sus primeros tiempos, sin haber cumplido aún los veinte años de edad, era tal la timidez del pianista ruso-estadounidense Vladimir Horowitz (1904-1989) que, en cierta ocasión, se puso enfermo de nervios poco antes de comenzar un concierto.

—Estoy enfermo —dijo al empresario—. No puedo tocar esta noche.

—Bueno; si no puede, no puede —contestó con ira contenida el empresario—. Pero, por amor de Dios, salga y dé alguna excusa al público.

Horowitz avanzó hasta el centro del escenario, miró con miedo el mar de caras y… decidió que le daba más miedo hablar que tocar. Así que, sin otra salida, no le quedó más remedio que dar —según se dijo—uno de lós mejores conciertos de su vida.

834. El actor cinematográfico australiano Errol Flynn (1909-1959), del que se decía que la imagen que daba en la pantalla (seductor, adorable, romántico, caballeroso…) no tenía nada que ver con la suya personal (grosero, arrogante, maleducado, pervertido…), declaró a la prensa en cierta ocasión:

—Mi problema es reconciliar mis maneras brutas con mis ingresos netos.

835. Durante un programa de televisión de debate, el médico genetista Jerome Lejeune (1926-1994) le dijo al bioquímico Jacques Monod (1910-1976):

—De un padre sifilítico y una madre tuberculosa que tuvieron cuatro hijos, el primero nació ciego, el segundo murió al nacer, el tercero nació sordomudo y el cuarto es tuberculoso; la madre queda embarazada de un quinto hijo… ¿Usted qué haría?

—Yo interrumpiría ese embarazo —respondió Monod con toda seguridad.

—Tengamos un minuto de silencio —le respondió su adversario—, pues hubiera matado a Beethoven.

836. Durante una visita a Israel en su etapa de alcalde de Berlín Oeste, Willy Brandt (1913-1992), el que después sería canciller alemán, fue invitado a admirar el nuevo Auditorio Mann de Tel Aviv. Brandt expresó su agradecimiento y su admiración al pueblo de Israel por haber dedicado un imponente auditorio al gran escritor alemán Thomas Mann. Tras un momento de estupor, Brandt fue corregido con mucha educación por su anfitrión. En realidad, el nombre del auditorio recordaba a un tal Frederic Mann, filántropo de Filadelfia.

—Comprendo —dijo Brandt—. Y ¿qué es lo que ha escrito este señor?

—Un cheque —fue la lacónica y sincera respuesta que le dieron.

837. Cuando Orson Welles (1915-1985) llegó por primera vez al rodaje de *Ciudadano Kane*, todo el mundo le tenía miedo por la fama de genio precoz e insoportable que le precedía. En un rasgo de astucia, que acabó de un plumazo con su fama, una vez que todo estuvo dispuesto para comenzar a rodar, Welles se chocó con un artefacto que, según él, estorbaba en el estudio. Cuando preguntó qué era ese chisme, todos a la vez le respondieron que era con lo que se grababa: una cámara. Welles se sentó en su silla y dijo:

—Bueno es saberlo.

A partir de ahí todos vieron a Welles con otros ojos.

838. En 1970, cuando el actor Robert Mitchum (1917-1997) y su esposa, Dorothy, llevaban treinta años felizmente casados, le preguntaron qué cuál era su secreto para que su matrimonio perdurase cuando los de muchos colegas de profesión habían fracasado.

—Indulgencia mutua —contestó—. Cada uno de nosotros ha seguido pensando que el otro sería mejor mañana.

Gracias a ese sencillo y eficaz truco, la pareja siguió junta veintisiete años más, hasta 1997, en que murió Robert Mitchum.

839. En marzo de 1957, cuando era todavía vicepresidente, Richard Nixon (1913-1994) asistió a la ceremonia de independencia de Ghana como representante de su país. Rodeado de ghaneses, Nixon estrechaba manos a diestro y siniestro, palmoteando con su mejor sonrisa a cuanto nativo podía. En ésas estaba, cuando, por enésima vez, le preguntó sonriente a un hombre de raza negra:

—¿Qué se siente al ser un hombre libre?

En esta ocasión el sujeto le miró de arriba abajo y, tras una pausa, le respondió:

—Pues no sabría decirle, señor... Soy de Alabama.

12. OTRAS ANÉCDOTAS CURIOSAS

840. Eran tan proverbiales las anécdotas que se asignaban al escritor francés Tristan Bernard (1866-1947) que no era raro que se llegaran a contar incluso delante de él para amenizar cualquier reunión social. Él las solía escuchar con paciencia y no poca diversión e, incluso, alguna vez se le oyó decir:

—Tienen gracia, tienen gracia… Algunas las desconocía.

A veces, incluso, el propio Bernard amenizaba alguna velada recurriendo a alguna de ellas y, al acabar la narración, solían surgir comentarios admirativos:

—¡Es lo mejor que le hemos oído! ¡Qué ingenio de hombre!

—No es mía —remachaba entonces Bernard con modestia—. La he cogido de entre las innumerables anécdotas que me atribuyen. De vez en cuando tengo que restituir algunas de las que me prestan.

841. Un rico ateniense le pidió a Sócrates (471-399 a. C.) que se encargara de la educación de su hijo. El filósofo le dijo que le cobraría quinientos dracmas, pero al rico le pareció mucho dinero.

—¡Es mucho dinero! Por esa cantidad podría comprarme un asno.

—Efectivamente, le aconsejo que lo compre, así tendrá dos.

842. Alejandro Magno estaba derrotando a Darío en la guerra que ambos sostenían. Darío, tratando de llegar a un acuerdo con el poderoso guerrero, le envió un mensajero con la proposición de que, si suspendía las hostilidades, le concedería la mano de su hija, la princesa Statira, con todo el territorio de Asia Menor como dote y un tesoro de diez mil talentos. Parmenon, consejero de Alejandro, le sugirió:

—Si yo fuera Alejandro, aceptaría...

—También lo aceptaría yo, si fuera Parmenon.

843. Contaron Plinio y Petronio que en la época del emperador romano Tiberio (42 a. C.-37) un hombre logró hacer un vidrio maleable. Un día, el emperador lo visitó en su taller. En su presencia, el sabio procedió primero a abollar un recipiente de tal vidrio, y luego, sorprendentemente, logró repararlo con algunos golpes de martillo. El soberano se quedó perplejo ante aquella maravilla. Pero pronto reaccionó y le dijo:

—¿Quién más conoce el secreto de esta composición? —y, tras una pausa, agregó—. Piensa bien tu respuesta.

—Nadie más que yo —respondió el artesano.

Satisfecho por la respuesta, Tiberio lo mandó decapitar.

844. Carlos I de España (1500-1558), después de su abdicación, recibió en Yuste, donde vivía sin mucho dinero a su disposición, a un antiguo bufón de la corte. El emperador lo recibió afectuoso y se quitó el sombrero para saludarlo.

—Yo no merezco este saludo —le dijo el bufón, aturdido.

—No dispongo de dinero para hacer un buen obsequio; pero sí me queda toda la cortesía para saludarte como a uno de mis buenos viejos amigos.

845. Cuando el pintor flamenco holandés Peter Paul Rubens (1577-1649) ya tenía reconocida su valía como tal, recibió una vez la visita de un alquimista que iba a verlo con la pretensión de que invirtiese dinero en la búsqueda de la piedra filosofal, que, supuestamente, convertiría en oro todo lo que tocase. Después de mucho explicarle que ya casi la tenía conseguida, pero que le faltaba dar los últimos pasos en su investigación y que para ello necesitaba un poco de dinero, etc., Rubens le respondió:

—Hace unos años, es probable que me hubiese interesado la aventura, pero ahora ya he encontrado la piedra filosofal por mi cuenta.

—¿De veras? ¿Y dónde la tenéis?

—Aquí; ésta es mi piedra filosofal —le dijo, señalando su paleta de colores.

846. El cardenal Richelieu (1585-1642), cuando quiso liberarse del mariscal Marillac, lo llenó de acusaciones que otras personas le habían hecho, y de esta manera consiguió que un juez lo desterrara. Posteriormente, comentando este hecho, solía decir cínicamente:

—Hay que reconocer que Dios confiere a los jueces una facultad que les permite ver las cosas mucho más claras que al resto de los hombres.

847. Carlos I de Inglaterra (1600-1649), perseguido por las tropas de Cromwell, se refugió en las tierras de Escocia, pero los escoceses le vendieron al enemigo por una fuerte cantidad de dinero. Cuando lo supo el rey prisionero, exclamó:

—Mejor estar con los que me han comprado que con los que me han vendido.

848. Giulio Mazarino (1602-1661), después de establecer un nuevo impuesto, preguntó a uno de sus más fieles servidores:

—¿Qué dice de mí el pueblo?

—Nada bueno, señor. Entonan canciones insinuantes en las que lo calumnian.

—No hay problema; si cantan, da por descontado que pagarán.

849. Al rey español Felipe IV (1605-1665) le gustaba que le llamasen «el Grande». Tras la pérdida de Portugal, el duque de Medinaceli (1607-1671) dijo en cierta ocasión:

—A su majestad le pasa como a los hoyos, que cuanta más tierra pierden, más grandes son.

850. El político y economista francés Jean-Baptiste Colbert (1619-1683), controlador general de las finanzas del monarca y ministro de Luis XIV (1638-1715), trató de reorganizar la estructura económica de Francia con el fin de incrementar los ingresos y crear un país autosuficiente, basándose para ello en la regularización de los

ingresos fiscales del Estado. Colbert confesó alguna vez su opinión de que:

—El arte de los impuestos consiste en desplumar el ganso en orden a obtener el máximo de plumas con el mínimo de alaridos.

851. Sobre ese mismo asunto, declaró en cierta ocasión el jefe de gobierno de la Unión Soviética, Nikita Kruschov (1894-1971):

—Cuando despellejes a tus clientes, déjales algo de piel para que crezca de nuevo; así podrás hacerlo más veces.

852. Durante sus años de mandato presidencial, el estadounidense Ronald Reagan (1911) añadió su opinión de que:

—El contribuyente es una persona que trabaja para el gobierno, pero sin haber hecho las oposiciones a funcionario.

853. Un amigo de Blaise Pascal (1623-1662) comentaba un día que cierto personaje, según decía, era tan gordo como tonto. A lo que Pascal respondía:

—Ésa es la prueba de que un cuerpo puede tener mucho volumen y poca capacidad.

854. A Luis XIV (1638-1715) se le atribuye la frase: «El Estado soy yo». Se dice que dicha frase se dijo en el Parlamento en cierta ocasión, cuando el monarca se presentó, fusta en mano, y el cardenal Mazarino le reprochó el haber faltado al respeto con esa actitud al honorable cuerpo consultivo.

—Majestad, le hablo por el bien del Estado.

El rey le cortó iracundo:

—¡El Estado soy yo!

855. Al morir, el médico holandés Hermann Boerhaave (1668-1738), el más destacado internista de su época, legó un libro sellado que llevaba el título de *Los secretos más exclusivos y más profundos del arte* médico. El libro, aún sellado, fue vendido en pública subasta por veinte mil dólares en oro. Cuando el nuevo propietario abrió el sello se encontró con un libro con las páginas totalmente en

blanco, salvo la primera, donde se podía leer una nota manuscrita por el autor que decía:

—Conserve la cabeza fresca y los pies calientes, y hará empobrecer al mejor médico del mundo.

856. El célebre político inglés Philip Dormer Stanhope (1694-1773), cuarto conde de Chesterfield, supo que el rey Jorge II (1683-1760) pensaba cerrar el parque londinense de Saint James y transformarlo en un jardín privado para su uso particular, lo que habría causado gran descontento en el pueblo. El rey le preguntó cuánto podrían costar las obras, y él respondió con concisión y flema británicas:

—Señor, sólo una corona.

El rey comprendió la indirecta, y el proyecto no pasó de ahí.

857. Jean-Jacques Rousseau (1712-1778) era gran amigo de su colega Denis Diderot (1713-1784), y, en cierta ocasión, lo fue a ver para pedirle consejo.

—No sé qué hacer... —le dijo.

—Observa lo que hacen los demás en el mismo caso —le contestó Diderot.

—¿Crees que debo imitarlos?

—No, en absoluto. Debes hacer todo lo contrario, y, si cometes un error, hacerlo a lo Rousseau.

858. Un día, George Washington (1732-1799) era el invitado de honor en la casa de unos amigos. Al rato se quejó de que el fuego de la chimenea, que le quedaba a sus espaldas, era demasiado fuerte.

—Pero señor —dijo uno de los asistentes en tono jocoso—, un general como usted tiene que estar acostumbrado a resistir el fuego.

—De acuerdo, amigo mío —contestó Washington—; pero no es prudente que un general lo reciba de espaldas.

859. Paseaba un día el presidente de Estados Unidos Thomas Jefferson (1743-1823) en compañía de un comerciante, y un esclavo que se cruzó con ellos en la calle lo saludó con gran cortesía, gesto que el presidente contestó con aire de bondad.

—¿Por qué se ocupa usted de saludar a un negro esclavo?

—Sentiría mucho —respondió Jefferson— que un esclavo superara a un presidente en urbanidad y cortesía.

860. Un crítico le reprochó a Johann Wolfgang Goethe (1749-1832) el uso de algunos barbarismos, y Goethe le respondió:

—La fuerza de un idioma no consiste en saber rechazar, si no en saber incorporar.

861. Se cuenta que el compositor Wolfgang Amadeus Mozart (1756-1791) tenía una nariz sobresaliente, sobre la que él mismo se permitía burlas. Un día, mientras presentaba al maestro Joseph Haydn (1732-1809) una página de música que acababa de escribir, le dijo:

—Tened, querido maestro, apuesto a que no podéis ejecutar este trozo.

Aceptó Haydn el desafío sin titubear, y se puso al piano. Sin dificultad, descifró los primeros compases, pero de repente se detuvo.

—Esto es imposible —dijo Haydn—; hay que tocar una nota en medio cuando las dos manos están ocupadas a derecha e izquierda.

Mozart se echó a reír y, suplicando al maestro que le cediera su puesto en el piano, comenzó a tocar; pero, él lejos de detenerse, al llegar al pasaje que Haydn juzgaba imposible, tocó la nota con la punta de la nariz. Haydn se declaró vencido.

862. Maximilien Robespierre (1758-1794) estaba considerado el muchacho más inteligente de su clase. Con ocasión de la coronación de Luis XVI, fue seleccionado por sus profesores para dar un discurso en honor al rey, al que años más tarde condenaría a la guillotina. Después, en plena Revolución, el conde de Mirabeau diría de él:

—Toda la fuerza de este hombre radica en su sinceridad. Es una de las pocas personas que creen de buena fe en todo lo que dicen.

863. La obra *Observaciones quirúrgicas sobre el origen constitucional y tratamiento de las enfermedades locales* (1809), del doctor inglés John Abernethy (1764-1831), era conocida coloquialmente como «Mi libro», por la gran frecuencia con la que el doctor se la refería a sus pacientes. Tanto era su celo en animar a los pacientes a leer «su libro» que se ganó el apodo de «doctor Mi libro». Y es que, en general, su gran celebridad fue debida, más que a su gran habilidad profesional, a su excentricidad. Era muy contundente con sus pacientes, tratándolos a menudo con brusquedad e incluso, a veces, con franca rudeza. Abernethy creía que una gran variedad de enfermedades se originaban en un estado desordenado de los órganos digestivos, y que el tratamiento de alteraciones de la digestión y la dispepsia subyacente era esencial para restaurar la salud. Cuando le visitaban enfermos que él consideraba neuróticos o hipocondríacos, tenía por costumbre darles unas monedas y, a modo de receta, decirles:

—Cómprese una comba para saltar, amigo. Es lo único que usted necesita.

Un enfermo de ese tipo le visitó un día en su consulta y le dijo:

—Sufro de gota. ¿Qué hago, doctor Abernethy?

—Viva con un chelín diario y gáneselo.

864. En esa misma línea terapéutica, cierto día, Abernethy recibió en su consulta la visita de un nuevo paciente claramente maniático, al que dijo:

—Váyase al teatro, amigo. Le recomiendo al cómico Grimaldi que le hará reír un poco.

Lo curioso fue que, en aquel caso, el paciente le miró sorprendido y, con un hilo de voz, le contestó:

—Grimaldi soy yo, doctor.

865. Del mismo doctor Abernethy se cuenta que, una noche, cuando acababa de acostarse, rendido después de un día de intenso trabajo, aún fue requerido por una mujer que gritaba:

—¡Mi hijo se ha tragado un ratón! ¡Mi hijo se ha tragado un ratón!

—¡Pues que se trague un gato y que me deje en paz! —exclamó el médico.

866. El naturalista prusiano, Alexander von Humboldt (1769-1859) tenía un curioso interés por conocer a alguna persona que estuviera loca. Un día, un psiquiatra amigo suyo de París, especializado en trastornos mentales, le organizó una reunión con uno de sus pacientes. Aquel día, Humboldt se encontró en un restaurante con su amigo que iba acompañado por dos hombres: uno prudente, educado y que apenas abrió la boca para decir nada, y otro excesivamente extrovertido, excéntrico en la forma de hablar y vestir y con un toque de dejadez, que charlaba incesantemente. Al final de la comida, Humboldt se acercó a su amigo médico y le comentó emocionado:

—Me encanta tu loco. Me divierte muchísimo —dijo, señalando al segundo hombre.

—Pero es el otro el que está loco —respondió el médico—. El hombre al que te refieres es el señor Honoré de Balzac.

867. Un día, Napoleón Bonaparte le preguntó al recién casado Charles-Maurice de Talleyrand-Périgord (1754-1838) cómo era su esposa. Éste no sabía qué responder, por lo que Napoleón concretó su pregunta:

—Me refiero a si es inteligente…

—Señor —respondió Tayllerand aliviado al hallar una fórmula—, como una rosa.

868. Napoleón Bonaparte (1769-1821) creía mucho en la buena suerte y parece que él la tuvo muchas veces en muchas cosas. Tanto creía en ella que antes de conceder un ascenso a sus oficiales, o de admitir a alguien a su servicio, en vez de pedirle el *curriculum vitae*, como se haría ahora, le preguntaba:

—¿Acostumbras a tener buena suerte en tus cosas?

Si le decían que no, aplazaba la decisión.

869. La antigua casa de Ludwig van Beethoven (1770-1827) en Bonn fue convertida en museo. En una de sus salas está el piano en que Beethoven compuso muchas de sus grandes obras. Una estudiante estadounidense que visitaba la casa miró el instrumento con ansiedad y preguntó al vigilante, mientras le daba una generosa

propina, si podía tocarlo un momento. El guarda —tras embolsarse la propina— le dijo que sí, y ella se sentó al piano e interpretó unos cuantos compases de la sonata *Claro de luna*. Al terminar, le dijo jovial al vigilante:

—Supongo que muchos grandes pianistas que han venido aquí en una u otra ocasión habrán tocado este piano.

—No, señorita —respondió el guarda—, Paderewski estuvo aquí hace dos años, pero dijo que no estaba capacitado para tocarlo.

870. Beethoven estuvo una vez en Weimar, donde Goethe tenía un cargo en la corte del duque, por lo que le visitó varias veces. Un día iban los dos en coche por la ciudad y casi todo el mundo los saludaba. Goethe, que no era nada humilde, le comentó a Beethoven:

—Sería curioso saber a quién de los dos saludan.

—A mí no; aquí no me conoce nadie.

—Quién sabe, quién sabe…

Goethe trataba así de demostrarle a Beethoven, que todos los ahí presentes lo conocía, lo admiraban, y por lo tanto, lo saludaban. Era tanta su vanidad, que no pudo contenerse y llamó a un desconocido que les había saludado y le preguntó:

—¿Querría usted decirnos cuál de nosotros dos es el gran duque?

—Supongo que el otro señor, puesto que es usted quien pregunta —fue la sagaz y esclarecedora respuesta.

871. Niccolò Paganini (1782-1840) era tan famoso por su virtuosismo con el violín como por su rápido sentido del humor. Su concierto más memorable fue en Italia con una orquesta completa. El público abarrotaba la sala, y Paganini correspondía con una demostración de su increíble técnica. El público estaba cerca del éxtasis. Hacia el final de su concierto, Paganini asombró al público con una composición increíble cuando, de repente, una cuerda de su violín se rompió y quedó colgando del instrumento. Paganini frunció el ceño brevemente, sacudió la cabeza y siguió tocando como si nada. Enseguida, para sorpresa de todos, se rompió una

segunda cuerda. Y, poco después, una tercera… Casi como en una comedia, Paganini quedó con tres cuerdas colgando de su Stradivarius, pero en lugar de abandonar el escenario, se mantuvo firme y, con calma, completó la función con la única cuerda restante.

872. Ricos y pobres invitaban a Paganini a cenar frecuentemente con la esperanza de oírle tocar un rato, pero nunca acudía con su violín. Una vez recibió la invitación de un noble italiano, con esta nota: «Le ruego que no olvide su violín». Paganini acudió a la cena sin el violín, y el anfitrión le preguntó:

—¿Y su violín?

La contestación de Paganini fue certera y tajante:

—Mi violín nunca cena fuera de casa.

873. Una señora, en una reunión de sociedad en la que participaba, le preguntó al filósofo Arthur Schopenhauer (1788-1860):

—¿Cree usted que los hombres son más inteligentes que las mujeres?

—Lo único que creo, señora, es que las mujeres son más astutas, puesto que se casan con los hombres, y ellos, por tontos, se casan con las mujeres.

874. Al llegar a su mayoría de edad, el poeta alemán Heinrich Heine (1797-1856) recibió el ofrecimiento de un importante y muy bien remunerado puesto de trabajo en la banca propiedad de su tío Salomon. Pese a las halagüeñas expectativas, Heine rechazó el ofrecimiento y, con él, la seguridad económica de por vida que su tío le ofrecía. Se cuenta que, incluso, a modo de respuesta definitiva, Heine escribió en el álbum de firmas de su tío Salomon lo siguiente:

—Querido tío, préstame cien mil táleros y olvida para siempre a tu sobrino que te ama.

Sin embargo, durante toda su vida, sin llegar a arrepentirse, nunca llegó tampoco a olvidar del todo aquella oferta rechazada. Años después explicó lo siguiente en referencia a aquella decisión juvenil:

—Tengo derecho a ser inmortal, pues compré por dieciséis millones mi asiento en el Parnaso.

875. Cuenta Théophile Gautier que Honoré de Balzac (1799-1850) lo corregía todo una y otra vez, en busca siempre de la máxima perfección de estilo. Gautier no lo hacía: mandaba artículos a los diarios sin corrección alguna, tal como le nacían, a simple golpe de inspiración. Una vez, le leyó un artículo suyo a Balzac antes de mandarlo, y éste le dijo:

—No está mal como croquis; quizá rehaciéndolo tres veces sea posible aprovechar algo.

876. Un dibujante llamado Bertail estaba ilustrando un libro de Honoré de Balzac (1799-1850), y, antes de hacer los dibujos, leía el libro. Al llegar a cierto párrafo, no lo entendió bien y le pidió a Balzac que se lo explicara.

—¡Imposible! —le dijo el escritor—. Yo tampoco lo entiendo. Y lo he escrito precisamente adrede, dedicado a los lectores exigentes, que si lo entendieran todo no tardarían en disminuir la admiración que nos tienen.

877. Cierto día se recibió en casa del mismo Victor Hugo una carta en cuyo sobre cerrado se leía: «¡Al mejor poeta de la actualidad!». Hugo, sin abrirla, tomó un coche y fue inmediatamente a entregarla a su colega Alphonse de Lamartine (1790-1869), al que le dijo que, por un error, había sido dejada en su casa, pero que era obvio que era a él a quien iba dirigida. Lamartine no quiso reconocerlo así; entendía que el remitente, al enviar la carta a casa de Hugo, sabía lo que hacía. Tras un rato intercambiando mutuas cortesías, decidieron abrir la carta y en ella leyeron: «Querido Alfred de Musset...». Pero lo más curioso es que la firmaba Alejandro Dumas, padre (1802-1870), quien con toda la (mala) intención del mundo la había hecho entregar en el domicilio de Victor Hugo.

878. Un ayudante del científico Justus van Liebig (1803-1873) se le acercó emocionado y le contó que había descubierto un «di-

solvente universal». Liebig le miró con tranquilidad y le preguntó:

—¿Qué quieres decir con «universal»?

—Pues... un disolvente que puede disolver cualquier sustancia —respondió el ayudante.

—Y, entonces, ¿cómo lo piensas guardar? —le interpeló, muy serio, Liebig.

879. Solange, la hija de la escritora francesa Amandine Aurore Lucile Dupin, llamada George Sand (1804-1876), se casó muy joven con un pintor mediocre llamado Clésinger. George Sand nunca aprobó aquel matrimonio. Incluso lanzó una amenaza literaria contra su futuro yerno.

—Si usted se atreve a casarse con Solagne —le dijo—, lo haré protagonista de mis libros. Sin decir su nombre, le aseguro que todos lo conocerán.

Y Clésinger, que gozaba de una buena agilidad mental, le respondió:

—Y yo, en venganza, la pintaré desnuda, pero con el rostro tapado. Estoy seguro de que, si no todo el mundo, muchos hombres la reconocerán.

880. El estadista británico Benjamin Disraeli (1804-1881) era muy aficionado a la pintura, y eso representaba ciertos problemas en la Inglaterra victoriana, cuando cualquier desnudo podía considerarse una inmoralidad. En su dormitorio, Disraeli tenía un cuadro que representaba a Venus y Adonis, del que su mujer, Mary Anne, que era muy ingenua, decía siempre a sus amigas:

—Ese cuadro es una cochinada. Y no sabéis la cantidad de cosas que tengo que hacer por las noches para distraer a mi marido y que no mire esas cosas.

881. En cierta ocasión, el crítico literario francés Charles-Augustin Sainte-Beuve (1804-1869) retó a duelo a un periodista. Como le correspondía a él elegir el arma con que se desarrollaría el duelo, al ser él el ofendido, manifestó su elección diciendo a su opositor: «Elijo la ortografía..., estás muerto».

882. Contaron sus amigos que el matemático Peter Gustav Lejeune-Dirichlet (1805-1859) no era partidario de escribir cartas. Al parecer, una de las pocas veces que escribió una epístola en toda su vida fue con motivo del nacimiento de su primer hijo, cuando envió un telegrama a su suegro con el lacónico pero expresivo mensaje: «2 + 1 = 3».

883. Se cuenta que cuando el estadista británico William Ewart Gladstone (1809-1898) conoció al científico Michael Faraday (1791-1867) le preguntó si su trabajo sobre la electricidad podría tener algún uso práctico.

—Sí, señor —contestó Faraday con rapidez—. Algún día habrá impuestos que lo grabarán.

884. Durante el entreacto de una función, el empresario, bastante atemorizado ante la posible reacción del actor, entró en el camerino del vanidoso actor español Julián Romea (1813-1868) y le dijo:

—Don Julián, parece ser que no le oyen a usted desde las últimas filas de butacas.

—Pues que se acerquen —le dijo desdeñoso el actor.

885. Giuseppe Verdi (1813-1901) tenía muy mal concepto de los críticos. En cierta ocasión, poco antes del estreno de *Il trovatore*, se encontró con un crítico en una casa de música.

—Me he enterado de que próximamente estrenará una ópera —le dijo el crítico—, y quisiera que interpretara algo de esa obra.

—Por supuesto, es un placer.

Verdi se sentó al piano y tocó un trozo de la obra. Un tanto apenado, el crítico le dijo que no era de su completo agrado. Entonces, el compositor se dispuso a interpretar un segundo trozo de la misma obra, que al crítico tampoco le gustó. Verdi probó una vez más con otra parte. El crítico tampoco quedó satisfecho. Fue entonces que el compositor se levantó eufórico y dirigiéndose al crítico lo abrazó.

—¡Cuanto me alegro, amigo mío; muchas gracias!

—¿Se alegra y me da las gracias…, pero por qué?

—He escrito una obra para que gustara al público, no a los críticos, ahora, después de sus juicios, tengo la seguridad de que será un éxito total.

886. El estadista prusiano Otto von Bismarck (1815-1898) era un gran orador, aunque algo prolijo en sus argumentaciones. Un día, una princesa italiana se enfadó porque el canciller llevaba cinco minutos hablando y el intérprete no había comenzado aún a traducir sus palabras.

—¿Qué ha dicho? —preguntó impaciente y malhumorada la princesa italiana.

—Muchas cosas —se justificó el intérprete—, pero todavía estoy esperando el verbo.

887. Cuando necesitó finalizar una novela sin que le interrumpieran, el escritor ruso Iván Turgueniev (1818-1883) decidió irse por un tiempo al balneario alemán de Baden-Baden. Pronto llamó la atención de los otros huéspedes, pues apenas salía de su habitación, donde escribía sin cesar. Cierto día, mientras comía, se le acercaron algunos jóvenes intelectuales de los alrededores para saber quién era tan extraño personaje. Turgueniev les rogó que bajaran la voz.

—Soy un nihilista —les susurró—. En Rusia me han condenado a muchos años de prisión.

—¿Y ha logrado escapar? —le preguntaron en apenas un murmullo.

—No, no —dijo con voz apenas perceptible—. Me condenaron a elegir entre trabajos forzados, cadena perpetua o pasar dos meses aquí. Y por supuesto, he elegido esto último.

Los jóvenes, disconformes con la inverosímil historia, se marcharon, y en adelante no volvieron a interrumpir a tan raro personaje.

888. Conocida era la virtuosa facilidad para la oratoria de William Maxwell Evarts, (1818-1901) que fue secretario de Estado de Estados Unidos entre 1877 y 1881. En cierta ocasión, y tras la inges-

ta de unas cuantas copas de vino, tuvo que pronunciar un brindis. Pero su estado etílico no mermó sus facultades y su ingenio, diciendo:

—Esta cena nos ha dado la oportunidad de experimentar un vino bien cargado de savia. Ahora van a ver lo que puede hacer un sabio bien cargado de vino.

889. A la reina Victoria I del Reino Unido (1819-1901) le llegaron rumores de que cierto ministro iba hablando mal de ella por salones y tertulias. En vez de enojarse, le quitó importancia al asunto diciendo:

—No pienso ocuparme de lo que el ministro opine de mí; lo que debe importarle es lo que opine yo de él.

890. El escritor español Manuel Fernández y González (1821-1888) dictaba a su taquígrafo cuatro o cinco novelas a la vez, por lo que no era raro que, con frecuencia, confundiera los personajes de una con los de otra. Pero el hombre no era nada escrupuloso para con tales minucias. Por ejemplo, comenzaba así: «El marqués se sintió indispuesto, nervioso, desfallecido...».

—Pero repare usted, don Manuel —le interrumpía el taquígrafo— que esto que me dicta ahora no corresponde a esta novela.

—¡Bah! —le replicaba Fernández y González—. Eso es lo de menos. Aunque no corresponda, se mete y en paz.

891. Ocurrió en una ocasión que el escritor Manuel Fernández y González hizo morir en un capítulo de una de sus obras a cierto personaje, y, algunos capítulos más allá, le dijo al taquígrafo: «En esto, apareció don Marcos».

—¡Dios mío, don Manuel, advierta usted que don Marcos ya se ha muerto más atrás! —le interrumpió el secretario.

—Pues, entonces —respondió Fernández y González—, comenzaremos otro capítulo. Copie: «Título V. De modo que aunque parecía que don Marcos se había muerto, en realidad no se había muerto».

892. La obsesión del escritor francés Gustave Flaubert (1821-1880) por la perfección formal servía a algunos otros escritores de motivo y excusa para ponerle en ridículo. Incluso a veces le escribían preguntándole cuál era la forma más perfecta de alguna frase. Esto indignaba a Flaubert y le indisponía con sus compañeros, a los que llegó a calificar de «rebaño de cerdos rabiosos». Alejandro Dumas, uno de los del rebaño y también uno de los que menos importancia daba a la perfección formal, dijo en cierta ocasión de Flaubert:

—Es un gigante que tala un bosque entero para llenar una caja de cerillas; eso sí, muy bien hechas todas.

893. El presidente de Estados Unidos Ulysses S. Grant (1822-1885) era un hombre de pocas palabras. Nunca había pronunciado un discurso. Enterado de la enfermedad del general Burnside, compañero de armas, acudió al pueblecito donde residía el militar, ya retirado. Le recibieron con todos los honores, le acompañaron hasta la casa del enfermo y mucha gente se reunió en la calle esperando que el presidente los saludara desde el balcón. Éste se vio obligado a salir y saludar. Enseguida se hizo un gran silencio, y todos esperaban que Grant les dirigiera unas palabras. Alguien le dijo al presidente:

—Esperan que les hable.

—No, no; hablar no.

La gente persistía en el prolongado silencio, y no hubo otro remedio que decirles algo; por lo que Grant repitió lo mismo que había dicho al negarse, pero más brevemente. Levantó las dos manos y dijo lacónicamente.

—Hablar, no.

Bajó las manos y desapareció. Y, según parece, fue ovacionado.

894. El famoso novelista, crítico y moralista ruso Lev Tolstoi (1828-1910) se casó en 1862 con Sonia Andréievna Bers, miembro de una familia culta de Moscú. En ella encontró siempre a una gran colaboradora. En cierta ocasión le dijo:

—Escríbeme en un cuaderno todo lo que te dije cuando te pedí que fueses mi esposa. ¿De acuerdo?

—¡Por supuesto! —respondió ella, poniéndose inmediatamente a la tarea.

Según dicen los críticos, todo cuanto escribió Sonia lo utilizó su esposo, palabra por palabra, en la declaración de amor que se lee en su famosa *Ana Karenina* (1877).

895. En su juventud, el músico alemán Johannes Brahms (1833-1897) no encontraba editor para su música. Uno al que visitó, le dijo:

—Su música es demasiado triste. La gente prefiere cosas más alegres.

Brahms intentó hacerlas más alegres, y parece que lo consiguió. Tras lo cual volvió a visitar al editor:

—¿Qué? ¿Me trae cosas más alegres? —le preguntó éste.

—Sí, esto —contestó el compositor—; a ver qué le parece.

Y le enseñó unas canciones cuyo título general era *Alegremente me encamino hacia la tumba*.

896. Al escritor estadounidense Mark Twain (1835-1910) le encantaba contar sus hazañas de caza y pesca. Una vez estuvo tres semanas pescando en los bosques de Maine, sin tener en cuenta el hecho de que estaba en el período estatal de veda. Relajándose en el vagón cafetería del tren durante su viaje de regreso a Nueva York, con su captura metida en hielo en el vagón de equipajes, buscaba a alguien a quien poder relatar la historia de sus exitosas vacaciones. Eligió a un tipo que le pareció adecuado y, sin más, comenzó a desgranarle el relato de sus hazañas y a intentar asombrarle con el tamaño de sus capturas. El extraño parecía al principio desinteresado, pero luego comenzó a estarlo.

—Por cierto, ¿quién es usted, señor? —preguntó Twain despreocupadamente.

—Soy el guarda forestal del Estado —fue la mal recibida respuesta—. ¿Y usted, quién es?

Twain disimuló dando unas aparentemente despreocupadas chupadas a su cigarro y dijo resignadamente:

—Bueno, para ser totalmente sincero, guarda, soy el mayor maldito mentiroso de Estados Unidos.

897. Como ejemplo de la valía como orador del político Segismundo Moret (1838-1913) se contaba la anécdota ocurrida en su investidura como presidente de la Real Academia de Jurisprudencia. A medida que se acercaba la fecha del acto, su predecesor en el puesto, Raimundo Fernández Villaverde (1848-1905), como portavoz de la corporación, le instaba a preparar su discurso, pero Moret se retrasaba. Llegada la fecha, el nuevo presidente subió a la tribuna y leyó durante más de una hora un buen montón de cuartillas, completando un discurso que levantó admiración. Pero mayor aún fue ésta cuando se descubrió que había estado *leyendo* su discurso de unos folios totalmente en blanco.

898. Auguste Rodin (1840-1917) le aconsejaba a un joven que en cierta ocasión se le acercó para pedirle orientación para llegar a ser un buen escultor.

—Trabajar, trabajar, trabajar, ése es el gran secreto.

El muchacho no pareció sentirse satisfecho con la respuesta, y así se lo dijo al escultor.

—Quizá no me haya explicado claramente —respondió Rodin—. Trabajar, trabajar, trabajar significa agotarse todos los días en el trabajo. Ése es todo el secreto.

899. Auguste Rodin y el escritor Anatole France (1844-1924) eran amigos, hasta el punto de que aquél esculpió un busto de éste. Pero no por ello se intercambiaban siempre elogios sobre sus respectivos trabajos. Por ejemplo, France llegó a decir de Rodin:

—Es un gran escultor, pero los músculos de sus estatuas parecen sacos llenos de nueces.

Y Rodin, por su parte, dijo de France:

—Es un gran escritor, pero en todo lo que escribe pone demasiada salsa y apenas conejo.

900. Se cuenta —aunque parece algo inverosímil— que Rodin esculpió nueve estatuas de mujer, todas del mismo tamaño, pero en diversas posiciones.

—¿Qué representan? —le preguntó un amigo.

—Las nueve musas.

Días después vendió dos de aquellas figuras y a las que quedaban las llamó «Los siete pecados capitales». Un tiempo más tarde vendió otras dos, y a las demás las nombró «Los cinco sentidos». Alguien compró otra más, y a las que quedaron las llamó «Las cuatro estaciones». Vendió otra, y nombró a las restantes «Las tres gracias». Vendió dos más, y a la única que le quedó le puso debajo este título «Soledad».

901. En uno de sus viajes a Roma, Émile Zola (1840-1902) recibió la invitación a cenar del príncipe Odescalchi. En medio de una interesante charla, el príncipe le preguntó:

—¿Cuál es el novelista francés que más le gusta leer?

—Pues, el que más leo es Balzac.

—¿Lo prefiere a Émile Zola?

—Para leerlo yo, sí, por supuesto; a Zola no lo he leído nunca.

902. En una de las numerosas discusiones de enamorados habidas entre el rey británico Eduardo VII (1841-1910) y su amante Lillie Langtry (1853-1929), el monarca dijo:

—Con el dinero que he gastado en tus caprichos, Lillie, podría haberme costeado un barco de guerra.

—No exageres —le respondió la amante real—. Que tú no eres capaz de costear un barco de guerra... Si ni siquiera eres capaz de mantenerme a mí a flote.

903. Georges Clemenceau (1841-1929), el periodista que se convirtió en primer ministro de Francia antes y después de la primera guerra mundial, concedió la Legión de Honor a un rico hombre de negocios que había contribuido mucho a su elección. Mientras le imponía la insignia en el pecho, Clemenceau le dijo:

—Éste es el honor que usted deseaba, señor. Ahora todo lo que tiene que hacer es merecerlo.

904. Al hacer una crítica literaria a una obra recién publicada, el escritor satírico y periodista estadounidense Ambrose Bierce (1842-1914) encabezó así la reseña:

—Las cubiertas de este libro están demasiado separadas.

905. Benito Pérez Galdós (1843-1920) se convirtió en librero-editor y comenzó a trabajar en una nueva serie de *Episodios nacionales.* Realizó tan bien su propósito que, antes de un año, la venta de ejemplares se triplicó. Pero como la instalación de oficinas y las sucesivas reimpresiones le exigieron enormes desembolsos, don Benito, resignadamente, solía decir:

—Mientras más libros vendo, menos dinero gano. Voy a ser el único editor que se haya arruinado a fuerza de vender muchas ediciones.

906. Mientras el físico austríaco Ludwig Boltzman (1844-1906) daba una lección sobre los gases nobles, casualmente mencionó cálculos muy complejos, cuya comprensión a él no le ocasionaba problema alguno. Sin embargo, sus estudiantes no podían seguir sus rápidos cálculos y le pidieron que los reprodujera sobre la pizarra. Boltzman se disculpó y prometió hacerlo la próxima vez. Olvidándose de la promesa, en la siguiente lección comenzó con una complejísima ecuación que combinaba la ley de Boyle con la de Charles. Tras soltar una parrafada, que a casi todos los alumnos les sonó, como mucho, a chino, concluyó diciendo:

—Es tan simple como que uno y uno es igual a dos.

En ese momento recordó su promesa, escribió en la pizarra: «1 + 1 = 2», y siguió calculando mentalmente.

907. Las primeras obras del joven Anatole France (1844-1924) no tuvieron éxito. En 1881, ya en la primera madurez, apareció su *Le crime de Sylvestre Bonnard,* premiado por la Academia, que fue un gran éxito de ventas. Por entonces, un día, en una reunión literaria, le dijeron:

—¡Por fin ha conseguido que lo lean! ¡Lo contento que debe estar!

—Pues, no; ocurre todo lo contrario. Un libro que se vende tanto no puede ser sino un grandísimo disparate literario.

908. Se cuenta que, cierto día, una joven actriz le pidió un consejo a Sarah Bernhardt (1844-1924), por lo que ésta le dijo:

—¡Muerde! ¡Muerde!

La joven no comprendía y Sarah se lo explicó así:

—Muerde a grandes bocados y sin miedo todos los frutos de la vida. Pero hazlo cuando aún están en el árbol. No esperes a que los haya cogido alguien y ya estén en su cesto.

909. En demostración de su gran creatividad, se cuenta que Thomas Alva Edison (1847-1931) estaba muy orgulloso de su residencia veraniega. Le gustaba pasear a sus visitantes por toda la propiedad y enseñarles todo. Un día, un amigo le dijo:

—Querido Thomas, la puerta de entrada es difícil de abrir, deberías inventar algo para que sea más ligera... por ejemplo, engrasarla.

—No es posible, ven a verla.

Edison le hizo observar un alambre que salía de la puerta y se perdía en el jardín.

—¿Ves? —añadió—. Este hilo mueve un mecanismo mediante el que, cada vez que alguien viene a visitarme, con el esfuerzo de abrir la puerta, saca del pozo del jardín algo así como 110 litros de agua. ¿Comprendes por qué es difícil de abrir la puerta?

910. En cierta ocasión, el novelista y periodista francés Octave Mirbeau (1850-1917) invitó a comer a uno de sus mejores amigos, el doctor Deschamps, pero éste estaba ocupado, por lo que se excusó y le prometió a Mirbeau que le escribiría el día que pudiera acompañarle. En efecto, dos días después, el escritor recibió una nota del médico; más la letra era ilegible hasta tal punto que Mirbeau no comprendió una sola palabra. Creyó que el único capaz de entender la nota sería un farmacéutico, y a uno de ellos acudió. El boticario examinó atentamente la nota, abrió un armario, sacó un frasco y se lo entregó a Mirbeau, diciendo:

—Son ocho francos.

911. El mariscal francés Ferdinand Foch (1851-1929) visitó en cierta ocasión el Gran Cañón del Colorado, y el coronel estadounidense John White esperaba ansiosamente las palabras del mariscal tras

haber escrutado éste las profundidades del cañón, al presuponer que serían memorables. «Ahora —pensaba el coronel— oiré algo que merecerá ser transmitido a mis hijos y a mis nietos.»

Sin embargo, el mariscal se limitó a decir:

—¡Qué maravilloso lugar para despeñar a la suegra de uno!

912. El político y escritor portugués Bernardino Machado (1851-1944), tras ser desterrado de su patria al ser depuesto como presidente de la República, fijó su residencia en la localidad pontevedresa de La Guardia, muy cerca, pues, de su suelo patrio. Allí, solía reunir a toda su familia, formada por sus hijos y sus catorce nietos. Un día, alguien le preguntó cómo lograba recordar todos los nombres de sus muchos nietos, y él respondió:

—Me las arreglo fijándome en las niñeras.

913. En cierta ocasión en que declaraba Antonio Maura (1853-1925) ante el Tribunal Supremo, el abogado de la parte contraria pronunció un discurso que duró cerca de tres horas. Fatigado, el presidente quiso suspender la vista por ese día, evitando así el discurso de Maura, que, en consonancia, podía durar una eternidad, según presupuso el presidente del tribunal. Pero Maura, dirigiéndose a él, exclamó sorprendentemente:

—Sólo necesito cinco minutos.

—Si no son más que cinco minutos, puede hablar el letrado —contestó resignado el presidente.

Entonces, sacó Maura su reloj, lo puso encima del pupitre y habló durante tres minutos exactos. Al terminar, tras esbozar una sonrisa, dijo:

—Y ahora me sobran dos minutos, de los cuales hago a la sala donación pura, perfecta, irrevocable…

El tribunal no pudo contener la risa. Y, como consecuencia o no de ello, Maura ganó el pleito.

914. Un grupo de amigos había invitado a comer a Oscar Wilde (1854-1900) y llegó tarde como era su costumbre. Uno de los amigos comenzó a bromear sobre la tardanza del novelista, a lo que éste respondió:

—¿Quieres hacerte el gracioso antes de comer o es que pretendes quitarme el apetito?

Y volviéndose hacia otro le preguntó:

—¿A qué hora comemos?

—Supuestamente ya deberíamos haber comido.

—Menos mal. Nada me abre tanto el apetito como el incumplimiento del deber.

915. Un periodista le preguntó en cierta ocasión al escritor irlandés George Bernard Shaw (1856-1950) cómo era que había desarrollado su gran habilidad oratoria, reconocida internacionalmente.

—Aprendí a hablar igual que se aprende a patinar o a montar en bicicleta —contestó Shaw—, poniéndome yo mismo seriamente en ridículo hasta que conseguí hacerlo.

916. En otra ocasión, explicando cuál podía ser el verdadero secreto de su facilidad oratoria, Bernard Shaw confesó lo siguiente:

—Soy el orador más espontáneo del mundo porque cada palabra, cada gesto y cada réplica ha sido cuidadosamente ensayada.

917. Bernard Shaw comenzó como crítico musical. Cierto día cuando se hallaba en un concierto que ofrecía un violinista, comentó con unos amigos:

—Este hombre me recuerda a Paderewski.

—Pero Paderewski no es un violinista —replicó uno del grupo.

—Por eso precisamente.

918. Bernard Shaw era contrario al matrimonio, pero se casó, según él, para obedecer al destino. Cierto día que le preguntaron a qué destino se refería, él contó:

—Iba un día en bicicleta por los alrededores de donde vivía una tal Carlota Payne. Me caí y me disloqué una clavícula. Carlota me cuidó hasta que estuve bien. Se creó una situación delicada y creí mi deber casarme con ella. Luego pensé que ésa no era la mejor solución y decidí abandonar la casa. Comencé a bajar la larguísima escalera que unía la casa con el jardín, cuando me torcí un pie y rodé escaleras abajo. Al levantarme, tenía el tobillo dislocado. Carlota acudió, me ayudó a levantarme y me cuidó hasta que estuve bien del todo. Pensé entonces que aquello era un doble aviso del destino para que me casara con ella. Preferí esto a dislocarme otra articulación.

919. Bernard Shaw veía bastantes inconvenientes en la profesión de escritor. Tratando de explicar las muchas exigencias de una vida dedicada a la escritura, solía decir:

—Cuando uno decide dedicarse a la literatura debe estar dispuesto a todo, incluso a que su anciana madre y su más anciana abuela trabajen día y noche para mantenerlo...

920. En cierta ocasión, el genial inventor, ingeniero y físico de origen serbocroata Nikola Tesla (1856-1943) contó respecto a su carácter perseverante:

—Tenía una verdadera obsesión por terminar cualquier cosa que hubiera comenzado, lo que a menudo me ponía en dificultades. En una ocasión, había empezado a leer las obras de Voltaire, cuando averigüé, para mi desmayo, que eran casi cien volúmenes de letra diminuta los que aquel monstruo había escrito mientras bebía setenta y dos tazas de café negro al día. Había que hacerlo, pero, cuando aparté de mí el último libro, me alegré mucho y dije: ¡Nunca más!

921. Los periodistas solían sacar los colores al energético y muy trabajador jurista estadounidense Clarence Seward Darrow (1857-1938) con continuas referencias a su aspecto desaliñado. En una de aquellas ocasiones, Darrow se justificó:

—Voy a un sastre mejor que cualquiera de a los que van ustedes y me gasto más dinero que cualquiera de ustedes en trajes... La única diferencia es que probablemente ustedes no duermen con sus trajes puestos.

922. El monarca español Alfonso XII (1857-1885) visitaba un hospital militar durante una campaña contra los carlistas cuando se acercó a una cama para dar ánimos al soldado que allí se postraba. Le dijo:

—¿Qué tal, capitán?

—Soy teniente, señor… —contestó el enfermo en un acto de valor.

El rey, por no rectificar, apuntaló su error con:

—¡He dicho capitán!

923. El escritor británico Arthur Conan Doyle (1859-1930) contaba (y es muy posible que fuera cierto) que una vez mandó a muchos amigos el mismo telegrama, redactado así:

—Huye inmediatamente; todo se ha descubierto.

Y que algunos de los que lo recibieron habían llegado a desaparecer con toda precipitación de sus domicilios.

924. En cierta ocasión, Arthur Conan Doyle fue a Boston para dictar una conferencia. Al llegar a la ciudad, tomó un taxi hasta el hotel. El taxista se negó a cobrarle, aduciendo:

—Preferiría que en vez de pagarme, me diera usted una entrada para su conferencia de esta tarde.

—¿Cómo sabe quién soy?

—Elemental, mi querido Watson: sabemos que está usted en Boston; en las solapas de su abrigo veo un polvo que me parece de Nueva York, en donde ha estado usted antes; el cabello lo lleva cortado como lo cortan en Filadelfia, donde también ha estado usted; en sus zapatos…

Conan Doyle se echó a reír, interrumpiéndolo ante la inesperada ocurrencia:

—Es usted más sagaz que mi Sherlock Holmes.

—Mucho más, aún no se lo he dicho todo: en la tarjeta de su maleta está claramente escrito su nombre, señor Doyle.

925. Un día, Anton Chéjov (1860-1904) e Iván Bunin (1870-1953) llegaron paseando a la plaza mayor de la ciudad y vieron mucha gente reunida.

—¿Qué habrá pasado? —preguntó Bunin.

—Nada, todos los días es igual.

—¿No lo saben? ¡Bunin ha muerto! —dijo Chéjov, acercándose a un grupo.

Y explicó con muchos detalles la muerte del escritor Bunin,

que a su espalda le escuchaban asombrado. Una vez solos, Chéjov le aseguró:

—Mañana todos hablarán de ti, no lo dudes.

926. Cuentan que el matemático alemán David Hilbert (1862-1943) era un hombre extraordinariamente despistado. Se dice, por ejemplo, que recibió un día en su casa a un profesor recién llegado a la Universidad de Gotinga. Después de presentarse, el joven profesor se quitó el sombrero y se sentó. Al cabo de unos minutos de conversación, Hilbert, distraído probablemente con algún problema matemático, decidió que la visita ya había durado lo suficiente, se puso el sombrero de su invitado, se despidió cortésmente y se dispuso a irse, ante el asombro y el desconcierto del visitante.

927. Se habían organizado unos cursos bajo el título genérico de «Comunicación entre los hombres», y el político francés Aristide Briand (1862-1932) dictó una de las lecciones. No había mucha gente, y la cosa resultaba un poco aburrida. De pronto, para intentar animar el cotarro, Briand se dirigió a uno del público, el que le pareció menos dispuesto a defenderse, y le gritó:

—¿Y usted, por qué me interrumpe?

—¿Yo? Pero si no he abierto la boca —se defendió el pobre hombre.

—¿Cree usted que no se le nota lo que piensa? Pues está usted equivocado. Y como usted hay muchos, incapaces de disimular el pensamiento —continuó increpándole Briand.

Otro quiso defender al inocente, y Briand le atacó aún con más brío. De esa forma consiguió excitarles de tal manera a todos que la cosa acabó en un debate general del que todos salieron satisfechos. Después, Briand, comentando el hecho, decía:

—Nada hay tan eficaz como la agresión personal..., sobre todo cuando no se llevan armas encima.

928. Un por entonces famoso abogado había defendido a un súbdito extranjero, que salió condenado a un año de cárcel y a su posterior expulsión de Francia. El letrado visitó al estadista francés Aris-

tide Briand, a la sazón jefe del gobierno, le expuso el caso y le suplicó:

—Mi cliente desea permanecer en Francia. ¿No habría forma de arreglarlo?

—Sí —respondió Briand, mordaz—, consiga que, al terminar el cumplimiento de la primera condena, le condenen a otro año de encierro. Y así sucesivamente.

929. Durante la batalla de Spotsylvannia Court House (1864), tras una conferencia matinal con Ulysses Grant (1822-1885), el general nordista John Sedgwick se dirigió a lo alto de una loma junto a su puesto de mando para organizar desde allí las posiciones de artillería. Al notar a sus hombres algo nerviosos a causa de los francotiradores confederados apostados a los casi novecientos metros de las líneas enemigas, les aseguró que no había nada que temer: «A esta distancia no podrían darle ni a un elefan…». En ese mismo instante, fue herido de muerte en el pómulo por un francotirador confederado.

930. Una revista citaba una conversación entre Gabriele D'Annunzio (1863-1938) y Anatole France (1844-1924). D'Annunzio, arrogante como de costumbre, le decía a aquel:

—Sorprende la pobreza de vocabulario de los escritores franceses. Usted mismo sólo usa cinco mil palabras distintas. En el diccionario francés hay cuarenta mil. ¿Qué hace con las otras treinta y cinco mil?

France, que tenía un buen sentido del humor, le contestó:

—Esas treinta y cinco mil palabras sólo las usan los traductores del italiano, cuando traducen al francés las obras de un tal D'Annunzio.

931. El filólogo británico Gilbert Murray (1866-1957) tenía la extraña costumbre de pasearse por las habitaciones dando siete pasos hacia adelante y siete pasos hacia atrás. Un día que le visitaba su amigo Robert Graves (1895-1985), repitió tal costumbre, y Graves le dijo:

—Anda usted de una forma muy rara.

—Sí —respondió Murray—. Tengo la costumbre de cambiar de rumbo cada siete pasos.

—Eso es una neurosis —dijo Graves muy preocupado.

—No —respondió Murray—. Se lo he preguntado a mi psiquiatra y me ha dicho: «Mientras siga andando de siete en siete, puede considerarse normal. Pero cuando le dé por caminar en múltiplos de siete, venga a verme enseguida».

932. Sucedió que, pocos días antes del estreno de una de las obras del dramaturgo italiano Luigi Pirandello (1867-1936), éste se impacientó con las continuas peticiones de entradas «de favor» (es decir, gratuitas) por parte de amigos, conocidos, amigos de conocidos y conocidos de amigos, e, incluso, alguno que otro totalmente desconocido. Para rehuir tantos compromisos, hizo colocar en la entrada del teatro un cartel en que se leía: «Por orden del director, se suspenden las entradas de favor». El día del estreno, el teatro se llenó, pero los días siguientes no acudió casi nadie. Extrañado, Pirandello acertó a pasar por la entrada del teatro y pudo comprobar que, junto al primer cartel, alguien había colocado otro más grande que rezaba: «Por orden del público, se suspende el favor de entrar».

933. *Seis personajes en busca de autor,* la primera obra teatral de Luigi Pirandello (1867-1936), fue un éxito tanto en Italia como en el resto del mundo. Refiriéndose a ella, un amigo le decía al dramaturgo:

—En esta obra hay algo sencillamente desconcertante.

—Sí, eso pienso.

—¿Qué es? —le preguntó el amigo, ahora también desconcertado.

—Lo desconcertante es precisamente el éxito que ha tenido.

934. Luigi Pirandello casi nunca hablaba en público, y, además, no lo hacía muy bien. En 1934, en la redacción del *París-Soir,* dieron una recepción en su honor, por lo que se vio obligado a dirigir algunas palabras a los concurrentes, palabras que, por cierto, fueron muy originales:

—Les ruego que me disculpen, pues lo cierto es que he dedicado tanto tiempo a escribir, que no me ha sobrado ni un minuto para aprender a hablar. Muchas gracias.

935. Cuando Mohandas Gandhi (1869-1948) estudiaba Derecho en Londres, un profesor de apellido Peters le tenía mala voluntad. A pesar de ello, Gandhi nunca le bajó la cabeza, y eran muy comunes sus (des)encuentros. Un día, Peters estaba almorzando en el comedor de la universidad, y Gandhi vino con su bandeja y se sentó al lado del profesor. Éste, altanero, le dijo:

—¡Joven Gandhi, usted no entiende! Un puerco y un pájaro, no se sientan a comer juntos.

—Esté usted tranquilo profesor —respondió Gandhi—, yo me voy volando —y, se cambió de mesa.

El señor Peters, verde de rabia, decidió vengarse en el próximo examen. Pero, el alumno iba respondiendo con brillantez a todas las preguntas. Entonces, le hizo la siguiente interpelación:

—Gandhi, usted va caminando por la calle y se encuentra con una bolsa, dentro de ella está la sabiduría y mucho dinero, ¿cuál de las dos cosas se lleva?

—¡Claro que el dinero, profesor! —respondió Gandhi sin titubear.

—Yo, en su lugar —le dijo sonriendo el profesor—, hubiera agarrado la sabiduría, ¿no le parece?

—Cada uno toma lo que no tiene profesor —respondió con ingenio Gandhi.

El profesor, ya casi histérico, escribió en la hoja del examen: «Idiota» y se la devolvió a Gandhi, quién la recogió, se sentó y al cabo de unos segundos se dirigió de nuevo al profesor y le dijo:

—Profesor Peters, usted me ha firmado la hoja, pero no me puso la nota.

936. A lo largo de su vida, al poeta francés Paul Valéry (1871-1945) siempre le encantó contar una y otra vez lo ocurrido aquel año en que se rumoreaba que era el candidato más sólido para el Premio Nobel de Literatura. La mañana que se estaba decidiendo el ganador en Estocolmo, un alterado Valéry se dio un paseo con su pe-

rro para hacer tiempo y entretener sus nervios. Al volver, le preguntó ansiosamente a su secretaria:

—¿Ha habido alguna llamada?

—Sí, señor, le han llamado desde Estocolmo hace unos minutos.

—¿Qué dijeron? —preguntó Valéry ansioso.

—Era una periodista sueca que quería saber cuál era su punto de vista sobre el movimiento sufragista de la mujer.

Valéry nunca ganó el Nobel. Tampoco se sabe si concedió aquella entrevista.

937. Durante la administración del presidente estadounidense Calvin Coolidge (1872-1933), un invitado que pasó la noche en la Casa Blanca vivió de manera involuntaria un momento verdaderamente embarazoso. Estaba sentado a la derecha del presidente en la mesa de desayuno familiar, cuando Coolidge cogió su taza de café, vertió gran parte de su contenido en el platito y añadió un poco de crema y azúcar. Extrañado, pero para adaptarse a lo que parecía la costumbre familiar y parecer educado, el invitado, sin perder tiempo, vertió su café en su propio platito como el presidente. Entonces vio que Calvin Coolidge colocaba el platito en el suelo y llamaba al gato...

938. Tras tres años de depresión económica, el actor teatral Otis Skinner (1858-1942) no esperaba mucho de las elecciones presidenciales estadounidenses de 1932. Hablando con Calvin Coolidge (1872-1933), esperaba persuadir al expresidente de volver a presentarse:

—Sería el final de esta horrible depresión.

—Y seguramente sería el comienzo de la mía —respondió Coolidge.

939. En el tiempo en que la escritora francesa Sidoine-Gabrielle Colette (1873-1954) hacía crítica teatral, una vieja actriz acababa de reaparecer en un papel de dama joven. El comediógrafo francés Pierre Veber (1869-1942), que asistía desde la butaca contigua, se inclinó hacia Colette y le dijo:

—¿Sabe usted la edad que tiene?

—No. Pero aparenta el doble —respondió incisiva Colette.

940. Feliz y contento estaba Miguel Gasset y Bosch, gerente del Teatro Romea de Barcelona, cuando le anunciaron la presencia en la sala del rey Amadeo de Saboya (1873-1933) que acudía a presenciar una representación. Le presentó sus respetos al monarca y conversaron amigablemente, aunque Gasset estaba nerviosísimo ante tan ilustre visita. Tanto que, al ofrecerle el rey un puro, el empresario respondió:

—Gracias, majestad, me lo fumaré toda la vida.

941. A William Somerset Maugham (1874-1965) no le gustaba la política. Pero, en el sur de Francia, donde residía en épocas de elecciones, asistía a las conferencias y discursos de los candidatos. En cierta ocasión le preguntaron por qué lo hacía.

—Para saber si el país está bien gobernado —contestó con firmeza.

—¿Lo deduce de la manera de hablar de los candidatos?

—No exactamente, pero algo parecido. En todas partes, los políticos hablan bastante y lo hacen muy mal. Creo que lo mejor para un país es que hablen mucho y actúen poco. Si voy, es convencido de que cuantos más les escuchemos, más les animamos a hablar.

942. El político alemán Konrad Adenauer (1876-1967) tenía fama de aprovechar sus trajes hasta caérseles de viejos. En cierta ocasión, unas damas que se dedicaban a hacer obras de caridad lo visitaron y le pidieron algún traje viejo para donarlo a los pobres. El anciano, muy turbado, les contestó:

—Perdónenme, pero no tengo ninguno... para dar, se entiende.

—Pues, ¿qué hace entonces con sus trajes viejos?

—Los llevo puestos.

943. El estadista británico Winston Churchill (1874-1965) tenía la costumbre de coger el tren en el último minuto, lo que era siempre una preocupación para sus acompañantes. Por ello, en cierta ocasión, fue reprendido por un amigo, al considerar que era una debilidad del gran hombre.

—Winston es tan buen jugador —terció en su defensa la esposa de Churchill— que da siempre al tren la oportunidad de escapar.

944. En plena segunda guerra mundial, cuando Churchill era todavía primer ministro, llamó un taxi en Strand y le pidió al taxista que le llevase a la sede de la BBC.

—Lo siento, señor —dijo el taxista—, se va tener usted que agenciar otro taxi. El señor Churchill va a hablar por la radio en treinta minutos y no me gustaría perdérmelo conduciendo por las calles de Londres.

Churchill estaba tan orgulloso de esa respuesta espontánea tan, para él, gratificadora que puso en la mano del taxista una libra. Éste le miró con asombro y tomó una rápida decisión:

—Es usted como hay que ser, señor —exclamó—. Así que entre, y al diablo con Churchill.

945. Entre otras muchas cosas, Churchill destacó por su facilidad oratoria. De él se decía que tenía el don de hacer discursos espontáneos… y concienzudamente preparados. Él mismo lo comentaba así:

—Las improvisaciones me entusiasman. Pero únicamente cuando he tenido tiempo suficiente como para prepararlas cuidadosamente.

Uno de sus trucos era llevar especialmente bien preparado el final del discurso.

—Y así —decía el propio Churchill—, si te das cuenta de que la gente se aburre demasiado, sueltas el final y sales del apuro.

946. Incapaz por imperativo legal de sacar fuera de España el dinero correspondiente a sus derechos de autor, el novelista y dramaturgo británico William Somerset Maugham (1874-1965) decidió emplear ese dinero en pagarse unas vacaciones de lujo en Madrid. Eligió uno de los mejores hoteles y cenó extravagantemente cada noche hasta que, satisfecho, consideró que ya había gastado más que la suma acumulada. Informó al director del hotel de que iba a dejarlo al día siguiente, y pidió que le prepararan la cuenta. Con la mejor de sus sonrisas, el gerente le respondió amablemente:

—Ha sido un honor tenerle aquí. Su estancia nos ha proporcionado una muy buena publicidad, así que, no hay cuenta que pagar.

947. Se cuenta que el escritor británico Gilbert Keith Chesterton (1874-1936) era muy despistado, aunque tenía la suerte de que su mujer le llevaba siempre la agenda al día y controlaba todos sus compromisos. Cuando el matrimonio vivía en Birmingham, el escritor subía cada día al tren y hacía sus gestiones en Londres siguiendo el programa que le había preparado ella. En cierta ocasión se olvidó en casa dicho programa, y, al llegar a Londres, comenzó a callejear sin saber qué hacer. Finalmente, se le ocurrió ponerle el siguiente telegrama a su mujer:

—Estoy en Londres, y no recuerdo por qué. Stop. ¿Qué hago en esta ciudad y dónde debo presentarme? Stop.

Al poco rato, recibió la respuesta urgente de su esposa en la misma oficina de telégrafos:

—Gilbert, vives en Birmingham. Stop. Saliste a comprar tabaco. Stop. Haz el favor de volver inmediatamente a casa. Stop.

948. El médico misionero alemán Albert Schweitzer (1875-1965), famoso por su obra, tanto médica como religiosa, desarrollada en el África ecuatorial francesa (especialmente en el territorio que hoy es Gabón), contaba la siguiente anécdota que le sucedió mientras atendía un dispensario en la selva africana. Un nativo llegó con una mujer ya entrada en años y le pidió que la rejuveneciera. Schweitzer, por supuesto, contestó que aquello era imposible, a lo que el africano replicó:

—Por favor, doctor. Aunque sólo le dure dos o tres días... Es para poder venderla.

949. Se hallaba la actriz francesa Suzanne Després (1875-1951) en su camerino del teatro en compañía de tres de los más fervientes admiradores de su arte y belleza, hombres riquísimos todos ellos. La actriz, en broma, lanzó de repente un estremecedor suspiro. Los tres adoradores, a cual más solícito, preguntaron la causa de tan hondo pesar. Suzanne contestó que era muy desgraciada.

—¿Qué le falta para ser feliz? —inquirió uno de ellos.

—Para alcanzar la felicidad —respondió Després con fingida seriedad— me faltan tres cosas: un coche, un collar y una orquídea.

Los tres amigos quedaron un tanto meditabundos, y, al poco, se despidieron de ella, todos de un modo harto expresivo que parecía significar: «¡Yo me encargo de que usted sea feliz!». Al día siguiente, cuando la actriz llegó al teatro, la esperaban, de parte de sus tres acaudalados pretendientes, tres lacayos con… ¡tres orquídeas!

950. Durante su presidencia de Estados Unidos, Rutherford B. Hayes (1877-1881), prohibió todos los vinos y licores en la Casa Blanca. Su esposa fue conocida como «Lucía Limonada». Pero, sin que lo supieran ambos, un mayordomo aliviaba la privación de los invitados poniendo alcohol al ponche romano, una especie de sorbete hecho con jugo de limón, azúcar y claras de huevo que se servía para refrescar los paladares. El momento del ponche llegó a ser conocido como «La Estación Salvavidas». Al parecer, los Hayes nunca lo descubrieron.

951. Albert Einstein (1879-1955) tocaba el violín como aficionado y sin pretensiones. Pero un día fue convencido por varios amigos para que tocase en una reunión benéfica. El cronista del acto se informó de quién era ese violinista, y le respondieron:

—Pero ¿cómo?, ¿no lo conoce? ¡Es el famoso Einstein! ¡Célebre en todo el mundo!

El cronista, ignorante tanto en música como en física, creyó que esa celebridad era de naturaleza musical y que había oído a uno de los más grandes violinistas del mundo, escribió un artículo ditirámbico en tal sentido. Einstein lo leyó, le hizo mucha gracia y lo conservó como recuerdo de uno de los más extraños elogios que recibiera en su vida.

952. Albert Einstein y un asistente, tras finalizar un informe, buscaban por toda la oficina un clip. Por fin encontraron uno, pero estaba demasiado estropeado para usarlo. Buscaron algo con qué enderezarlo y después de abrir muchos cajones apareció una caja llena

de clips nuevos. A pesar de ello, Einstein siguió tratando de enderezar el estropeado. Su asistente, haciéndose cruces, preguntó por qué estaba haciendo eso cuando había una caja llena de clips en buen estado.

—Una vez me propongo una meta se me hace muy difícil desviarme de ella, dijo Einstein.

Una vez dijo a un asistente en Princeton que ésta era la anécdota más característica de toda las que se contaban sobre él.

953. Aunque la siguiente historia es más que probablemente falsa o al menos inexacta, no por eso deja de ser divertida. Se cuenta que, tras obtener el Premio Nobel de Física, Einstein era invitado constantemente a dar conferencias en universidades y organismos científicos. Solía viajar en un coche con chófer, y, en cierta ocasión, le comentó a éste que le resultaba tremendamente aburrido repetir siempre lo mismo. El chófer le dijo bromeando:

—He oído su conferencia tantas veces que me la sé de memoria; si usted quiere, cualquier día puedo sustituirle y darla yo.

Einstein le tomó la palabra, y, un día en que suponía poco probable que alguien en la sala de conferencias pudiera reconocerle, accedió a ello. Tras intercambiarse la ropa, el chófer suplantó su personalidad y dio efectivamente la conferencia. Todo iba de maravilla (nadie le había reconocido, y el chófer había expuesto muy bien los argumentos) hasta que alguien hizo una pregunta sobre cuya respuesta el chófer no tenía ni idea. Tuvo, sin embargo, la inspirada ocurrencia de contestar:

—Su pregunta, caballero, es tan sencilla que estoy seguro de que hasta mi chófer podría contestarla, así que dejaré que sea él mismo quien lo haga.

954. En cierta ocasión, Albert Einstein elogió a Charles Chaplin con estas palabras:

—Lo que siempre he admirado de usted es que su arte es universal; todo el mundo le comprende y le admira.

—Lo suyo es mucho más digno de respeto —replicó Chaplin—; todo el mundo le admira y prácticamente nadie le comprende.

955. A Einstein le gustaba muchísimo la música, y en particular el violín y el piano. En cierta ocasión, cuando estaba ensayando junto con otros músicos un cuarteto de Haydn, falló por enésima vez su entrada en el segundo movimiento. El chelista, desesperado, le increpó de la siguiente forma:

—Tu problema, Albert, es simplemente que no sabes contar.

956. Durante una entrevista, un periodista le preguntó a Albert Einstein (1879-1955) si podía explicarle la ley de la relatividad de una manera sencilla para poder entenderla. Einstein le contestó:

—¿Me puede usted explicar cómo se fríe un huevo?

—Pues, sí, sí que puedo —respondió, extrañado, el periodista.

—Bueno, pues hágalo —replicó Einstein—, pero imaginando que yo no sé lo que es un huevo, ni una sartén, ni el aceite, ni el fuego.

957. En cierta ocasión un joven amigo de Albert Einstein (1879-1955) le presentó a su hijo de dieciocho meses. El bebé observó durante unos instantes la cara envejecida y arrugada del físico, y acto seguido se puso a gritar. Einstein comenzó a acariciar la cabeza del niño mientras le decía:

—Eres la primera persona en muchos años que me ha dicho lo que realmente piensa de mí.

958. En una recepción de la alta sociedad londinense, el director de orquesta Thomas Beecham (1879-1971), hombre muy despistado y poco ducho en las artes sociales, se fijó en una dama muy elegante a la que todo el mundo le presentaba sus respetos y le preguntaba por su hermano. Aunque a él le era conocida, no terminaba de recordar quién era. En un momento dado, se acercó a ella y le dijo:

—Encantado de volver a verla, señora... ¿Cómo está su hermano? ¿Sigue en el mismo trabajo?

—¡Oh, sí! —respondió la dama—, está muy bien. Y todavía sigue siendo el rey.

959. A título obvio de chiste malintencionado, se cuenta que, una vez, los ladrones entraron en la casa de Pablo Picasso (1881-1973),

quien logró ver a uno de ellos cuando huía y pudo dibujar para la policía un retrato robot con los rasgos del ladrón. Al día siguiente —continúa la apócrifa anécdota— la policía detuvo a doscientas personas, un caballo, una lata de sardinas, una bicicleta y un sacacorchos.

960. Un joven pintor le pidió consejo a Picasso sobre cómo llegar a ser un buen pintor. Y Picasso le preguntó:

—¿Ves algo con los ojos cerrados?

—Pues... no sé, creo que no.

—Asegúrate. Cierra los ojos, y, si ves algo, píntalo. Y si te sale algo bueno, lo has logrado.

961. Tras el pase de Manuel Azaña a la presidencia de la República, el republicano gallego Santiago Casares Quiroga (1884-1950) ocupó el cargo de primer ministro y ministro de Guerra, mientras en las calles se desbordaban las conspiraciones prebélicas. El 17 de julio de 1936, al salir del ministerio, los periodistas le abordaron preguntándole sobre el levantamiento militar protagonizado por los generales Yagüe y Franco. Su respuesta quedó para la historia:

—Pues muy bien, si ellos se han levantado, yo voy a acostarme.

Comenzaba así la guerra civil española.

962. Se cuenta que un célebre autor llevaba más de tres cuartos de hora conversando con una señora y hablando sólo de sí mismo. Al final, cuando vio que la señora se aburría, hizo una pausa y, para cambiar de tema, dijo:

—Bueno, basta de hablar de mí. Hablemos de usted. ¿Qué opina usted de mi último libro?

963. Mediando en el conflicto árabe-israelí de mediados del siglo XX, el senador estadounidense Alexander Wiley (1884-1967) llegó a afirmar solemnemente:

—Los judíos y los árabes deberían acabar con su disputa con el verdadero espíritu de la caridad cristiana.

964. Tras su elección para el Senado de Estados Unidos en 1934, el luego presidente de Estados Unidos Harry S. Truman (1884-1972) quedó sorprendido por el consejo que recibió de un viejo juez con quien había trabajado en el juzgado del condado de Jackson.

—Harry —le dijo el juez—, no llegues al Senado con complejo de inferioridad. Los primeros seis meses te sentirás sorprendido de haber llegado hasta allí. Pero, después de eso, te sorprenderás de cómo los demás han podido llegar hasta allí.

965. En 1933, dos Frank, Lloyd y Capra, eran finalistas al Oscar al mejor director. Cuando el presentador anunció el premio, descartó la fórmula habitual y simplemente dijo: «¡Venga, ven a buscarlo, Frank!». Frank Capra (1897-1991) se levantó todo lo deprisa que pudo, pero llegó antes Frank Lloyd (1886-1960), que recibió un fuerte abrazo que le confirmaba como el «Frank» ganador. Capra escribió en su autobiografía que el regreso a su asiento había sido «el más largo, triste y humillante de mi vida. Todos a mi alrededor estaban llorando».

Al año siguiente, el presentador anunció de la misma forma el premio pero, para fortuna de Capra, no había otro Frank compitiendo. Su película *Sucedió una noche* se llevó aquel año cinco Oscar.

966. El notable escritor estadounidense Sinclair Lewis (1885-1951) dejó la mitad de su herencia de varios millones de dólares a su esposa, la periodista Dorothy Thompson. Ambos estaban separados desde muchos años antes, pero, en el testamento, el escritor explicaba detalladamente la razón por la que tomó esta determinación:

—No tengo nada contra ella —decía en el párrafo principal—. Y el no haber logrado que me soportara no es una razón para desheredarla.

967. Durante la primera década del siglo xx, Charles Chaplin (1889-1977) ganó inmensa popularidad, e infinidad de «chaplinistas» recorrían los circos y teatros ganándose la vida imitando al genio del humor mudo. La existencia de tantos imitadores hizo que se multiplicaran por toda Norteamérica numerosos concursos de imitadores de Charlot. Durante uno de sus viajes a San Francisco,

a Chaplin le llegó la noticia de uno de estos concursos, y esta vez le hizo gracia participar en él de incógnito, así que se inscribió de inmediato. Increíblemente, el resultado fue desastroso, pues no pasó de la primera ronda y los jueces le dieron una de las peores calificaciones de su tanda. Aunque siempre se ha dudado de la veracidad de esta anécdota, no hace muchos años apareció un recorte de una entrevista realizada para el *Chicago Herald* el 15 de julio de 1915, en que Chaplin relató la historia con gran ironía y comentó que estuvo «tentando de darles lecciones de la "caminata de Chaplin", por pena y también deseando ver que la cosa se hacía correctamente».

968. Al parecer, poco tiempo antes de su última retirada de la política, en una conversación con otro político acerca de los problemas de Francia, el general Charles de Gaulle (1890-1970) dijo:

—Francia está en un momento difícil y es por mi culpa.

Ante la extrañeza de su interlocutor, explicó:

—Si, yo no debí haber envejecido nunca, y estoy viejo.

969. El dramaturgo y director de cine estadounidense Charles MacArthur (1895-1956) había sido llamado a Hollywood para escribir un guion, pero tenía muchas dificultades para hallar la fórmula para solucionar bien los chistes visuales. En busca de una solución, MacArthur pidió ayuda a Charles Chaplin (1889-1977):

—El problema es, por ejemplo —dijo MacArthur—, ¿cómo podría conseguir que una mujer gorda, caminando por la Quinta Avenida, resbalara con una piel de plátano y eso siguiera provocando risas? Se ha hecho ya millones de veces. ¿Cuál es la mejor forma de arrancar una sonrisa? ¿Muestro primero la piel de plátano, luego cómo se aproxima la gorda y después que ella resbala? ¿O enseño primero a la gorda, luego la piel de plátano y finalmente cuando ella se resbala?

—Ni una cosa ni otra —respondió Chaplin sin dudar ni un solo instante—. Muestras a la gorda acercándose; luego enseñas la piel de plátano; después muestras a la gorda y a la piel de plátano a la vez; y finalmente ella se para sobre la piel de plátano y... se cae por una tapa de la alcantarilla.

970. Es proverbial que el general y estadista francés Charles de Gaulle (1890-1970) tenía un carácter extremadamente adusto y severo. Buena prueba de ello fue aquella vez en que un ingenuo periodista le preguntó:

—¿Es usted feliz, mi general?

—¿Me toma por un idiota? —respondió sin dudarlo De Gaulle.

971. Durante unas vacaciones, el director de orquesta dálmata de padres polacos Artur Rodzinski (1892-1958) oyó que iban a retransmitir por radio un concierto al aire libre dirigido por Fabien Sevitzky (1891-1967), cuyo programa incluía una de sus propias especialidades: la *Quinta sinfonía* de Dimitri Shostakóvich. Sintonizó la radio poco después de que el concierto hubiera comenzado y, según avanzaba la retrasmisión, Rodzinski fue escuchando el trabajo de Sevitzky con progresivo respeto.

—¡Qué bien sostiene la línea! —murmuró—. ¡Escuchad ese balance! Tiene que haber estudiado mis grabaciones.

Y terminó por reconocer que hasta entonces había cometido una injusticia con Sevitzky, pues siempre pensó que no tenía talento, y ahora resultaba que era un gran director. Al final de la interpretación, en vez de los esperados aplausos, lo que hubo fue un instante de silencio. Entonces se oyó la voz del locutor recordando que el concierto había sido suspendido por la lluvia y que, en su lugar, se acababa de oír una grabación de la *Quinta sinfonía* de Shostakóvich dirigida por… Artur Rodzinski.

972. En 1939, tras el preestreno de la película *Ninotchka*, volvían a Hollywood en una limusina Billy Wilder, uno de los guionistas y Ernst Lubitsch (1892-1947), su director. Estaban de buen humor, ya que la película había tenido un espléndido recibimiento. Lubitsch leía las tarjetas en las que los espectadores del preestreno habían escrito su opinión de la película. Leía una tras otra y se las iba pasando a su amigo. De pronto, mientras leía, empezó a reírse a carcajadas. Jadeando, le entregó a Wilder una tarjeta, en la que éste leyó:

—Una película muy graciosa. Me he reído tanto que me he meado en la mano de mi novia.

973. Era proverbial la tardía pasión por la bebida de la escritora estadounidense Dorothy Parker (1893-1967), pasión que cultivó en bares clandestinos, en los que, además, escribía. En la entrega de un premio importante, como ya iba siendo habitual, bebió más de la cuenta. Sus amigos suspiraron aliviados cuando terminó el discurso de agradecimiento sin perder el equilibrio. Sin embargo, mientras agradecía un premio posterior una colega feminista, Dorothy se volvió a levantar de su asiento y los asistentes contemplaron desconcertados cómo volvía a agradecer el premio por segunda vez, interrumpiendo el discurso de su compañera.

974. Cierto día, el humorista estadounidense Robert Benchley (1889-1945) y su amigo Donald Ogden Stewart (1894-1980) salieron de un famoso restaurante neoyorquino, llamado Tony's, y se encontraron con la desagradable sorpresa de que estaba lloviendo. Un peatón con paraguas pasó junto a ellos, y Stewart, sin pensárselo, se coló bajo el paraguas, se enganchó al brazo del viandante y, muy serio, le dijo:

—Yale Club, por favor.

Tras lo cual arrastró a su paralizada víctima calle abajo, dejando a Benchley boquiabierto tras él, rendido de admiración.

—Si bebido es capaz de hacer esto a un hombre —murmuró pensativo Benchley—, algo debe tener después de todo.

975. Cuando, allá por la década de 1970, los norteamericanos comenzaron a hacer justicia a los Hermanos Marx, habida cuenta de que Chico y Harpo ya no estaban, fue Groucho quien recibió todo tipo de homenajes y premios. Con ochenta años a sus espaldas, Groucho, en una salida muy propia, no dudó en declarar que estaba dispuesto a devolver todos los premios recibidos a cambio de una buena erección.

976. El popular músico estadounidense George Gershwin (1898-1937), durante un viaje a Europa, visitó a su colega austrohúngaro Franz Lehár (1870-1948) y le dijo que desconocía el contrapunto y casi la orquestación, por lo que le pedía que le diese unas lecciones personales.

—Maestro, gano mucho dinero y le pagaré lo que me pida.

—¿Cuánto ha ganado usted el pasado año? —preguntó Lehár.

—Más de doscientos mil dólares.

—Entonces le propongo que me dé usted lecciones a mí —concluyó el maestro.

977. Acosado por los periodistas sobre sus actividades delictivas, el gánster estadounidense Al Capone (1899-1947) llegó a decir en su defensa:

—Cuando vendo licor, me llaman contrabandista; cuando mis clientes lo sirven en bandejas, lo llaman hospitalidad.

En otra ocasión llegó a añadir:

—Mis negocios se desarrollan en la más estricta línea proamericana, y van a seguir de esa forma.

978. Visitaba la ciudad de Pekín una delegación oficial de la Universidad estadounidense de Yale cuyo jefe, deseoso de mostrar su ingenio, preguntó a Mao Zedong (1893-1976):

—¿Qué habría sucedido si en vez de matar a Kennedy, hubieran asesinado a Kruschov?

—Una cosa es segura —respondió Mao—, Onassis no se hubiera casado con la señora Kruschov.

979. Se cuenta que, con ocasión de una visita oficial que iba a realizar el arzobispo de Canterbury a Nueva York, le avisaron de que tuviera cuidado con los periodistas estadounidenses. El arzobispo pensó que no serían para tanto, pero, nada más bajar del barco, le rodearon y uno de ellos le preguntó:

—¿Qué piensa vuestra eminencia de los prostíbulos de los barrios del este de Manhattan?

—¿Hay prostíbulos en los barrios del este de Manhattan? —repuso el prelado perplejo, que sólo acertó a responder con otra pregunta.

Al día siguiente, algún periódico de Nueva York tituló: «Primera pregunta del arzobispo de Canterbury al llegar a Nueva York: "¿Hay prostíbulos en los barrios del este de Manhattan?"».

980. Se cuenta que, al acabar de ver el primer visionado de su película *Fantasía*, el dibujante, productor y director de dibujos animados Walt Disney (1901-1966) llegó a decir lo siguiente en alusión al episodio dedicado a la *Quinta sinfonía* de Beethoven:

—¡Caray! ¡Esto sí que va a hacer famoso a Beethoven!

981. El escritor estadounidense John Steinbeck (1902-1968) no era muy partidario de dedicar elogios a las mujeres, al menos en público, y menos aún en términos genéricos. En cierta ocasión le preguntaron cuál era su opinión concreta sobre sus compatriotas estadounidenses.

—¿Cuáles?, ¿las gordas o las flacas? —preguntó él a su vez.

—Unas y otras —se le aclaró.

—Pues opino que a nuestras mujeres gordas lo único que de veras les preocupa es adelgazar. Y a nuestras mujeres flacas lo único que de veras les preocupa es engordar un poco.

—¿Y eso es todo?

—No. Están, además, las que nunca se han pesado. Que son las menos.

982. Cierta vez, durante una estancia en México, alguien le propuso al torero sevillano Joaquín Rodríguez *Cagancho* (1903-1988) interpretar una película, lo que exigía filmar al amanecer para aprovechar las primeras horas de luz. Ante tal inconveniente, el torero rechazó de plano la oferta, justificándose:

—Negocio que no da para levantarse a las doce de la mañana, no es negocio.

983. En sus días en Hollywood, Howard Hughes (1905-1976) estaba enfrascado en producir una película épica de tema histórico cuando un recientemente contratado asistente le señaló que una de las escenas podría parecer ridícula dada la inseguridad de algunos detalles históricos. Cuando el joven sugirió que podría ir a la biblioteca a comprobarlos, Hughes le gritó:

—Nunca compruebes un hecho interesante.

984. Al director de cine estadounidense de origen austríaco Billy Wilder (1906-2002) le gustaba contar el viejo chiste:

—Es invierno, un oficial austríaco es trasladado a la guarnición de una ciudad cubierta de nieve y allí se enamora de la hija del alcalde, que se llama Annemarie. Una noche, el amor no le deja dormir, se viste y se va a casa del alcalde y, para demostrar a su amada su devoción, mea en la nieve las siguientes palabras: «¡Te quiero, Annemarie!». Es decir, él quería escribir eso en la nieve, pero cuando hubo escrito: «¡Te quiero, Anne...» se le termina el pipí. Corre al cuartel, despierta a uno de sus soldados, le ordena que se vista y que le acompañe. Se apresura a volver a casa del alcalde, allí le dice al soldado que se desabroche la bragueta y le ordena: «Ahora mea y escribe "marie" en la nieve». El muchacho se queda rígido, con el órgano en la mano, pero no pasa nada. Finalmente el oficial le grita: «¡Qué pasa! ¿No sabes mear?». El soldado le contesta: «Mear sí, señor, pero no sé escribir».

Wilder contaba este chiste una vez que tuvo que ir al urólogo. A él le pasaba lo contrario que al soldado: escribir sí sabía...

985. Le preguntaron en cierta ocasión al director de cine Billy Wilder su opinión sobre su colega Ernest Lubitsch, y él contestó:

—Al público no hay que dárselo todo masticado, como si fuera tonto. A diferencia de otros directores que dicen que dos y dos son cuatro, Lubitsch dice dos y dos... y eso es todo. El público saca sus propias conclusiones.

986. Durante una entrevista, un periodista preguntó al abogado y jurista estadounidense Clarence Seward Darrow (1875-1938):

—¿Usted también debe su éxito social al trabajo?

—Sí, señor —respondió Darrow—. Trabajé de joven en una granja hasta que me harté. Entonces me dije: «No vuelvo a reventarme más». Y así empezó mi éxito social.

987. Un día, el periodista y escritor peruano Felipe Sassone (1884-1954) se encontró con un conocido que le dijo:

—Quisiera verte en alguna ocasión con más tiempo.

—¿Para qué?

—Pues para intercambiar ideas.

—Gracias, pero yo saldría perdiendo. Prefiero quedarme con las mías.

988. A comienzos del siglo XX, el personaje popular Carreño se invitó él solo a una boda, en la que contribuyó al jolgorio general. Llegado el momento de comer, sacaron un magnífico capón asado y Carreño, apoderándose del cuchillo y del tenedor, se dispuso a trincharlo. El padre de la novia, que ya estaba algo escamado con la presencia de aquel personaje al que nadie parecía conocer, le dijo:

—Caballero, le advierto a usted que lo que haga con el capón lo haré yo con usted después.

—¡A ver si es verdad!», respondió Carreño.

Y metiendo el dedo índice por el único agujero que le quedaba intacto al capón, lo sacó y, después de chupárselo, añadió:

—Ya puede usted hacer lo mismo conmigo.

989. Arthur Rubinstein (1887-1982) firmó un contrato para dar unos conciertos, muy lucrativos, en el Carnegie Hall. El director del teatro, sorprendido por el excesivo dinero que el pianista pedía, le dijo:

—Eso es mucho dinero. Usted pretende ganar en dos horas igual que lo que gana el presidente de Estados Unidos en dos meses.

—Yo no pretendo nada ni deseo ganar nada; es más, ni siquiera estoy interesado en tocar aquí. Ahora bien, si usted cree que el presidente está mal pagado, contrátelo como pianista y páguele a él lo que yo le pido.

990. Cuenta el poeta argentino Juan Gelman (1931) la siguiente anécdota:

—Estaba con Mario Benedetti y Daniel Viglietti haciendo un reportaje en una radio. Había chicas y muchachos entre el público. Mario leyó un poema, luego yo leí un poema de amor. Cuando terminó la grabación, una chica que estaba allí se me acercó y me dijo: «¿Ese poema es suyo?». Le digo: «Sí». Me dice: «¡Hijo de puta!». Le digo: «Mire, yo sé que no es muy bueno, pero soy una buena persona». Ella dice: «No, no lo digo por usted, estoy hablando de un novio que tuve, que me mintió diciendo que lo había escrito él».

991. El general Eisenhower (1890-1969) era un hombre de pocas palabras, pero cordial. Un día, alguien le preguntó cuál era el mejor consejo que había recibido en su larga vida. La esposa del presidente estaba presente, y él, mirándola, contestó:

—Que me casara con una joven muy agradable que ahora es mi esposa.

—¿Y quién fue quien le dio tan buen consejo? —volvió a preguntar el curioso.

—Ella misma —contestó Eisenhower sonriente.

992. El actor británico Alec Guinness (1914-2000) fue raramente reconocido en público. En una de las historias que contaba sobre sí mismo, Guinness relató que, cierta vez, dejó en el guardarropa de un restaurante su sombrero y su abrigo y pidió el resguardo.

—No será necesario —le dijo el camarero, dándole a entender que le había reconocido.

Más tarde, acabada la comida, cuando Guinness se acercó a recuperar su abrigo, metió la mano en uno de sus bolsillos y encontró un trozo de papel, comprendió su error: en él simplemente ponía: «Calvo con gafas».

993. En 1955, el actor estadounidense James Dean (1931-1955) hizo un anuncio advirtiendo a los adolescentes sobre los peligros de conducir demasiado rápido. «La vida que salves puede ser la mía», decía en él. Poco después, murió cuando su Porsche Spider impactó contra otro vehículo a 140 kilómetros por hora.

994. Durante la disputa de unas partidas simultáneas de ajedrez, el gran maestro Bobby Fischer (1943-2008) le comió la dama a su rival, pero éste volvió a ponerla en el tablero al irse el estadounidense al siguiente tablero. Continuó el juego normalmente y el hombre se vanagloriaba ante los espectadores de que el genio no

se había dado cuenta. Siete jugadas más tarde, Fischer volvió a comerle la dama, pero esta vez se la metió en el bolsillo y se la llevó, sin mediar palabra.

995. Como dijo en cierta ocasión el novelista de ciencia ficción estadounidense Douglas Adams (1952-2001):

—Hay una teoría que afirma que si alguna vez alguien descubre exactamente para qué es el Universo y por qué existe, éste desaparecería instantáneamente y sería reemplazado por algo mucho más raro e inexplicable. Hay otra teoría que afirma que esto ya ha sucedido.

996. Wayne Gretzky (1961), el gran jugador de hockey sobre hielo, confesó en cierta ocasión el comentario que le hizo uno de sus primeros entrenadores un día en que el jugador estaba frustrado porque no conseguía perforar la portería contraria en un importante partido. En privado, el entrenador le vino a decir:

—Lo que es seguro es que estás fallando el ciento por ciento de los disparos que no intentas.

997. En una ocasión, el ajedrecista ruso David Bronstein (1924-2006) tardó cuarenta minutos en mover su primera pieza, y, luego, ganó la partida. Cuando le preguntaron por qué tardó tanto, respondió mirando fijamente el tablero:

—Estaba pensando dónde había puesto las llaves de mi casa.

998. En su primera juventud, Michael Jordan (1963) era una persona común. Tan común, que fue apartado del equipo de baloncesto de su escuela debido a su «falta de habilidad» y a que no estaba en forma para formar parte de él. Pero Jordan no se rindió. Comenzó a entrenar más de diez horas al día en solitario. Por eso, tiempo después, cuando ya había alcanzado el éxito, llegó a afirmar:

—He fallado más de nueve mil tiros en mi carrera. He perdido casi trescientos partidos. En veintiséis ocasiones se me ha confiado para tomar el tiro que ganaba del partido, y fallé. He fallado una y otra y otra vez en mi vida. Y por eso tengo éxito.

Y añadió:

—Algunas personas quieren que algo ocurra, otras sueñan con que pasará, otras hacen que suceda.

999. Cuentan que, durante el rodaje de *Un mundo perfecto,* el director Clint Eastwood (1930) harto de aguantar a los mirones y tras ciertos robos de material, se armó con una Magnum como la de *Harry el sucio,* uno de sus papeles más famosos, y puso carteles por toda la ciudad con la frase: «Alégrame el día» (o, lo que es lo mismo, dame motivos para descargar mi arma).

1000. Se cuenta que la fallecida Lady Di (1961-1997), princesa de Gales (Diana Frances Spencer), estaba de visita en África cuando saludó a un niño que no estaba en la escuela. Mientras le acariciaba tiernamente la cabeza, Lady Di le preguntó:

—¿Por qué no has ido hoy al colegio?

—Porque tengo la cabeza llena de piojos y no me dejan ir —contestó el niño.

ANÉCDOTAS A RECORDAR

1	41	81	121	161	201	241	281	321	361	401
2	42	82	122	162	202	242	282	322	362	402
3	43	83	123	163	203	243	283	323	363	403
4	44	84	124	164	204	244	284	324	364	404
5	45	85	125	165	205	245	285	325	365	405
6	46	86	126	166	206	246	286	326	366	406
7	47	87	127	167	207	247	287	327	367	407
8	48	88	128	168	208	248	288	328	368	408
9	49	89	129	169	209	249	289	329	369	409
10	50	90	130	170	210	250	290	330	370	410
11	51	91	131	171	211	251	291	331	371	411
12	52	92	132	172	212	252	292	332	372	412
13	53	93	133	173	213	253	293	333	373	413
14	54	94	134	174	214	254	294	334	374	414
15	55	95	135	175	215	255	295	335	375	415
16	56	96	136	176	216	256	296	336	376	416
17	57	97	137	177	217	257	297	337	377	417
18	58	98	138	178	218	258	298	338	378	418
19	59	99	139	179	219	259	299	339	379	419
20	60	100	140	180	220	260	300	340	380	420
21	61	101	141	181	221	261	301	341	381	421
22	62	102	142	182	222	262	302	342	382	422
23	63	103	143	183	223	263	303	343	383	423
24	64	104	144	184	224	264	304	344	384	424
25	65	105	145	185	225	265	305	345	385	425
26	66	106	146	186	226	266	306	346	386	426
27	67	107	147	187	227	267	307	347	387	427
28	68	108	148	188	228	268	308	348	388	428
29	69	109	149	189	229	269	309	349	389	429
30	70	110	150	190	230	270	310	350	390	430
31	71	111	151	191	231	271	311	351	391	431
32	72	112	152	192	232	272	312	352	392	432
33	73	113	153	193	233	273	313	353	393	433
34	74	114	154	194	234	274	314	354	394	434
35	75	115	155	195	235	275	315	355	395	435
36	76	116	156	196	236	276	316	356	396	436
37	77	117	157	197	237	277	317	357	397	437
38	78	118	158	198	238	278	318	358	398	438
39	79	119	159	199	239	279	319	359	399	439
40	80	120	160	200	240	280	320	360	400	440

441	492	543	594	645	696	747	798	849	900	951
442	493	544	595	646	697	748	799	850	901	952
443	494	545	596	647	698	749	800	851	902	953
444	495	546	597	648	699	750	801	852	903	954
445	496	547	598	649	700	751	802	853	904	955
446	497	548	599	650	701	752	803	854	905	956
447	498	549	600	651	702	753	804	855	906	957
448	499	550	601	652	703	754	805	856	907	958
449	500	551	602	653	704	755	806	857	908	959
450	501	552	603	654	705	756	807	858	909	960
451	502	553	604	655	706	757	808	859	910	961
452	503	554	605	656	707	758	809	860	911	962
453	504	555	606	657	708	759	810	861	912	963
454	505	556	607	658	709	760	811	862	913	964
455	506	557	608	659	710	761	812	863	914	965
456	507	558	609	660	711	762	813	864	915	966
457	508	559	610	661	712	763	814	865	916	967
458	509	560	611	662	713	764	815	866	917	968
459	510	561	612	663	714	765	816	867	918	969
460	511	562	613	664	715	766	817	868	919	970
461	512	563	614	665	716	767	818	869	920	971
462	513	564	615	666	717	768	819	870	921	972
463	514	565	616	667	718	769	820	871	922	973
464	515	566	617	668	719	770	821	872	923	974
465	516	567	618	669	720	771	822	873	924	975
466	517	568	619	670	721	772	823	874	925	976
467	518	569	620	671	722	773	824	875	926	977
468	519	570	621	672	723	774	825	876	927	978
469	520	571	622	673	724	775	826	877	928	979
470	521	572	623	674	725	776	827	878	929	980
471	522	573	624	675	726	777	828	879	930	981
472	523	574	625	676	727	778	829	880	931	982
473	524	575	626	677	728	779	830	881	932	983
474	525	576	627	678	729	780	831	882	933	984
475	526	577	628	679	730	781	832	883	934	985
476	527	578	629	680	731	782	833	884	935	986
477	528	579	630	681	732	783	834	885	936	987
478	529	580	631	682	733	784	835	886	937	988
479	530	581	632	683	734	785	836	887	938	989
480	531	582	633	684	735	786	837	888	939	990
481	532	583	634	685	736	787	838	889	940	991
482	533	584	635	686	737	788	839	890	941	992
483	534	585	636	687	738	789	840	891	942	993
484	535	586	637	688	739	790	841	892	943	994
485	536	587	638	689	740	791	842	893	944	995
486	537	588	639	690	741	792	843	894	945	996
487	538	589	640	691	742	793	844	895	946	997
488	539	590	641	692	743	794	845	896	947	998
489	540	591	642	693	744	795	846	897	948	999
490	541	592	643	694	745	796	847	898	949	1.000
491	542	593	644	695	746	797	848	899	950	

ÍNDICE DE PERSONAJES MENCIONADOS

EL AUTOR

El escritor, guionista, periodista y sociólogo Gregorio Doval (Madrid, 1957) es autor de más de una docena de antologías de citas famosas, así como de no pocos estudios etimológicos y paremiológicos (por ejemplo, sobre el origen de las frases hechas y los refranes). Además, también ha publicado muchas otras obras en otros campos tan diversos como la divulgación histórica, las biografías, los manuales de liderazgo y management y las misceláneas de curiosidades. En esta misma colección publicó previamente *El pequeño libro de las grandes citas: 1.750 frases motivadoras para emprendedores de la propia vida* (2014) y *El pequeño libro de las grandes citas de humor* (2016).

Henry Ford sacó una buena lección de sus muchas experiencias negativas y la resumió así: «Ya pienses que puedes o que no puedes hacerlo, en ambos casos tienes razón».

Un colega se burlaba de Dumas, hijo, por haber escrito la rimbombante frase: «Un vacío doloroso que ocasionan los momentos de debilidad». «¡Singular imagen! ¿Cómo puede ser dolorosa una cosa vacía?», le preguntó. «Querido amigo —repuso Dumas—, ¿es que usted nunca ha tenido dolor de cabeza?».

Ante la enésima visita del día en su despacho oficial, Clemenceau recibió a un prefecto y le dijo a bocajarro: «Resuma lo que me pide en una palabra». El prefecto resumió: «¡Dinero!».